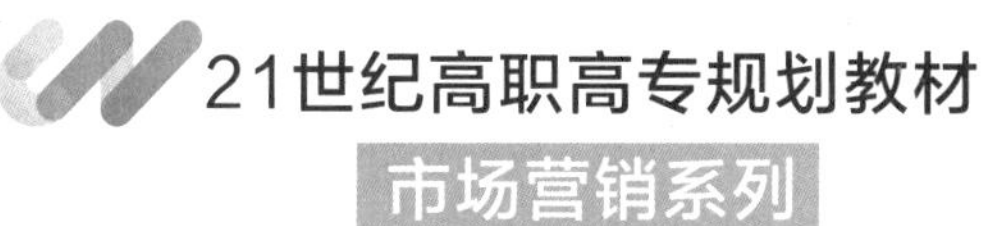

市场营销系列

商品学：
理论、实务、案例与实训

主　编／王　飒
副主编／沈丽莹　吕小双
参　编／陶晓鸥　房　森

中国人民大学出版社
·北京·

前言

商品学是研究商品的价值和使用价值及其如何实现的规律的科学。商品学是商品经济发展到一定阶段的必然产物。在国外，首次开设商品学课程是在18世纪。商品学的创始人是德国人约翰·贝克曼。19世纪，商品学由德国传入我国，我国商品学的发展经历了萌芽阶段、创立和发展阶段、全面质量观阶段。1902年，我国商业教育中把“商品学”作为一门必修课。为了适应高职高专教育发展的需要，突出高职教育办学特色，在走访多家商业企业的基础上，我们编写了此书。

归纳起来，本教材具有以下特点：

1. 教材内容遵循理论、实务、案例、实训项目体系。采用项目、任务导向，在每个项目中均设置理论、实务、案例、实训等环节，旨在加深学生对相关专业知识的理解，提升学生的技能水平。

2. 体例新颖突出。在每个项目中均包括项目目标、思维导读、项目引例、项目小结、练习与实战演练，在每个具体任务中又包括课题讨论、知识准备等内容。多环节、立体式的教材设计，使课程教学更加畅通、学生理解更加深刻。

3. 教材编写在企业深度配合下完成。本书在制定项目、任务时走访了多家商业企业，相关行业企业深度参与教材内容的编写。

本教材由王飒任主编，沈丽莹、吕小双任副主编，陶晓鸥、房森参编。具体编写分工如下：王飒编写项目一、项目五、项目六、项目七；沈丽莹编写项目二、项目三、项目四、项目八；吕小双编写项目九、项目十；陶晓鸥、房森负责案例和资料的搜集与整理。本书配套电子课件由王飒、沈丽莹、吕小双共同制作完成。

本书的编写和出版，得到了沈阳职业技术学院领导和中国人民大学出版社的大力支持与帮助，特此表示衷心感谢！

由于编者水平有限，书中差错在所难免，谨请广大读者批评指正。

编者

2020年4月

目　录

商品及品类管理

项目目标

知识目标

1. 了解商品的含义。
2. 熟悉商品的基本属性。
3. 了解商品组合和商品品类。

能力目标

1. 能完成商品属性区分的任务。
2. 能独立认识产品组合的内容。
3. 能通过实训练习，结合实际生活体验，深刻领会商品的基本属性，加深对商品品类的认识。

情感目标

本项目从认识商品开始，引导学生进入学习商品管理知识的情境，激发学生学习商品及品类管理知识的兴趣。

思维导读

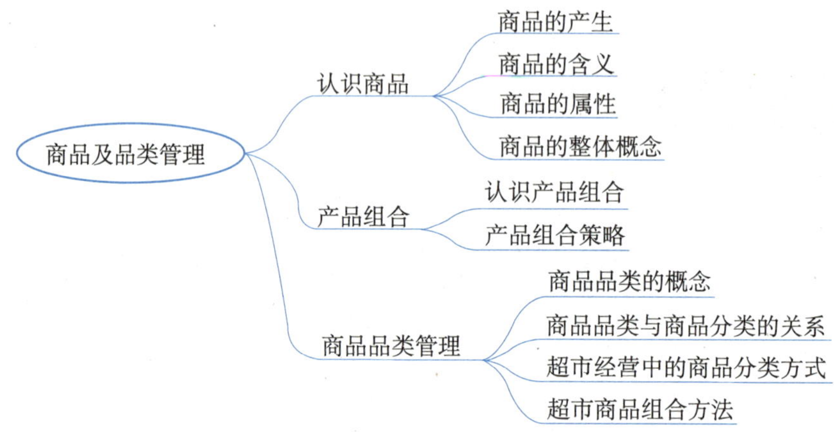

项目引例

沃尔玛超市商品组合分析

商品组合代表一个卖场的全部商品的结构，包括各种商品线、商品项目和库存量的有机组成方式。在沃尔玛超市，如何吸引消费者的注意力、赢得消费者的青睐是营销人员的职责，而正确确定商品种类与结构在这其中发挥很大的作用。沃尔玛超市的具体做法如下。

将商品进行分类、组合，以便利品为主，配售适量选购品；以中档商品为主，兼顾高档和低档商品；重视商品的高周转性。

沃尔玛将其卖场的商品按照不同的标准划分为不同的类型。按商品销售比重及其在卖场销售中的作用，分为主力商品、辅助商品和刺激性商品。

(1) 主力商品，指在卖场经营中，无论是销售额还是销售量均占主要部分的商品，它的品种数量虽然在沃尔玛超市中一般只占20%，却创造出80%左右的销售额。

(2) 辅助商品，是对主力商品的补充，与主力商品有较强的关联性，是与主力商品同属一个类别的不同品牌的商品。例如，粮油、调味品、洗涤用品、蔬菜、水果、火腿、肉类等商品。

(3) 刺激性商品，是对推动卖场整体销售有重要意义的商品，品类不多，有潜力，很可能成为主力商品。卖场用于短期促销，容易引起顾客冲动型消费的商品也属此类。如服装鞋帽、时令性食品以及一些节假日商品。

对商品种类和商品结构进行研究规划，使得沃尔玛在其商品结构上与其他卖场相比具有独到之处。

问题：

1. 沃尔玛超市如何运用有效的商品组合来吸引消费者的注意力？
2. 商品组合的基本方法有哪些？

➡引例分析

考虑商品组合时，一方面，要考虑合理的商品分类、组合，具体包括：以便利品为主，配售适量选购品；以中档商品为主，兼顾高档和低档商品；重视商品的高周转性。另一方面，要考虑按照不同的销售比重和作用，将商品划分为不同的类型，包括主力商品、辅助商品和刺激性商品，并对其加以区别管理。

任务一 认识商品

课堂讨论

1. 我们日常生活中遇到的商品有哪些特性？
2. 你认为商品的名称应该包括什么内容？

知识准备

认识商品的基本含义、商品的基本属性、商品的整体概念。

一、商品的产生

商品是人类社会生产力发展到一定历史阶段的产物。在人类社会早期，随着社会生产力的发展、社会分工的出现，社会劳动生产率得到提高，劳动者生产的产品除了能够满足自己的需要外，开始出现剩余，这就为交换的产生创造了条件。交换的出现，意味着人类劳动产品开始转化为商品。

早期的交换是简单的“以物易物”，这是商品产生的雏形阶段，后来发展到以货币为媒介的较高级的交换形式。货币的出现，标志着人类社会进入了以商品生产和商品交换为特征的商品经济社会。

二、商品的含义

商品是用来交换的人类劳动产品。一般意义上的商品应该具备以下三个基本特征。

（一）商品能够满足人们的某种需要

凡是商品都具有使用价值，即商品的有用性。没有使用价值的物品不能满足人们的有效需要，不会有人为了得到它而付出代价。

❖ 例：衣服可以御寒、食物可以充饥，这就是商品的有用性。能够满足人们的某种需要的物品对人来说才有用，人们才会去设法得到它。

（二）商品是人类劳动的产物

商品有别于天然的物品，有使用价值但没有经过人类劳动加工的天然物品不能称为商品。商品本身是人类劳动的产物，凝结着一定量的一般人类劳动，即商品具有价值。

❖ 例：天然的水、空气，不是人类劳动的产物，人们不用付出代价就可以取得，但经过人类劳动加工的瓶装饮用水和医院用的氧气则具备商品的属性。

（三）商品是用于交换的劳动产品

为自己消费而生产的劳动生产物，没有体现出商品的经济属性特征，这种劳动生产物只能算作是产品，而不能称其为商品。

❖ 例：农民自己生产、自己消费的粮食、蔬菜等不是商品。如果农民把这些粮食和蔬菜作为礼物送给别人，也不能称其为商品。只有农民把这些粮食和蔬菜卖给别人时，才能称其为商品。

三、商品的属性

一般意义上的商品，都具有自然属性和社会属性这两重属性。

（一）商品的自然属性

商品的自然属性是与商品使用价值的形成相联系的属性，包括组成商品的物质成分、结构、形态，以及物理性质、化学性质、生物学性质、生态学性质等自然形态的属性。

（二）商品的社会属性

商品的社会属性是与商品价值的形成相联系的属性，重点体现在商品交换背后存在的交换双方的地位和经济利益关系，以及其他社会关系。

❖ 例：化妆品的形态、色彩、气味、化学成分、使用功能等，是化妆品的自然属性；而用来销售的化妆品则体现的是化妆品的社会属性。

化妆品的自然属性和社会属性

四、商品的整体概念

商品是一个整体的概念，它不仅指一种有形的物体，也包括无形的服务，即购买商品时所得到的直接的和间接的、有形的和无形的利益与满足感（见图1－1）。

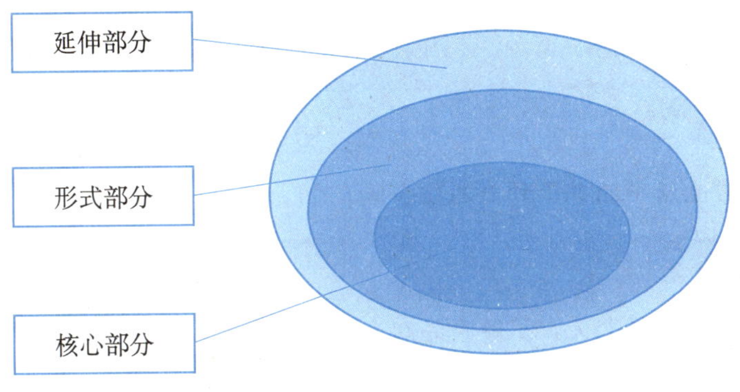

图1－1　商品的整体概念

（一）商品的核心部分

商品的核心部分，是指商品所具有的满足某种用途的功能，是消费者购买某种商品时所追求的实际利益。商品的核心部分所表达的是商品实质，是商品整体概念中最基本和最主要的部分。

例：消费者购买电视机，是为了获取电视机能给人们带来的实际利益，即电视节目给人们带来的精神上的享受，而不是为了得到电视机有形的外壳。

（二）商品的形式部分

商品的形式部分，是指商品实体和劳务所构成的具体形态。主要包括商品的成分、结构、外观式样、品质特点、品牌标识、商标、包装等与实体商品有关的因素。商品的形式部分是核心部分的载体。

（三）商品的延伸部分

商品的延伸部分，即人们在购买商品时所获得的附加利益和服务。如提供送货上门、售后技术服务、质量保证措施、信息咨询、退换货承诺等以及其他各种服务。商品的延伸部分是商品属性和功能的延伸。

例：计算机杀毒软件的功能升级，可视为商品的延伸部分。

任务二　产品组合

课堂讨论

你能说出日常生活中的若干种产品组合吗？

知识准备

认识产品组合的基本含义，了解产品组合的相关概念，熟悉主要的产品组合策略。

一、认识产品组合

（一）产品组合的概念

消费者购买行为中存在一个现象，就是大型综合性百货商场虽然经营的商品种类多，但当消费者要购买家用电器等高档耐用消费品时，往往更倾向于到专业店去购买。其原因，就是两种经营业态所经营的产品组合方式不同。什么是产品组合呢？产品组合或称商品组合，就是一个企业提供给市场的全部产品线和产品项目的组合或搭配，即企业经营产品的范围和结构。定义中的产品线，是指具有相同的使用功能，或消费上有连带性的一组相关产品；产品项目，是指产品线中在品牌、规格、款式、档次或价格等方面有所区别的具体产品。

❋ **例**：某家电生产企业生产电冰箱、洗衣机、空调器、电视机 4 类家电产品，总计 25 个品种规格，也就是这个家电生产企业的 4 条产品线、25 个品种规格构成了这个企业的产品组合。

（二）产品组合的构成要素

1. 产品组合宽度

产品组合宽度，也叫产品组合的广度，是指一个企业所拥有的产品线的总数。它表明了一个企业经营产品种类的多少和经营范围的大小。

2. 产品组合长度

产品组合长度，是指一个企业产品组合中所包含的产品项目总数。

3. 产品组合深度

产品组合深度，是指某一产品线中产品项目的多少。

4. 产品组合关联度

产品组合关联度，是指产品组合中各个产品线之间在最终用途、生产技术、销售渠道

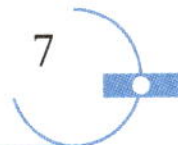

以及其他方面的相关程度。

❈ **例：** 宝洁公司产品组合见下表。

宝洁公司产品组合表

	产品组合广度						
	洗发护发用品	护肤美容用品	个人清洁用品	口腔护理用品	妇婴护理用品	家居清洁用品	食品
产品组合深度	飘柔	玉兰油	舒肤佳香皂	佳洁士牙膏	护舒宝卫生巾	碧浪	品客
	海飞丝	SK-Ⅱ	玉兰油香皂	佳洁士牙刷	丹碧丝卫生棉条	汰渍	
	潘婷	封面女郎	激爽沐浴露		帮宝适纸尿布	熊猫	
	沙宣						
	伊卡璐						

(1) 宝洁公司生产的产品有洗发护发、护肤美容、个人清洁、口腔护理、妇婴护理、家居清洁、食品7个大类，也就是宝洁公司有7条产品线，产品组合宽度是7；

(2) 宝洁公司除食品外，共有产品品目19个，表示该公司产品组合的长度是19；

(3) 宝洁公司洗发护发用品有5个品牌，表示宝洁公司洗发护发用品的产品组合深度是5；

(4) 宝洁公司的产品，除了食品外，其他产品几乎都是洗化护理产品，说明宝洁公司的产品组合关联度很强。

二、产品组合策略

在了解了企业产品线的现状之后，企业就可以针对产品组合中存在的问题，采取相应的措施，对现有产品线进行整顿，调整产品结构，使其达到最佳组合。

产品组合策略主要有扩大产品组合策略、缩减产品组合策略和产品线延伸策略三种，如图1-2所示。

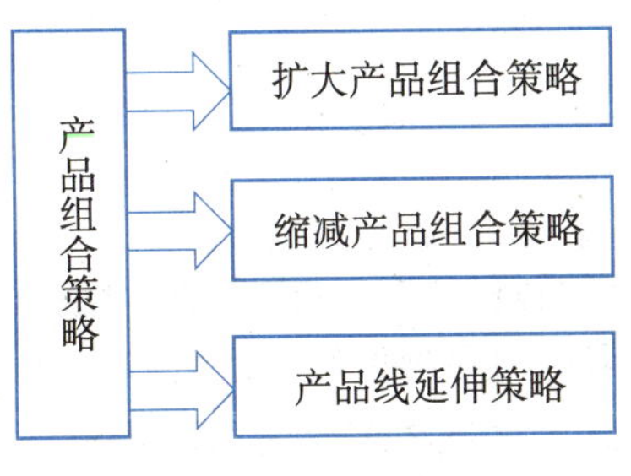

图1-2　产品组合策略

（一）扩大产品组合策略

扩大产品组合，是拓展产品组合的宽度、增加产品组合的长度和深度。拓展产品组合的宽度，是指在原产品组合中增加产品线，扩展产品经营范围；增加产品组合的长度和深度，是指在原有的产品线内增加新的产品项目。

❖ 例：企业在原产品组合的基础上，增加与原产品相似的产品种类，或增加同一产品系列中的产品规格、型号、款式、档次等。

（二）缩减产品组合策略

缩减产品组合，是指缩减产品组合的宽度和深度，实行集中经营。

❖ 例：企业在市场不景气，或原材料供应紧张，或受到企业资源限制的情况下，可以考虑取消那些获利小的产品项目，甚至削减那些经营不利的产品线，缩小经营范围，以求集中资源生产经营获利大的产品项目。

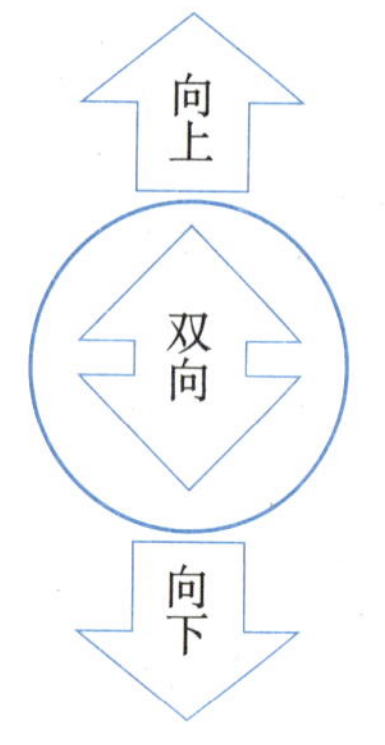

图 1－3　产品线延伸策略

（三）产品线延伸策略

产品线延伸，是指企业把自己的产品线长度延伸到超过原有产品线的长度。即在原有的产品线内增加产品的花色、规格、款式、档次等新的产品项目。产品线延伸策略有向下延伸、向上延伸和双向延伸三种情况，如图 1－3 所示。

1. 向下延伸

向下延伸，即原来定位生产经营高档产品的企业，现在利用相同的厂牌，增加中低档产品项目。企业采取向下延伸产品线策略的原因，一是借助于企业高档名牌产品的声誉吸引购买力水平较低的顾客，扩大产品市场范围；二是高档产品市场增长缓慢，因此不得不将其产品线向下延伸；三是企业当初进入高档产品市场是为了建立品牌形象，然后再向下延伸，填补市场的空白。

❖ 例：宝洁公司“高档”的品牌形象赢得了良好的知名度和美誉度，但随着中国洗涤日化行业竞争不断加剧，宝洁改变了策略，推出一系列低价位的产品，给竞争对手以有力的打击。

2. 向上延伸

向上延伸，即原来定位生产经营低档产品的企业，现在增加高档产品项目，以提高企业现有产品市场的声望。企业采取向上延伸产品线策略的原因，一是高档产品市场有较大的潜在获利空间；二是企业的技术设备和生产能力已经具备了进入高档产品市场的条件，企业要重新进行产品线定位。

❖ **例：** 20 世纪 60 年代率先打入美国摩托车市场的日本本田公司，将其产品系列从排量低于 125CC 延伸到排量 1 000CC 的摩托车。雅马哈则紧跟本田，陆续推出了排量 125CC、600CC、700CC 的摩托车，还推出一种三缸四冲程轴驱动摩托车，从而在大型旅行摩托车市场上与本田展开了有力的竞争。

3. 双向延伸

双向延伸，是指原来定位于中档产品的企业，在具备了一定的市场优势以后，向产品线的上下两个方向延伸。一方面增加高档产品项目，另一方面增加低档产品项目，力求全方位占领某一市场。

实例链接：
某百货公司的
商品种类

❖ **例：** 20 世纪 70 年代后期，在钟表业市场竞争中，日本精工推出了"脉冲星"品牌系列低价表，从而向下渗透进入低档产品市场。同时它收购了一家瑞士公司，向上渗透进入高价和豪华型手表市场，其中一种超薄型手表售价高达 5 000 美元。

任务三　商品品类管理

课堂讨论

你知道超市经营中的商品分类方式吗？

知识准备

了解商品品类的含义、商品分类和商品品类的异同，以及如何对商品进行分类。

一、商品品类的概念

我们常常会发现，在超市或商场中有一些商品是捆绑销售的，有些时候还会将不同类别的商品摆放在一起销售。仔细研究你会发现，尽管这些商品的属性有所不同，但捆绑销售的商品往往具有连带使用功能，购买摆放在一起的不同类别商品的消费者，会对这些不同类别的商品同时具有需求。这就促使零售商打破传统规范的商品分类体系，对所销售的商品按照消费者需求的特征重新进行分类经营。由此产生了商业意义上的商品品类的概念。

品类的概念于 20 世纪 90 年代中期由外资零售商引入中国。国际知名的 AC 尼尔森公司给品类下的定义是，品类即"确定什么产品组成小组和类别，与消费者的感知有关，应基于对消费者需求驱动和购买行为来理解”。家乐福认为，“品类即商品的分类，一个小分类就代表了一种消费者的需求”。由此我们可以把商品品类理解为商品在消费者心目中具有的某种利益一致性的评价，即这种销售商品的组合方式应满足消费者同时多种购物的需要，方便购买。判断商品同属一个品类的前提，是消费者对商品特性认知的共同性或一致性。

❖ 例：有些超市或商场设置促销商品专区，把一些不同种类的促销商品摆放在一个销售区域进行销售。结果消费者会发现，自己所选购的促销商品并不是自己原本计划要购买的目标商品，而商家却达到了促销的目的。

二、商品品类与商品分类的关系

商品分类和商品品类，都是依据商品的某些特征对商品进行分类管理，但是商业经营中的商品品类与商品分类体系中的商品品类，在分类依据上有所不同。

国家商品分类体系，是国家从宏观管理的角度，将工农业产品按门类划分，门类中下设大类、中类、小类、品类或品目、品种或细目。这种商品分类方式，是对整个社会商品的系统分类管理。如食品类商品分为粮食类、油脂类、蔬菜水果类、肉食禽蛋类、糖果糕点类、烟酒饮料类、豆制品类、水产品类、乳及乳制品类、菌产品类、调味品类和其他类等十二类。商业经营中的商品品类的划分，则侧重于消费者对商品的感知，即商品在消费者心目中所表现出的共同特性，可以把具有共同特性的不同种类的商品划归为同一品类。

国家商品分类体系中，每一种商品都可以在分类体系中找到自己的位置，而且这个位置是固定的；商业经营中的商品品类的划分则不严格规定某种商品在品类划分中的位置。

❖ 例：洗发水在国家商品分类体系中的位置是“日用工业品—家用化学品—洗涤用品—洗发水”；在超市中，洗发水多摆放在化妆品区，有时也会摆在促销商品区。

三、超市经营中的商品分类方式

超市经营中的商品分类，与国家商品分类体系的商品分类的分类目的不同。国家商品分类体系的分类目的，是对整个社会商品进行系统管理。超市经营中的商品分类，则是出于商品经营的需要对商品进行的分类。超市经营中的商品分类方式主要有按商品群分类和按消费者的消费习惯分类两种基本形式。

（一）按商品群分类

从超市经营的角度来看，商品群是具有某一经营特征的商品群体。它是超市划分商品类别的重要依据。依据商品在经营中的地位，超市把所经营的商品划分为主力商品、辅助商品和刺激性商品三大类。

1. 主力商品

一个企业的主力商品，应是体现企业经营方针、经营特点和性质的商品。主力商品还应该是销售量或销售金额在销售业绩中占举足轻重地位的商品。

超市经营的主力商品主要有三类：一是感觉的商品，即在商品的设计上、格调上与商场形象相吻合的商品；二是季节的商品，即配合季节的需要，能够多销的商品；三是选购性商品，即与竞争者相比较，易被选择的商品。

2. 辅助商品

辅助商品是与主力商品具有相关性的商品，其特点是销售力方面比较好，对商场的营销额和利润额起稳定作用，其商品的主要类型有价廉物美的商品、常备的商品和日用品等几种。

附属商品是辅助商品的一部分，对顾客而言，也是易于购买的目的性商品。其商品的主要类型有易接受的商品、安定性商品和常用的商品。

3. 刺激性商品

刺激性商品，是有目的选择出的刺激顾客购买欲望的重点商品。这类商品主要有战略性商品、新开发的商品和特选的商品。

（二）按消费者的消费习惯分类

超市经营为了取得较好的销售效果，往往按照消费者的消费习惯，把消费者可能购买的关联性商品放在一起。按照超市经营商品的类别层次，有大分类、中分类、小分类等几个分类层次。

1. 大分类

超市经营首先考虑卖场的规模，然后根据商品的特性和经营的特点划分商品大类。例如百货类，消费者选购的方式相近，商场管理的方式也相近，因此百货类商品可以归为同一大类经营。

2. 中分类

中分类比大分类要细，依据产品特征进行分类。

例：某超市经营商品的中分类如下表所示。

某超市经营商品中分类

分类依据	应用举例
依商品的功能、用途分类	在“糖果饼干”大分类中划分出一个“早餐”的中分类，可以把与早餐相关的商品都归到这一类里。
依商品的制造方法分类	在“畜产品”大分类中划分出一个“加工肉”的中分类，凡是加工肉制品都归为这个中分类来经营。
依商品的产地分类	在大分类中划分出“国产商品”和“进口商品”的中分类，便于消费者比较选购。

3. 小分类

小分类可以参照中分类的方法来进行，二者区别是小分类划分的类别更细。

❖ 例：某超市经营商品的小分类如下表所示。

某超市经营商品小分类

分类依据	应用举例
依商品的功能、用途分类	文具类、杂品类
依商品的规格、包装形态分类	塑料袋装食品、瓶装饮料
依商品的成分分类	果汁饮料、碳酸饮料
依商品的口味分类	同一风味的小食品、无糖糕点

四、超市商品组合方法

超市商品组合方法主要有以下几种。

（一）按消费季节的组合法

如在夏季可组合一个夏凉消费品商品群，在冬季可组合滋补品商品群，在旅游季节可推出旅游食品和用品的商品群等，并辟出一个区域或设立专柜销售。

❖ 例：开学前组合学生商品群；在节日即将来临之际，组合节日礼品群等商品群。

实例链接：沃尔玛超市的奇怪现象

（二）按消费便利性的组合法

针对一些消费者追求便利的特性，可推出系列组合食品、系列方便用品等商品群，设立专柜组织供应。

（三）按商品用途的组合法

在家庭生活中，许多用品在超市中可能分属于不同的部门和类别，但在使用中往往没有这种区分，如厨房系列用品、卫生间系列用品等，都可以用新的组合方法推出新的商品群。

项目小结

本项目由对商品含义的理解引申出对商品基本属性、商品整体概念的认识和理解，进而又从商品管理的高度提出了产品组合、品类管理等概念，体现出商品管理是全书理论体系的核心。

商品是用来交换的人类劳动产品，具有使用价值和价值二重属性。

商品的核心部分、形式部分和延伸部分构成商品的整体概念，是对广义的商品概念的理解。

产品组合，是一个企业提供给市场的全部产品线和产品项目的组合或搭配，它反映了一个企业的生产经营能力，影响企业在市场竞争中的形象和地位。

商品品类管理让我们从商品经营的角度重新认识商品分类和产品组合的现实意义。

练习与实战演练

一、基础训练

（一）判断题

1. 商品是用来交换的劳动产品。（　　）
2. 自己采摘的野菜拿到市场上去卖就变成了商品。（　　）
3. 商品不一定都具有使用价值。（　　）
4. 商品的自然属性是指商品的价值，商品的社会属性是指商品的使用价值。（　　）
5. 产品组合的长度，是指一个企业所拥有的产品线的总数。（　　）
6. 产品组合的宽度，是指一个企业产品组合中所包含的产品项目总数。（　　）
7. 产品组合的深度，是指某一产品线中产品项目的多少。（　　）
8. 超市经营中的商品分类的依据是商品经营的需要。（　　）

（二）单项选择题

1. 商品能够用来交换，是因为商品（　　）。

A. 具有价值　　B. 具有使用价值
C. 有合理的价格　　D. 满足人们某种需要

2. 消费者购买某种商品时所追求的实际利益是指商品整体概念中的（　　）部分。

A. 形式　　B. 核心　　C. 延伸　　D. 潜在利益

3. 拓展产品组合的宽度、增加产品组合的长度和深度的产品组合策略是（　　）。

A. 扩大产品组合策略　　B. 缩减产品组合策略
C. 产品线延伸策略　　D. 产品线发展策略

4. 商品品类划分的依据是（　　）。

A. 商品在生产上的共性　　B. 商品在消费方面的共性
C. 商品价值的高低　　D. 消费者对商品的感知

5. 超市经营中的主力商品指的是（　　）。

A. 经营品种最多的商品
B. 质量最好的商品
C. 企业自有品牌商品
D. 销售量或销售金额在商场销售业绩中占举足轻重地位的商品

（三）多项选择题

1. 下列选项中，属于商品的整体概念部分的是(　　)。

A. 核心部分　　B. 潜在部分　　C. 形式部分　　D. 延伸部分

2. 消费者购买商品是为了得到(　　)。

A. 商品的实体　　B. 占有商品的满足感
C. 商品给人们带来的实际利益　　D. 商品的功能或效用

3. 我国商品分类体系将工农业产品划分为(　　)等商品类别。

A. 商品大类　　B. 商品中类　　C. 商品小类　　D. 商品品类

4. 下列选项中，属于产品组合策略的有(　　)。

A. 扩大产品组合　　B. 缩减产品组合
C. 维持产品组合　　D. 产品线延伸

5. 下列选项中，属于产品线延伸策略的是(　　)。

A. 向上延伸　　B. 向下延伸　　C. 双向延伸　　D. 反向延伸

6. 下列选项中，属于超市商品组合方法的是(　　)。

A. 按消费季节的组合法　　B. 按消费便利性的组合法
C. 按商品用途的组合法　　D. 按国家商品目录的组合法

二、拓展训练

任务：到商场进行实地考察，观察不同消费群体对选购同一种商品的不同反应。
要求：将各类消费者对该商品的不同反应做对比，分析消费者的心理活动。
目的：认识消费者选择商品的依据。
训练方式：小组集体走访调查，写出简要的分析报告。

商品质量及标准

项目目标

知识目标

1. 了解商品质量的含义和基本要求。
2. 了解商品质量的影响因素。
3. 了解质量管理发展，熟悉并掌握PDCA循环法。
4. 了解商品标准，熟悉商品标准的分类和内容。

能力目标

1. 能分析商品质量劣变的原因并提出防止质量劣变的办法。
2. 能运用所学知识提高识别商品质量的能力。

情感目标

通过商品质量及标准的学习，帮助学生认识质量与标准对商品的重要性，增强学生的商品质量意识。

思维导读

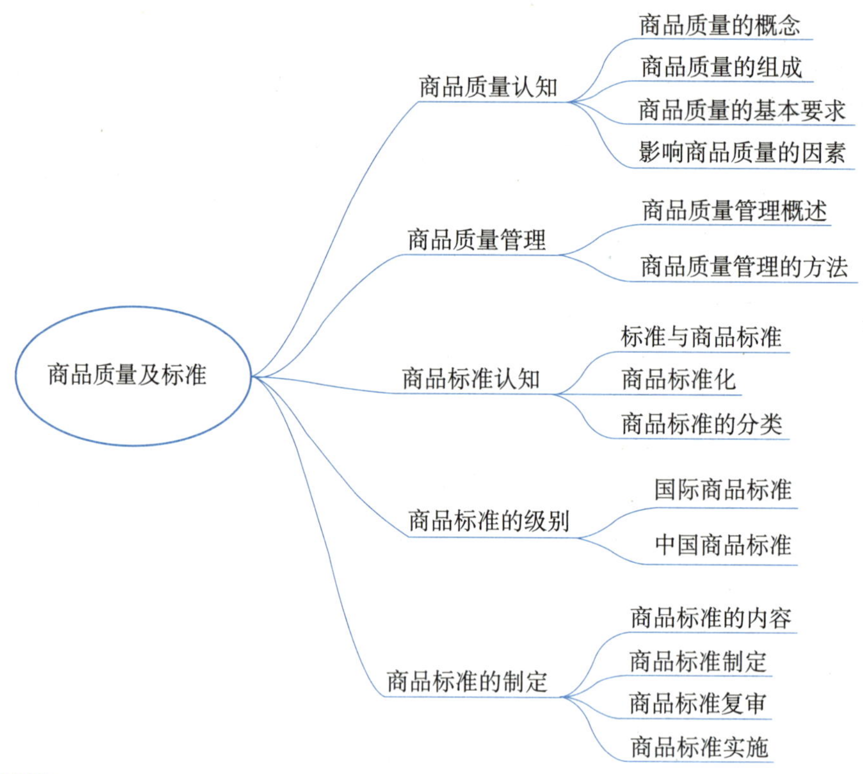

项目引例

小虫与大船

有这样一则寓言：人们要造一艘船，后来因木材不够，就随便找了一块木板，恰巧这块木板上有一条小虫。船造好以后，威风凛凛地停泊在港口，而那条小虫在船上蛀了一个洞，躺在船舱里自鸣得意地唱起歌来。大船听到小虫的歌声气愤地说："哼！你小小虫儿算什么东西，胆敢在我面前逞能。"小虫却爱理不理地说："船大哥，你不要小瞧我，我可使你……""休得妄言！"不等小虫说完，大船就怒吼道，大船压根儿没把小虫放在眼里。于是，小虫开始不停地在船上蛀洞咬噬。一块木板被蛀空了，两块木板被蛀烂了，三块、四块……慢慢地，船在行驶时开始"吱呀吱呀"地摇晃起来，可大船对小虫还是不屑一顾。终于，在一次远航中，大船被巨浪打散了架，遭到灭顶之灾。

问题：

1. 这个寓言故事包含了哪些深刻的道理？
2. 商品的质量有何重要性？
3. 如何保证商品质量？

引例分析

1. 这个寓言故事的寓意是不要忽略小事，小事有时也会坏大事。这里主要说明商品质量的重要性。

2. 重视和提高商品质量，是促进国民经济的重要动力；保证和提高商品质量，是创造社会财富、满足消费需求的重要途径；加强和提高商品质量，是促进企业质量管理制度完善的中心环节；改进和提高商品质量，是提高市场竞争能力的重要措施。

3. 注重细节，严格把控商品生产、流通、消费各个环节的质量，在质量管理中推行全面质量管理模式，层层把关，人人负责。尤其在商品生产阶段，企业应全面导入商品生产的质量管理理念，建立独立于生产管理的质量保证体系，加强商品生产过程的质量检查和监督。

任务一　商品质量认知

课堂讨论

1. 消费者常说的商品质量是什么？
2. 日常生活中挑选商品时需要注意什么？

知识准备

商品质量是国家、企业和消费者关注的一个重要问题。商品学研究的中心问题就是商品质量。我们需要全面、正确理解商品质量，树立正确的质量意识和质量观念。

一、商品质量的概念

我国国家标准《质量管理体系：基础和术语》（GB/T19000－2016）对质量的定义是：客体的一组固有特性满足要求的程度。为了更准确理解概念，需要理解以下几个关键词：

（1）“特性”是指可区分的特征。可以有各种类型的特性：物的特性，如机械性能；感官的特性，如气味、噪声、色彩等；行为的特性，如礼貌；时间的特性，如准时性、可靠性；人体工效的特性，如生理的特性或有关人身安全的特性；功能的特性，如飞机的最高速度。

特性可分为固有特性和赋予特性。固有特性就是指某事或某物中本来就有的特性，尤其是永久的特性，如螺栓的直径、机器的生产率或接通电话的时间等技术特性。赋予特性不是某事物本来就有的，而是完成产品后因不同的要求而对产品所赋予的特性，如产品的价格、产品的供货时间和运输要求（运输方式）、售后服务要求（保修时间）等特性。不同产品的固有特性和赋予特性不同，某种产品赋予特性可能是另一种产品的固有特性（可转换）。

（2）“要求”是指明示的、通常隐含的或必须履行的需求或期望。“明示的”可以理解为规定的要求，如在文件中阐明的要求或顾客明确提出的要求。“通常隐含的”是指组织、顾客和其他相关方的惯例或一般做法，所考虑的需求或期望是不言而喻的，如化妆品对顾客皮肤的保护性等。一般情况下，组织应根据自身产品的用途和特性进行识别，并做出规定。“必须履行的”是指法律法规要求的或有强制性标准要求的。组织在产品的实现过程中必须执行这类标准。“需求”由不同的相关方提出，不同的相关方对同一产品的需求可能是不相同的。需求可以是多方面的，如产品需求、质量管理需求、顾客需求等。

❖ 例：对于一部手机，不仅要求其性能好、安全可靠、有一定的使用寿命，还要求其具有经济性，及良好的品牌和售后服务。

商品质量包括狭义的商品质量和广义的商品质量。狭义的商品质量是指商品与其规定标准技术条件的符合程度，以国家或国际有关法规、商品标准或订购合同中的有关规定作为最低技术条件，是商品质量的最低要求和合格的依据。

广义的商品质量是指商品适合其用途所需的各种特性的综合及其满足消费者需求的程度，是衡量商品使用价值的尺度。

二、商品质量的组成

商品质量是一个动态概念，不同时间、不同地区、不同消费者、不同环节，对同一商品有不同的质量要求。在表现形式上，商品质量由内在质量、外观质量、社会质量和经济质量组成。

（一）商品的内在质量

商品的内在质量是指商品在生产过程中形成的商品本身固有的特性，包括商品性能、可靠性、使用寿命、安全性和卫生性等，它构成了商品的实际物质效果，是最基本的质量要素。

（二）商品的外观质量

商品的外观质量是指商品的外表形态，包括外观构造、质地、色彩、气味、手感、包装等，它是消费者选择商品的重要依据。

（三）商品的社会质量

商品的社会质量是指商品满足全社会利益需要的程度，如是否违反社会道德、是否对环境造成污染、是否浪费有限的资源和能源等，与社会利益密切相关。

（四）商品的经济质量

商品的经济质量是指消费者对商品的性能和价格的比较。通过比较，消费者希望以尽可能低的价格，获得性能尽可能高的商品，即获得物美价廉的商品。

三、商品质量的基本要求

（一）商品质量要素

商品质量要素如表 2－1 所示。

表 2-1　商品质量要素

<table>
<tr><th colspan="2">要素</th><th colspan="2">具体内容</th><th>性质</th></tr>
<tr><td rowspan="7">内部要素</td><td rowspan="4">性状要素</td><td>尺度重量</td><td>尺寸、重量、容积、毛重等</td><td rowspan="6">客观</td></tr>
<tr><td>原始成分</td><td>有效成分、含量、辅助成分、填料、杂质等</td></tr>
<tr><td>形态构造</td><td>品种、密度、结构、装饰、加工方法、镀层厚度等</td></tr>
<tr><td>其他性质</td><td>比重、黏度、折光指数、透明度、凝固点、制法等</td></tr>
<tr><td>缺陷要素</td><td colspan="2">各种外观瑕疵、包装缺陷等</td></tr>
<tr><td>性能要素</td><td colspan="2">强度、延伸率、硬度、弹性、耐久性、功率、传导性、营养率、吸湿性、透气性、收缩率、耐水性、阻燃性、保存性、搬运性等</td></tr>
<tr><td>感官要素</td><td colspan="2">色泽、手感、音色、新鲜度、外观等</td><td>主观</td></tr>
<tr><td></td><td>嗜好要素</td><td colspan="2">图案、式样、色调、风味、风格、流行性等</td><td>主观</td></tr>
<tr><td>外部要素</td><td>市场适应要素</td><td colspan="2">包装、商标、标签、广告、产地、价格、保管、搬运费用等</td><td>客观加主观</td></tr>
</table>

日本水野良项教授把商品质量要素分为以下六类：

（1）性状要素：商品的静态特性和形态，是构成商品基本功能的物质基础。

（2）缺陷要素：商品的外观缺陷。

（3）性能要素：商品的动态特性，是商品在外力或者环境作用下表现的特性。

（4）感官要素：根据人们的感官评价的质量特性。

（5）嗜好要素：根据人们的爱好评价的质量特征。

（6）市场适应要素：适应市场销售的质量特征。

课堂讨论

选择一件自己熟悉的商品，参考表 2-1，对其质量要素进行简单分析并列表。

（二）商品质量的基本要求

商品的种类成千上万，不同的顾客对各种商品的要求各不相同，对商品质量的要求也多种多样。尽管如此，对于商品质量有一些共同的基本要求。

1. 使用性

使用性也称实用性，是指商品为满足一定的用途所必须具备的各种性能，它是构成商品使用价值的基本条件。

例：冰箱的制冷保温性能，钟表的准确计时性能，服装的遮体保暖性能，食品的营养性能等。对于原料性商品或半成品商品，使用性能还意味着再加工性能。

使用性除了商品用途所要求的基本性能以外，还包括商品在该用途方面应尽量符合人体工程学原理，满足使用方便等要求。

❖ 例：商品的结构要与人体身形及各身体部位相适应；商品的呈现形式要与人的视觉、听觉、触觉、味觉、嗅觉、知觉能力以及信息处理能力相适应；复杂商品的使用操作要符合简单、易操作、不易出错等要求。

商品的多功能化扩大了商品的适用范围。多功能商品使用起来更加方便，比单一功能的商品更受欢迎，已成为现代商品的发展趋势。

2. 安全性

安全性是指商品在储存、流通和使用过程中保证人身安全和健康不受伤害的能力。

商品的安全性主要包括两个方面的内容：一方面是指商品在制造、储存、流通和使用过程中保证人身安全与健康不受伤害；另一方面是指商品在生产、流通、消费直至废弃阶段，均不对社会和人类生存环境造成伤害。

❖ 例：家用电器必须有良好的绝缘和防护装置，以免使用者触电造成电击伤害和死亡事故；食品必须符合安全卫生要求，其成分中对人体健康有害的物质以及致病性微生物不得超过规定限度；化妆品中铅、砷、汞、有害微生物的含量应该在规定限度以下。

3. 寿命周期

寿命周期通常是指商品在流通阶段和消费阶段可以连续储存或使用的期限。使用寿命是指商品在规定的使用条件下，保持正常使用性能的工作总时间。储存寿命则是指商品在规定的条件下，使用性能不失效的储存总时间。

商品的寿命周期主要反映商品使用价值的效果，商品的内在质量对商品的寿命周期起决定性的作用。

❖ 例：汽车行驶一定里程就要报废，这个里程数就是汽车的使用寿命。

4. 可靠性

可靠性是商品在使用过程中，在规定条件下和规定时间内，实现规定功能的能力。它是与商品在使用过程中的稳定性和无故障性联系在一起的质量特性，是评价机电类商品质量的重要指标之一，也是评价高档商品的一个重要特性。

5. 经济性

经济性是指商品的生产者、经营者、消费者都能用尽可能少的费用获得尽可能高的商品质量，从而使企业获得最大的经济效益，消费者得到物美价廉的商品。经济性反映了商品在寿命周期内的使用费用与商品质量的匹配水平。离开经济性孤立地谈质量，没有任何实际意义。

6. 审美性

审美性是指商品能够满足人们审美需要的属性，如商品的形态、色彩、质地、结构、味道等。现代社会中，人们对商品质量的追求体现在物质方面的实用价值与精神方面的审美价值的高度统一。提升商品的审美性已经成为提高商品市场竞争力的重要手段之一。

❖ 例：审美性包括商品的光泽、质感、色彩的和谐、整体美等；形态的表现力、创造性；风格的独特性、新颖性、流行性等；结构组成的紧凑性、和谐性、完整性和科学性等；与人的生理和心理的适应性，包括满足人们的味觉、嗅觉、听觉等感官嗜好的程度等。

(三) 几种主要商品的基本质量要求

1. 食品的基本质量要求

食品作为人们日常生活中的重要商品，是为人体提供热量、营养，维持人体生命的物质，是人们生长发育、保证健康不可缺少的生活资料。因此食品的基本质量要求包括营养价值、色香味形、卫生性三个方面，如表 2－2 所示。

表 2－2 食品的基本质量要求

质量要求	内容
营养价值	食品的营养价值是指食品能给人体提供营养物质，是一切食品的基本特征，其功能是提供人体维持生命活动的能量，保证健康，调节代谢及延续生命。营养价值是决定食品质量高低的重要依据，是评定食品质量优劣的关键指标。
色香味形	食品的色香味形一方面反映食品的新鲜度、成熟度、加工精度、风味；另一方面影响人们对食品营养成分的消化和吸收。不同色香味形决定了食品的档次与等级。
卫生性	食品中不应含有或超过相关规定的允许限量的物质和微生物。食品卫生关系到人们的健康与生命安全。

2. 纺织品的基本质量要求

纺织品是人们日常生活中不可或缺的生活资料，其基本质量要求主要包括材料选择适宜性、组织结构合理性、机械性、服用性及工艺性五个方面，如表 2－3 所示。

表 2－3 纺织品的基本质量要求

质量要求	内容
材料选择适宜性	纺织品的基本性能及外观特征，主要由其所用的纤维材料决定。不同种类纤维，其织品的性能不同；同种纤维不同品质，织品各具特色。
组织结构合理性	纺织品组织结构包括织物组织、重量和厚度、紧度和密度、幅宽和匹长等。组织结构影响织品外观和机械性，如纺织品厚度。
机械性	纺织品机械性指各种强度指标，是衡量纺织品耐用性能的重要指标。
服用性	服用性主要是要求纺织品舒适、美观和大方，具有良好的吸湿性、透气性、色泽等。
工艺性	工艺性指纺织品应方便裁剪缝制，易于洗涤、熨烫、定型等。

3. 日用工业品的基本质量要求

日用工业品是满足人们日常使用和美化生活需要的商品，其基本质量要求包括适用性、耐用性、卫生和安全性、美观性和结构合理性几方面，如表 2-4 所示。

表 2-4 日用工业品的基本质量要求

质量要求	内容	举例
适用性	指日用工业品满足主要用途所必须具备的性能，不同商品的适用性各不同。	保温杯必须保温，化学仪器要求耐酸碱性好
耐用性	指日用工业品抵抗各种外界因素对其破坏的能力，反映坚固耐用程度和一定的使用期限、次数。	皮革、橡胶制品常用强度和耐磨度作为指标
卫生和安全性	指日用工业品在使用时不能影响人体健康和人身安全的质量特性。	盛放食物的器皿必须无毒无害等
美观性	指日用工业品外观表面特征，包括外观有无疵点，以及表面装饰、色彩、图案等。	服装的装饰美观
结构合理性	指日用工业品的形状、大小、部件的装配要合理。	鞋的尺码合适度

4. 家用电器的基本质量要求

一般认为，凡是用于个人或家庭消费并以电能作为动力的商品均称为家用电器。家用电器的基本质量要求包括如表 2-5 所示的几个方面。

表 2-5 家用电器的基本质量要求

质量要求	内容	举例
性能要求	家用电器必须具有发挥其用途的主要功能。	电冰箱必须具有冷冻和冷藏食品的功能
耐用性要求	家用电器大都属于耐用消费品，一般都有使用年限的规定。	电视机、电冰箱的使用年限为 8～10 年
安全性要求	世界各国以及各有关国际组织对家用电器用电安全性和电磁兼容等均有严格规定。	对家用电器保护接地电阻值的规定等
节能要求	根据家用电器的能效高低对其进行能效等级的划分。	节能型电冰箱、空调器、电视机

四、影响商品质量的因素

商品质量会受到商品生产、流通、消费过程中的诸多因素的影响。为了能够对商品质量实施控制并得到预想的商品质量，就要分析和掌握这些影响质量的因素。

（一）商品设计

商品的设计是形成商品质量的前提，设计、生产或运作以及营销部门必须紧密合作、及时沟通，使顾客的需求得到充分满足。在进行商品设计时，企业的商品设计人员必须考虑以下问题：法规、道德和环境问题，商品的生产周期问题，商品标准化问题，商品的大规模定制问题，商品的可靠性问题。

如果商品设计存在某些根本性的质量缺陷，就不可能生产出高质量的商品。

为了保证生产商品的质量，必须进行全面的市场调查与分析，认真研究商品的市场需求和基本技术要求，这样才能设计出既能满足消费者需求，又便于加工、使用和修理的商品。

实例链接：沃尔沃汽车的儿童安全座椅设计概念

❖ 例：空调的制冷量设计不足必然会影响其制冷效果，从而影响其质量。

（二）原材料供应

原材料是构成商品的原始物质，其质量是决定商品质量的重要因素。原材料的成分、性质、结构及质量等直接影响商品的质量等级。

❖ 例：含硅量高的硅砂可制成透明度和色泽俱佳的玻璃制品，而含铁量高的硅砂则只能制出透明度和色泽较差的玻璃制品；以鲜嫩叶制成的绿茶、茉莉花茶色香味形俱佳，而以老叶制成的茶叶则质量差。

因此，在研究商品质量时，应该了解这种商品所选用原料的成分、结构和性能，及其对制造商品的影响，才能进一步分析商品质量的各种特点，以确定选择原料的标准，把好原料质量关。在不影响商品质量的前提下，选用原料时还应考虑资源的合理利用和综合利用。

❖ 例：选用资源丰富的代用原料，可以降低原料的成本和扩大原料来源；利用碎料或回收的废料，有利于提高商品的社会效益和经济效益。

（三）生产

生产过程是商品质量的形成过程。即使原材料的质量相同，不同的生产工艺、不同的设备、生产工人的不同操作方法、不同的生产环境等，也会对商品质量产生不同的影响。

1. 生产工艺对商品质量的影响

生产工艺主要是指商品的配方、加工方法以及技术水平等。商品的有用性、外形和结构等都是在生产过程中形成的，因此生产工艺是影响商品质量的关键因素。同样的原材料在不同的生产工艺下可形成不同的商品质量和品种。

❖ 例：机器压制的玻璃杯和人工吹制的玻璃杯，在厚度、透明度、耐高温等方面均不同；茶树鲜叶经过不同的工艺可制成红茶、绿茶和青茶等不同品种。

2. 生产设备对商品质量的影响

生产设备的水平和质量对商品质量也有重要影响。一般来讲，先进的设备可以提高商品的加工精度和生产效率，从而提高商品的数量和质量；而设备过于陈旧，则容易发生故障，从而导致不合格品的出现。因此，加强设备保养和管理，防止故障发生，保证设备加工精度，是保证商品质量的必要条件。

（四）检验

质量检验是保证商品质量的主要手段之一。检验是对既定结果而言的，有事后把关的意义。而在质量的形成和实现过程中，每个环节的检验对于下一个环节又是事前的控制，即不合格的原材料或零部件不投料或不组装，不合格半成品不转入下道工序，不合格成品不进入流通和消费领域，因而它又有事前预防的意义。

（五）流通

在商品流通过程中，运输装卸、储存、分装和销售服务等环节对商品质量都有影响。

1. 运输装卸

运输装卸是商品进入流通领域的必要条件。商品从生产地向消费者转移的过程中会受到挤压、颠簸、震动等物理机械的作用，也会受到气候因素如温度、湿度等的作用；在装卸过程中还会发生碰撞、跌落等问题，这些都会导致商品损耗或质量下降。运输对商品质量的影响与运输时间的长短、气候条件、运输路线、运输方式、运输工具、装卸工具等有关。

2. 储存

商品储存是指商品离开生产领域，而尚未进入消费领域的存放。商品储存是商品流通的一个重要环节，在此期间，由于商品本身的性质和外部环境的影响，商品质量会发生一定的变化。

商品在储存期间的质量变化与商品的性质、储存场所的环境条件、养护技术与措施、储存期的长短等因素有关。其中，商品本身的特性是商品质量变化的内因，而储存环境和条件是储存期间的商品质量变化的外因。

3. 分装

商品包装是商品的重要组成部分，商品包装可以减少和防止外界因素对商品质量的影响，并能装饰、美化商品，便于商品的储运、销售和使用，甚至还可以增加商品的价值。

分装是指商品由运输大包装装入销售小包装中，从而便于销售和使用。分装所用的包装材料和容器必须符合商品性质，否则将会使商品质量发生变化。

4. 销售服务

商品在销售过程中，必然离不开商品陈列、包装、搬运、装配、维修等工作，每个环节都涉及维护商品质量的问题。

知识链接：伪劣商品

❖ **例：**商品的暴露陈列、陈列不当、陈列时间过长、陈列环境及卫生条件差、拆零与分装不当、装配及维修水平低，都会影响商品的质量。

课堂讨论

列举一些生活中有质量问题的商品，分析其质量问题是由商品设计、原材料、生产环节、检验环节或流通过程中的哪些因素引起的。

任务二 商品质量管理

课堂讨论

1. 企业在生产的过程中应该注意什么？
2. 商品质量管理的意义是什么？

知识准备

商品质量管理是决定商品质量优劣的关键因素。

一、商品质量管理概述

商品质量是商品生产者、经营者和消费者都关心的问题。加强商品质量管理对于提高商品质量，保护商品使用价值，防止伪劣商品流入市场，维护消费者利益，增强企业在国内外市场的竞争力有十分积极的作用。

1994 年，朱兰博士在第七届世界质量大会上说：“21 世纪是质量的世纪。”这句话说明，质量问题是每个国家、每个企业应认真对待的永恒主题。事实上，自从人类开始制造产品以来，质量就一直是人们关注的焦点。特别是 20 世纪 80 年代以来，人们更是将质量提到一个前所未有的高度来对待，认为质量是影响企业生存和发展的核心要素之一。朱兰博士曾经形象地把质量比喻为人们在现代社会赖以生存的大堤，社会成员就像生活在大堤外面的居民那样，依靠坚实的大堤做保护，过着安居乐业的生活。这个质量大堤一旦决口，将给个人、企业和社会造成无法估量的损失，甚至是巨大的危害和灾难。因此，提高质量管理水平和商品质量对国家、对社会、对企业都具有极其重大的意义。

（一）商品质量管理的概念

商品质量管理是在商品生产和流通过程中对商品质量依法进行管理的活动，商品质量管理是决定商品质量优劣的关键因素。

（二）商品质量管理的发展阶段

自从 20 世纪 20 年代初提出质量管理的概念以来，质量管理理论伴随着企业管理的实践而不断发展和完善，到现在已成为一门独立的学科。概括起来，质量管理的发展大致经历了以下四个阶段。

1. 质量检验阶段

质量检验阶段又称事后检验阶段，人们认为质量管理仅仅是对成品的质量检验。质量检验所使用的手段是各种检测仪器，方式是全数检验。这一阶段是在20世纪初到20世纪30年代，质量检验阶段的代表人物是美国工程师泰勒（F. W. Taylor）。他总结了工业革命以来的经验，根据机器大生产管理实践，提出了一套科学管理的理论，其中一条就是主张将产品的检验从制造中分离出来，成为一个独立的工序。起初，人们非常强调工长在质量保证方面的作用，将质量管理的责任由操作者转移到工长，故被称为“工长的质量管理”。后来，这一职能又由工长转移到专职检验人员，由专职检验部门实施质量检验，称为“检验员的质量管理”，即在企业管理中产生了一支专职检验队伍，并成立了专职检验部门，这样，质量检验机构就被独立出来了。

质量检验就是在成品中挑出废品，以保证出厂产品质量。但这种事后检验把关，无法在生产过程中起到预防、控制的作用。废品已成事实，很难补救；且质量检验要求全数检验，增加检验费用，同时在技术上存在难度（如破坏性检验）。在生产规模进一步扩大，大批量生产的情况下，事后检验的弊端就凸显出来。此外，质量检验容易导致企业质量管理的“三权”分立现象，即质量标准的制定部门、产品制造部门和检验部门各管一方，只强调相互制约的一面，忽视相互配合、促进和协调的一面，缺乏系统的观念。当出现质量问题时，容易造成互相扯皮、推诿和责任不明。

2. 统计质量控制阶段

统计质量控制阶段是在20世纪40年代到50年代末，这一阶段的特征是数理统计方法与质量管理的结合，其代表人物是美国贝尔实验室的工程师休哈特（W. A. Shewhart）。他在1924年提出了控制和预防缺陷的概念，将数理统计的原理运用到质量管理中，开发了控制图。他认为质量管理不仅要进行事后检验，而且在发现有产生废品的先兆时就进行分析改进，从而预防废品的产生。控制图就是运用数理统计原理预防废品产生的工具。因此，控制图的出现是质量管理从单纯事后检验转向检验加预防的标志。1931年，休哈特的《工业产品质量经济控制》出版，这是第一本正式出版的质量管理科学专著。

在休哈特创造控制图以后，他的同事在1929年发表了《抽样检查方法》，最早将数理统计方法引入质量管理，为质量管理科学做出了贡献。然而，休哈特等人的创见除了他们所在的贝尔实验室系统以外，只有少数美国企业采用。特别是由于资本主义的工业生产受到了20世纪20年代开始的经济危机的严重影响，先进的质量管理思想和方法没有能够广泛推广。

第二次世界大战开始以后，统计质量控制才得到广泛应用。由于战争的需要，美国军工生产急剧发展，产品积压待检的情况日趋严重，有时又不得不进行无科学根据的检查，结果不但废品损失惊人，而且在战场上经常发生武器弹药的质量事故，比如炮弹炸膛事件等，对士气产生极坏的影响。在这种情况下，美国军政部门随即组织一批专家和工程技术人员，于1941—1942年先后制定并公布了《质量管理指南》《数据分析用控制图》《生产过程中质量管理控制图法》，强制生产武器弹药的厂商执行，这使得军工产品质量明显提高。之后，很多厂商开始应用统计质量控制的方法，统计质量控制的效果也得到了广泛的认可。第二次世界大战结束后，美国许多企业扩大了生产规模，除原来生产军火的工厂继续推行质量管理的方法以外，许多民用工业企业也纷纷采用这一方法，美国以外的许多国家，如加拿大、法国、德国、意大利、墨西哥、日本也都陆续推行了统计质量控制，并取得了成效。

但是，统计质量控制也存在缺陷，它过分强调质量控制的统计方法，使人们误认为“质量管理就是统计方法”“质量管理是统计专家的事”，使多数人感到高不可攀、望而生畏。同时，它对质量的控制和管理只局限于制造和检验部门，忽视了其他部门的工作对质量的影响，这样就不能充分发挥各个部门和广大员工的积极性，制约了统计质量控制的推广和运用。

3. 全面质量管理阶段

全面质量管理阶段从 20 世纪 60 年代至 80 年代。从统计质量控制阶段发展到全面质量管理阶段，是质量管理发展史上的又一个里程碑。统计质量控制着重于应用数理统计方法去控制生产过程的质量，预防废品、次品的产生，保证产品质量。但是产品质量的形成过程不仅与生产过程密切相关，还与其他一些过程、环节和因素密切相关，不是单纯应用统计质量控制方法所能解决的。全面质量管理更能适应现代化大生产对质量管理多方位、整体性、综合性的客观要求，它从以前局部性的管理向全面性、系统性的管理方向发展，是生产、科技及市场竞争的必然结果。

全面质量管理的概念是由管理专家朱兰与美国通用电气公司质量总经理阿德曼·费根堡姆等人先后提出来的。1961 年，阿德曼正式出版了著作《全面质量管理》。该书强调执行质量职能是公司全体人员的责任，提出：“全面质量管理是为了能够在最经济的水平上，并在考虑到充分满足用户要求的条件下进行市场研究、设计、生产和服务，使企业各部门的活动形成一个有效体系。”全面质量管理概念主要包括以下几个方面的内容：

（1）产品质量单纯依靠数理统计方法控制生产过程和事后检验是不够的，解决质量问题的方法和手段应是多种多样的，并将其综合应用。除此以外，还需要有一系列的组织工作。

（2）将质量控制向管理领域扩展，要管理好质量形成的全过程，要实现整体化的质量管理。

（3）产品质量是同成本联系在一起的，离开成本谈质量是没有意义的，强调质量成本的重要性。

（4）提高产品质量是公司全体人员的责任，应当使全体人员都具有质量意识和承担质量责任的精神，这意味着质量管理并不仅仅是少数专职质量管理人员的事情。

20 世纪 60 年代以来，阿德曼的全面质量管理理念逐步被世界各国所接受，在运用时各有所长，在日本叫“全公司的质量管理”（CWQC）。我国自 1978 年推行全面质量管理（TQC）以来，在实践上、理论上都有所发展，也有待于进一步探索、总结、提高。

4. 标准化质量管理阶段

1987 年前，人们更多的是从产品的角度去谈论质量，尽管有时也强调从系统的角度看质量管理，但是还缺少一套标准化的运作模式。事实上，产品质量的形成与企业生产经营的方方面面都有关系，只有严格控制与质量形成有关的各个环节，才能从根本上确保每一件产品的质量。为此需要从标准化的角度着手，利用标准化技术建立企业的质量管理体系。于是，国际标准组织（ISO）于 1987 年正式发布了 ISO9000 系列质量标准，使质量管理进入标准化阶段。1994 年，ISO 又发布 ISO9000：1994 系列标准，在世界范围内掀起一股实施质量标准的热潮。2000 年，在总结经验和吸取教训的基础上，ISO 又发布了

ISO9000：2000 系列标准。由于该标准不断吸收国际上先进的质量管理理念，采用 PDCA 循环的质量哲学思想，对于产品和服务的供需双方具有很强的实践性和指导性，所以标准一经问世，立刻得到世界各国的欢迎。目前通行的是 ISO9000：2015 系列标准，核心标准为《质量管理体系：基础和术语》（ISO9000：2015)。《质量管理体系：要求》（ISO9001：2015）是认证机构对进行认证的企业审核的依据标准。

二、商品质量管理的方法

（一）数据分析方法

1. 调查表法

调查表法是指为了调查事物的客观情况，而按照可能出现的情况及其分类预先设计表格，可用来收集关于某些具体事件出现的频率数据。按照统计对象的不同，调查表可分为检查单、缺陷类别调查表、缺陷原因检查表、缺陷位置检查表、工序分布调查表、工件抽样表等。在实际运用中，只需在对应的栏目中填写数字或符号，对这些数字或符号进行整理和分析之后，就可以一目了然地发现问题。

2. 分层法

在进行质量因素分析时，有时来自多方面的因素交织在一起，使得数据杂乱无章，无法直接得出分析结果，因此需要有种统计工具把错综复杂的多种因素分开。分层法就是这样一种数据分析和整理的基本方法，它是将收集来的数据按来源、性质等加以分类，将性质相同、在相同条件下的数据归在一起，从而将总体分为若干层次，分别加以研究。分层的方法包括按生产线、按材料、按班组或工人、按时间、按作业方法分层等。

3. 排列图法

排列图法又称主次因素分析法、帕累托（Pareto）图法，它是找出影响产品质量主要因素的一种简单而有效的图表方法。

1897 年意大利经济学家帕累托在分析社会经济结构中发现 80%的财富掌握在 20%的人手里，后被称为“帕累托法则”。

1907 年美国经济学家劳伦兹使用累积分配曲线描绘了帕累托法则，被称为“劳伦兹曲线”。

1930 年美国朱兰博士将劳伦兹曲线应用到品质管理上。排列图是根据“关键的少数和次要的多数”的原理而制作的。比如质量管理方面，80%的质量问题往往是由 20%的原因引起的。朱兰将这个理论应用到质量管理中，他认为过程中 80%的变异源于大约 20%的主要变量因素，这些变量因素被称为“关键的少数”，而那些在过程中影响较小的次要变量则合为“次要的多数”。

4. 因果分析图法

因果分析图法又称鱼刺图、树枝图，是利用因果分析图来系统整理并分析某个质量问题（结果）与其产生原因之间关系的一种分析方法。

5. 直方图法

直方图法是将收集到的质量数据进行分组整理，绘制成频数分布直方图，用以描述质量分布状态的一种分析方法。

6. 散布图法

散布图法是通过分析两种变量之间的关系来控制影响商品质量相关因素的一种有效方法。

7. 流程图法

流程图法借助特定的符号展示过程步骤和决策点。借助流程图，可以使团队对过程所涉及的内容有一个全面的了解。另外，流程图还可以指出缺失、冗余或者错误的步骤。

（二）PDCA 循环法

PDCA 循环是美国质量管理专家休哈特博士首先提出的，由戴明采纳、宣传，获得普及，所以又称戴明环。PDCA 循环实际上是有效进行一项工作的合乎逻辑的工作程序。在质量管理中，有人称其为质量管理的基本方法。

1. PDCA 循环的含义

PDCA 是英语单词 plan（计划）、do（执行）、check（检查）和 act（处理）第一个字母的组合。PDCA 循环就是按照这样的顺序进行质量管理，并且循环不止地进行下去的科学程序。

（1）P（plan）：计划，包括方针和目标的确定，以及活动规划的制定。

（2）D（do）：执行，根据已知的信息，设计具体的方法、方案和计划布局；再根据设计和布局，进行具体运作，实现计划中的内容。

（3）C（check）：检查，总结执行计划的结果，分清哪些对了、哪些错了，明确效果，找出问题。

（4）A（act）：处理，该阶段是 PDCA 循环的关键。对总结检查的结果进行处理，对成功的经验加以肯定，并予以标准化；对于失败的教训也要总结，引起重视。对于没有解决的问题，则提交给下一个 PDCA 循环去解决。

PDCA 循环过程如图 2－1 所示。

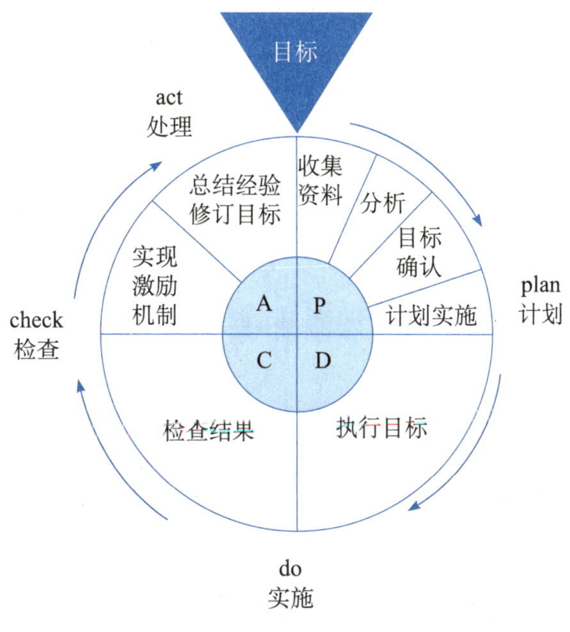

图 2－1　PDCA 循环过程

以上四个过程不是运行一次就结束，而是周而复始地进行，一个循环完了，解决一些问题，未解决的问题进入下一个循环，这样阶梯式上升。

PDCA 循环是全面质量管理所应遵循的科学程序。全面质量管理活动的全部过程，就是质量计划的制订和组织实施的过程，这个过程就是按照 PDCA 循环周而复始运转的。

2. PDCA 循环的八个步骤

（1）分析现状，发现问题；

（2）分析质量问题中的各种影响因素；

（3）找出影响质量问题的主要原因；

（4）针对主要原因，提出解决的措施；

（5）执行，按措施计划的要求去做；

（6）检查执行结果，与要求达到的目标进行对比；

（7）把成功的经验总结出来，制定相应的标准；

（8）把没有解决或新出现的问题转入下一个 PDCA 循环去解决。

3. PDCA 循环的特点

PDCA 循环可以使我们的思想方法和工作步骤更加条理化、系统化、图像化和科学化。它具有如下特点：

（1）大环套小环，小环保大环，推动大循环。

PDCA 循环作为质量管理的基本方法，不仅适用于整个工程项目，也适应于整个企业和企业内的科室、工段、班组以至个人。各级部门根据企业的方针目标，都有自己的 PDCA 循环，层层循环，形成大环套小环，小环又套更小的环。大环是小环的母体和依据，小环是大环的分解和保证。各级部门的小环都围绕着企业的总目标朝着同一方向转动。通过循环把企业上下或工程项目的各项工作有机地联系起来，彼此协同，互相促进。如图 2－2 所示。

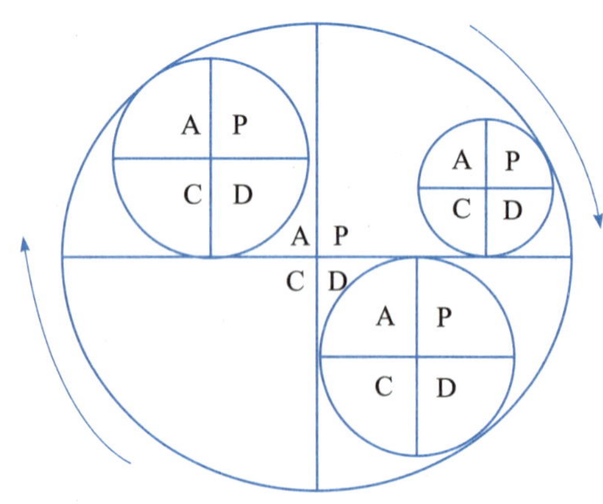

图 2－2　大环套小环示意图

（2）不断前进，不断提高。

PDCA 循环就像爬楼梯一样，一个循环运转结束，生产的质量就会提高一步，然后再制定下一个循环，再运转、再提高，不断前进，不断提高。

（3）阶梯式上升。

PDCA 循环不是在同一水平上循环，每循环一次，就解决一部分问题，取得一部分成果，工作就前进一步。每通过一次 PDCA 循环，都要进行总结，提出新目标，再进行第二次 PDCA 循环，使品质管理的车轮滚滚向前。PDCA 每循环一次，品质管理水平都更进一步。如图 2－3 所示。

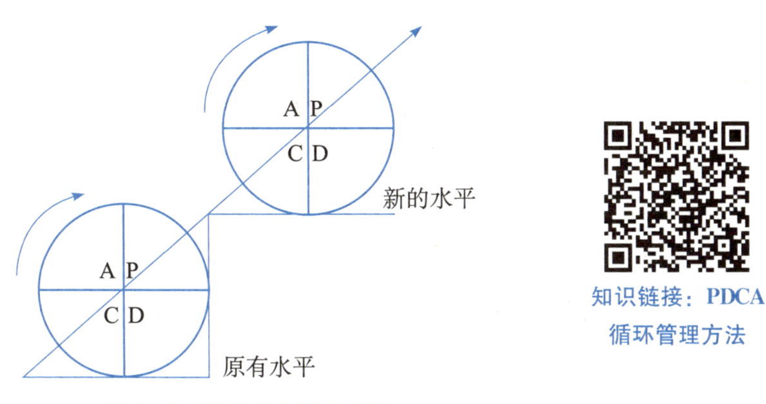

知识链接：PDCA 循环管理方法

图 2－3　阶梯式上升示意图

（三）六西格玛管理方法

1. 六西格玛管理方法概述

六西格玛（six sigma）概念于 1986 年由摩托罗拉公司的比尔·史密斯提出。西格玛（σ）是统计学里的一个单位，表示与平均值的标准偏差。它可以用来衡量一个流程的完美程度，显示每 100 万次操作中发生多少次失误。西格玛的数值越高，失误率越低。具体来说，相关数据可以表示如下：

1σ＝690 000 次失误/百万次操作
2σ＝308 000 次失误/百万次操作
3σ＝66 800 次失误/百万次操作
4σ＝6 210 次失误/百万次操作
5σ＝230 次失误/百万次操作
6σ＝3.4 次失误/百万次操作
7σ＝0 次失误/百万次操作

六西格玛管理方法是一种统计评估法，核心是追求零缺陷生产，防范产品责任风险，降低成本，提高生产率和市场占有率，提高顾客满意度和忠诚度。六西格玛管理既着眼于产品、服务质量，又关注过程的改进。

2. 六西格玛管理体系中各岗位的职责

（1）负责人。

六西格玛管理的执行负责人由一位副总裁以上的高层领导担任。这是一个至关重要的职位，具有较强的综合协调能力的人才能胜任。其具体职责是：为项目设定目标、方向和范围；协调项目所需资源；处理各项目小组之间的重叠和纠纷，加强项目小组之间的沟通等。

（2）黑带大师。

黑带大师是六西格玛管理专家的最高级别，其一般是统计方面的专家，负责提供技术指导。他们必须熟悉所有黑带所掌握的知识，深刻理解那些以统计学方法为基础的管理理论和数学计算方法，能够确保黑带在实施应用过程中的正确性。统计学方面的培训必须由黑带大师来主持。

（3）黑带。

黑带是六西格玛管理变革的中坚力量。黑带由企业内部选拔出来，全职实施六西格玛管理，其主要职责是：负责改进项目的具体执行和推广；为绿带和员工提供管理工具和技术培训；对改进项目提供一对一的技术支持。

（4）绿带。

绿带为兼职人员，通常由各基层部门的骨干或负责人担任。在六西格玛管理中负责组织推行基层改进项目。

3. 六西格玛质量管理法的流程

六西格玛质量管理法的流程包括五个步骤：

（1）定义。

质量管理项目负责人确认各科及顾客对产品的要求是什么，顾客对产品的期望是什么，明确顾客认可的质量标准。负责人在界定企业面临的问题时，需要确立质量管理项目的范围、起点和终点，用流程图描述生产过程，根据流程图分析问题。定义阶段项目负责人必须了解和明确自己的任务和所要解决的问题。

（2）度量。

负责人用适当的量化指标或数据测量来描述企业的核心业务流程，确定业务运作的有效性。制订流程数据收集计划，通过数据确定缺陷的类型，比较调查结果，发现业务中的不足之处。度量阶段的关键是寻找和确定表述业务流程的定量标准。

（3）分析。

负责人分析流程图中各数据的关系，寻求造成产品质量缺陷的根本原因，确定目前的质量水平与六西格玛质量目标的差距。质量管理项目负责人必须能够以量化的数据来描述业务流程，定量地分析影响产品质量的诸多因素，并从中找出关键因素。这样才能真正了解质量问题的本质，从中找出主要矛盾。

（4）改进。

负责人针对主要矛盾，由专业人士设计创新性方案，以解决主要矛盾。协同专业人士根据创新性方案来改进业务流程，在改进流程中将创新方案细化为可操作的计划。通过应用新技术和对人员培训等措施，落实具体的计划。

（5）控制。

负责人控制和保持改进质量的成果。负责人本身是专业人士或依赖专业人士控制质量，只有专业人士能够有效地控制质量。在这一阶段，要跟进改进计划的执行，通过业务流程改变和组织结构变化，使改进质量成果制度化，持续地改善质量。

任务三　商品标准认知

课堂讨论

1. 在生活中，你重视商品标准吗?
2. 在工作中，你执行的标准是什么?

知识准备

商品标准是衡量产品质量工作的尺度，是企业整个生产活动的依据，是人们认识客观事物规律性的总结，又是保证产品质量、工作质量的重要手段。

一、标准与商品标准

(一) 标准

标准的原意为目标，即标靶。后来由于标靶本身的特性，衍生出“如何与其他事物区别的规则”的意思。之后，将“用来判定技术或成果好不好的根据”广泛化，就得到“用来判定是不是某一事物的根据”的含义。

制定标准的最权威的国际组织是国际标准化组织（ISO)。国际标准化组织给“标准”的定义是：标准是由一个公认的机构制定和批准的文件，它对活动或活动的结果规定了规则、导则或特殊值，供共同和反复使用，以实现预定领域内最佳的秩序的效果。

国家标准《标准化工作指南》(GB/T 20000.1－2014）对标准的定义为：为了在一定范围内获得最佳秩序，经协商一致制定并由公认机构批准，为各种活动或其结果提供规则、指南或特性，供共同使用和重复使用的一种文件。理解标准的含义时应注意把握以下几点。

1. 标准的特点

标准是一种约束，是准则、依据。标准可以为各种活动或其结果提供依据，规范人们的行为并使之尽量符合客观的自然规律和技术规则。

2. 重复性

重复性是指事物的反复性特征，只有当它们反复出现和应用时，对该事物才有制定标准的必要。如产品在生产过程中重复加工和检验等；活动中同一概念、术语、符号或代号被反复利用等。制定统一标准最大限度地减少了不必要的重复劳动，简化了工作程序。

3. 标准制定要协商一致

标准须经有关各利益方（生产商、经销商、消费者和政府等）共同协商一致，再由公认的标准化机构或团体批准，最后以特定的文件形式公开发布。

4. 标准的目的是获得最佳秩序

标准的目的是在一定范围内，通过技术规范建立起有利于社会经济发展的最佳生产秩序、技术秩序和市场秩序。

5. 标准的表现形式

标准的表现形式一般为具有特定的制定程序、编写原则和体例格式的文件。标准的编写、印刷、格式和编号、发布的统一，既可保证标准的质量，又便于资料管理，体现标准文件的严肃性。所以，标准必须由主管机构批准，以特定形式发布。标准从制定到发布的一整套工作程序和审批制度，是使标准本身具有法规特性的表现。

（二）商品标准

商品标准是对商品质量以及质量有关的各个方面（商品的品名、规格、性能、用途、使用方法、检验方法、包装、运输、储存等）所做的统一技术规定，是评定、监督和维护商品质量的准则和依据。商品标准是“标准”的具体应用，它具备标准概念的基本含义。

二、商品标准化

（一）标准化的含义

标准化是指为了在一定范围内获得最佳秩序，对现实问题或潜在问题制定共同使用和重复使用的条款的活动。理解标准化的含义需要注意以下两点。

1. 标准化是一项活动过程

标准化是一项活动过程，是制定标准、实施标准进而修订标准的过程。

2. 标准化是一个循环上升的过程

标准化在实施过程中对原有标准适时进行总结、修订，进而再实施。每循环一次，标准就上升到一个新的水平，充实新的内容，产生新的效果。

（二）标准化的作用

（1）标准化为科学管理奠定基础，是实现企业经营管理目标化的条件。

（2）标准化是实现现代化科学管理和全面质量管理的基础。

（3）标准化能巩固科技成果，促进科技水平提高。

（4）标准化是合理利用国家资源、保护环境和提高社会经济效益有效手段。

（5）标准化是国际贸易的调节工具。

（三）商品标准化的内容

1. 商品质量标准化

要求按照统一的技术标准进行商品生产和检验，并对同类所有商品进行质量评定。

2. 商品品种规格系列化

将同类商品依据一定规律、一定技术要求，按照不同规格、尺寸等进行合理分档，使之形成系列。

3. 商品零部件通用化

在相互独立的商品体系中，选择和确定具有功能互换性或尺寸互换性的标准零部件。即使同一类商品或不同商品零件、部件之间部分或大部分可相互通用。

4. 技术语言标准化

它指商品使用的名词、术语、符号、代号等必须统一、简化、明确，以利于提高工作效率，便于相互交流和正确理解。

三、商品标准的分类

一般来说，商品标准可按表达形式、对象特征、约束力和成熟程度进行分类，如表2-6所示。

表2-6　商品标准的分类

分类标准	标准类型	标准描述	举例
表达形式	文件标准	文件标准是指用特定格式的文件，通过文件、表格和图形等形式，对商品质量及质量有关方面所做的统一规定。	绝大多数商品标准都是文件标准。
	实物标准	实物标准是指对某些难以用文字准确表达的质量要求，如色泽、气味、手感等，由标准化主管机构或指定部门用实物做成与文件标准规定的质量要求完全或部分相同的标准样品，作为文件标准的补充，同样是生产、检验等有关方面共同遵守的技术依据。实物标准要经常更新，一般由产销双方和买卖双方经协商决定，以封样实物作为标准。	例如，粮食、茶叶、羊毛、蚕茧等农副产品都是分等级的实物标准。
对象特征	技术标准	技术标准是指对标准化领域中需要协调统一的技术事项所制定的标准。农产品、工程建设、环境保护、安全和卫生条件及其他应当统一的技术要求，必须制定技术标准。 技术标准包括基础标准、质量标准、方法标准、安全卫生标准和环境保护标准等。	例如，质量标准：铅笔标准、酱油标准；方法标准：洗衣粉实验方法标准、食品质量检验方法标准等；安全卫生标准：儿童玩具安全标准、食品卫生标准等；环境保护标准：对大气、土壤、水体、噪声等环境污染管理等标准。
	管理标准	管理标准是指对标准化领域中需要协调统一的管理事项所制定的标准。管理标准包括基础管理标准、质量管理标准、安全管理标准和卫生管理标准、技术管理标准、经济管理标准、生产经营管理标准等。	例如，生产经营管理标准包括：生产经营计划管理、产品设计管理、生产工艺管理、定额管理、质量管理、设备管理、物资管理、能源管理和销售管理等。
	工作标准	工作标准是指对商品领域中需要协调的工作事项所制定的标准，是对工作的范围、责任、权利、程序、要求、效果、检查方法等所做的规定，是按工作岗位制定的有关工作质量的标准。	例如，工作人员的考核与奖罚方法。

续表

分类标准	标准类型	标准描述	举例
约束力	强制性标准	强制性标准又称法规性标准，是由国家法规规定要求强制执行的标准。	例如，药品标准、食品卫生标准等。
	推荐性标准	推荐性标准是国家鼓励企业自愿采用、自愿认证，不具有强制性的标准。这种标准允许使用单位结合自己的实际情况灵活地加以选用。	例如，鲜、冻肉生产的良好操作规范，食品中淀粉含量的测定标准，果蔬及其制品中钠、钾含量的测定标准等。
成熟程度	正式标准	正式标准是指具有法律约束力的标准。	现行标准绝大多数为正式标准。
	试行标准	试行标准一般在试行两至三年后，经过讨论修订，再作为正式标准发布。试行标准具有法律约束力。	

知识链接：推荐性标准的强制执行情况

任务四　商品标准的级别

课堂讨论

1. 商品标准的级别有哪些？
2. 你所知道的商品标准有哪些？

知识准备

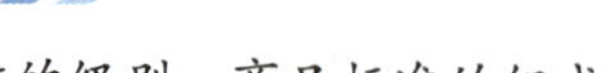

认识商品标准的级别、商品标准的组成。

为了使商品标准适应不同技术水平、不同管理水平并满足不同的经济要求，更有效地促进商品质量的提高和管理的改善，规定了商品标准的级别。

商品标准的级别通常分为国际标准、区域标准、国家标准、行业标准、地方标准及企业标准。

一、国际商品标准

（一）国际标准

国际标准是指国际标准化组织（ISO）、国际电工委员会（IEC）和国际电信联盟（ITU）制定的标准，以及国际标准化组织确认并公布的其他国际组织制定的标准。国际标准在世界范围内统一使用。例如，ISO14001：2004 环境管理体系标准等。

国际标准对于国际的贸易往来和科技交流、国际范围的专业化合作、合理利用资源和保护生态环境都有十分重要的意义。

国际标准通常采用国际标准代号、顺序号、发布年号和标准名称来表示，如图 2－4 所示。

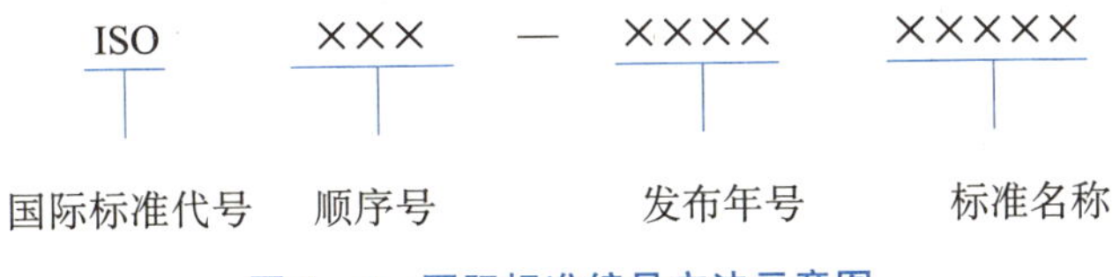

图 2－4　国际标准编号方法示意图

❖ 例：《食品安全管理体系》（ISO2200－2005），其中，ISO 表示国际标准代号，2200 表示顺序号，2005 表示发布年号，“食品安全管理体系”为标准名称。

（二）区域标准

知识链接：世界三大国际标准化机构

区域标准是指由世界区域性集团的标准化组织制定和发布的标准。制定区域标准的主要目的是促进区域性集团成员之间的贸易，便于该地区技术交流与合作，协商该地区与国际标准化组织的关系，区域标准主要在本区域内通行。

❖ 例：欧洲标准化委员会（简称 CEN）制定发布的欧洲标准（简称 EN）主要在西欧国家通行。

二、中国商品标准

中国的商品标准是以国家标准、行业标准为主体，以地方标准、企业标准为补充，覆盖全国层次分明的标准体系。我国商品标准分为国家标准、行业标准、地方标准和企业标准四个级别。

（一）国家标准

国家标准是由国家标准团体制定并公开发布的标准。

国家标准由国家标准代号、顺序号和发布年号组成，如图 2－5 所示。

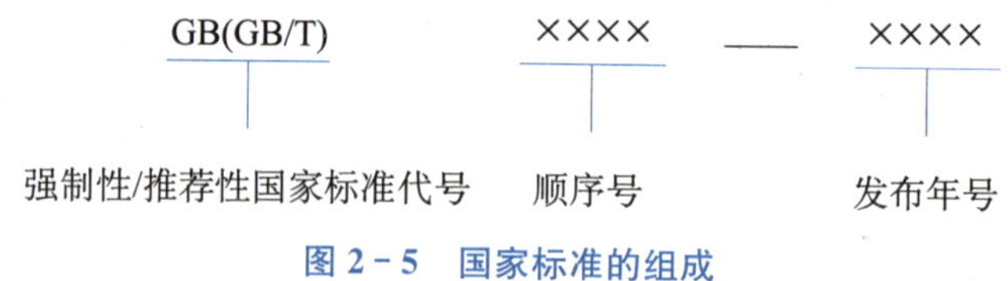

图 2-5　国家标准的组成

❖ 例：GB19151-2003，表示 2003 年发布的第 19151 号强制性国家标准；GB/T22000-2006，表示 2006 年发布的第 22000 号推荐性国家标准。

（二）行业标准

行业标准是由行业标准化团体或机构制定并发布的，在某行业的范围内统一实施的标准。

行业标准由行业标准代号、顺序号和发布年号组成，如图 2-6 所示。

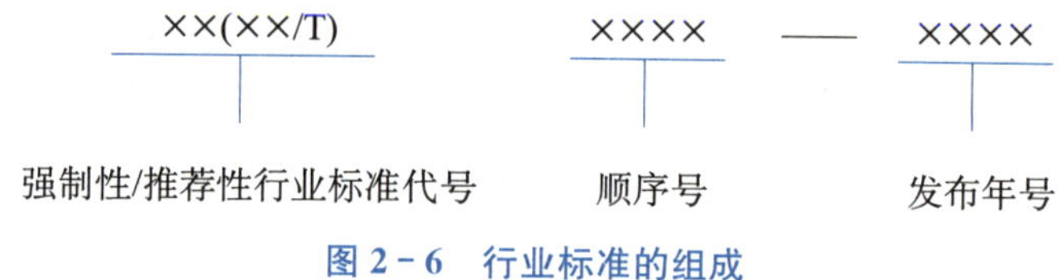

图 2-6　行业标准的组成

❖ 例：NY846-2004，表示 2004 年发布的第 846 号强制性农业行业标准；JB/T4192-1996，表示 1996 年发布的第 4192 号推荐性机械行业标准。

（三）地方标准

地方标准是由一个国家的地方部门制定并公开发布的标准。

地方标准由地方标准代号（DB）、省级行政区划代码前两位（如，11 表示北京市、12 表示天津市、13 表示河北省、14 表示山西省等）、顺序号和发布年号组成，如图 2-7 所示。

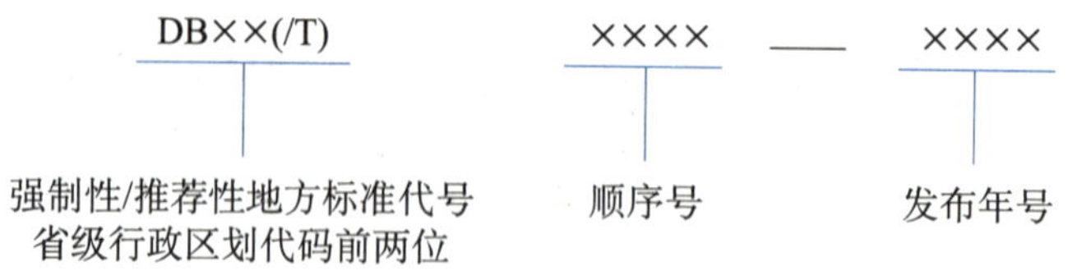

图 2-7　地方标准的组成

❖ 例：DB11/042-2002，表示 2002 年发布第 42 号强制性北京市地方标准。

（四）企业标准

企业标准是指由企业制定并发布，在该企业范围内统一使用的标准。其中，对于没有国家标准、行业标准和地方标准的，企业可以制定标准；对于已有国家标准、行业标准和地方标准的，国家鼓励企业制定严于国家标准、行业标准和地方标准的企业标准。

企业标准由企业标准代号（Q/）、企业代号、顺序号、发布年号组成，如图 2－8 所示。

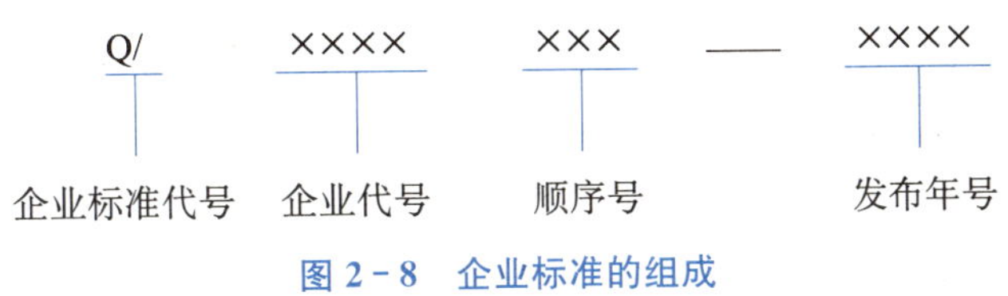

图 2－8 企业标准的组成

例：Q/EGF002－2002，表示 2002 年发布的北京市某企业的第 2 号企业标准。

任务五 商品标准的制定

课堂讨论

1. 商品标准包含哪些内容？
2. 商品标准制定有哪些程序？

知识准备

商品标准是对商品必须达到某些或全部要求所制定的标准，表达了生产、流通企业和消费者对商品质量的要求。

一、商品标准的内容

商品标准是一种具有法规性的文件，为了便于使用和管理，国内外对其封面格式、内容安排、符号和编号等都有统一规定。我国商品标准包含的内容很多，一般是由概述、正文、补充三个部分组成。

（一）概述

商品标准的概述部分说明标准的对象、技术特征和适用范围。其主要内容包括封面（首页）、目录、标准名称、引言等。

1. 封面（首页）

封面列有标准的名称、编号、分类号、批准发布单位、发布和实施日期等。合订本内的标准只有首页，首页上的内容与封面相似。

2. 目录

当商品标准的内容较长、结构较复杂、条文较多时，一般会有目录。

3. 标准名称

标准名称一般是由标准化对象的名称和标准所规定的技术特征两部分组成。可用商品名称作为标准名称，也可用技术条件作为标准名称。

4. 引言

引言主要阐述制定标准的必要性和主要依据，历次复审、修订的日期，修订的主要内容，废除和被代替的标准以及采用国际标准的程度。

（二）正文

商品标准的正文部分是商品标准的实质性内容，包括主要内容、适用范围，引用标准，术语、符号和代号，商品分类，技术要求，试验方法，检验规则，标志、包装、运输和储存等方面。

1. 主要内容、适用范围

该部分简要说明标准的主要内容与适用范围。有的标准在必要时还明确指出该标准不适用的范围。

2. 引用标准

引用标准主要说明标准中直接引用的标准和本标准必须配套使用的标准，并列出标准的编号和名称。

3. 术语、符号和代号

标准中采用的术语、符号和代号，在现行国家标准、行业标准中尚无规定的，一般在标准中给出定义和说明。其定义和说明集中写在标准技术内容部分的前面，或分别写在有关章、条的前面。

4. 商品分类

商品分类是在商品标准中规定商品的种类和形式，确定商品的基本参数和尺寸，作为合理发展商品品种、规格以及用户选用的依据。

商品分类的内容包括商品的种类、结构形式与尺寸、基本参数、工艺特征、型号与标记、商品命名和型号编制方法等。

5. 技术要求

技术要求是保证商品使用要求而必须具备的技术性能方面的规定，是指导、生产、流通、使用以及对商品检验的主要依据。

6. 试验方法

试验方法是评定商品质量的具体做法，是对商品质量是否符合标准而进行检测的方法、程序和手段所做的统一规定。

7. 检验规则

检验规则是对商品如何进行验收而做的具体规定。它一般包括检验的类别和项目、抽样和取样方法、检验方法、检验结果的评定和复查规则等。

8. 标志、包装、运输和储存

标志、包装、运输和储存是为了使商品从出厂到交付使用过程中不受损失所做的规定。

（三）补充

商品标准的补充部分是对标准条文所做的必要补充说明和提供使用的参考资料，包括附录和附加说明两部分。

1. 附录

根据实际需要，一个标准可以有若干个附录，按其性质分为补充件和参考件两种。

补充件是标准条文的补充，是标准技术内容的组成部分，与标准条文具有同等效力。参考件是用来帮助使用者理解标准的内容，如某些条文的参考资料和推荐性方法、标准中重要规定的依据等。它不是标准条文的组成部分，仅供参考。

2. 附加说明

附加说明是制定和修订标准中的一些说明事项，分段写在标准终结符号下面。其内容主要有：标准提出单位、归口单位、负责起草单位和标准主要起草人；标准首次发布、历次修订和重新确认的年月；标准负责解释单位以及其他附加说明等。

二、商品标准制定

（一）制定原则

（1）充分考虑使用要求，维护消费者利益。

（2）技术先进、经济合理和安全可靠。

（3）从全局出发，考虑全社会的综合效益。

（4）结合自然条件，合理利用国家资源。

（5）协调一致，完善配套。

（二）编写要求

（1）贯彻国家法令与标准之间协调一致。

（2）文字表达简明准确。

（3）技术内容正确无误。

（4）术语、符号、代号统一。

（5）条文编排符合规定。

（三）制定程序

（1）确定项目。

（2）制定工作方案。

（3）调查研究。

（4）试验验证。

（5）起草标准草案。

（6）征求意见。

（7）审查定稿。

（8）审批发布。

三、商品标准复审

商品标准制定发布后，随着社会经济技术的发展，还应及时对商品标准进行复审和修订，以防止因商品标准落后而阻碍生产的发展。

商品标准每隔三到五年复审一次，分别予以确认、修改或补充、修订和废止。

（一）确认

经过复审认为，标准内容不做修改或仅做编辑性修改，仍符合当前科技水平，适应需要的，给予确认。经过确认的标准，不改变编号和年号。当标准重版时，标准封面写明某年确认的字样。

（二）修改或补充

经过复审认为，标准内容不够完善和充实，或不完全切合实际和当前科技水平的，可对标准中局部不适应之处进行个别的、少量的修改或补充。标准的编号和年号不变，修改补充的内容和开始实施的日期，采用标准修改通知单的形式发布。

（三）修订

经过复审认为，标准内容已不完全切合实际和当前科技水平，主要技术规定需要做较大的修改才能适应当前生产、流通和消费者的需要及科技水平的，应作为修订项目列入标准化计划，按照标准的制定程序进行修订。修订后的标准编号不变，把发布年号改为新修改的发布年号。

知识链接：保鲜膜国家标准实施

（四）废止

经过复审认为，标准内容已不适应当前的需要，或已经被新的标准所代替，以及无存在的必要的标准，予以废止。

四、商品标准实施

商品标准的实施是整个标准化活动的一个重要环节。商品标准一经批准发布，成为商品生产、流通、消费领域的依据，各部门在贯彻执行中不得擅自修改或降低标准。商品标准的实施，大致经过计划、准备、实施、检查和总结五个阶段。

项目小结

本项目介绍了商品质量及标准的基础知识。

商品质量是商品满足规定或潜在要求的特征和特性的总和。商品质量有狭义商品质量和广义商品质量。商品质量表现为内在质量、外观质量、经济质量和社会质量等方面。影响商品质量的因素有原材料供应、产品设计、生产、检验和流通环节。统计质量控制的重要手段是数理统计方法。具体统计方法有分层法、排列图法、直方图法、因果分析法、散布图法、调查法、流程图法七种。全面质量管理的基本方法主要有 PDCA 循环法和六西格玛管理方法。

商品标准是对商品质量以及与质量有关的各个方面所做的统一技术规定。商品标准级别分为国际标准、区域标准、国家标准、行业标准、地方标准和企业标准。

练习与实战演练

一、基础训练

（一）判断题

1. 质量的载体可以是有形的产品，也可以是无形的服务，还可以是过程、组织及其

部分或组合。( )

2. 商品组合是商品质量特性之和。( )

3. 使用环节是商品质量产生和形成的阶段，是影响商品质量的根本因素。( )

4. 全面质量管理是一种积极进取型管理。( )

5. PDCA 循环中的 P 阶段是一个关键阶段，有承上启下的作用。( )

6. 国家标准是强制执行的。( )

7. 有关食品安全卫生的标准多为强制性标准。( )

8. GB/T 2009－87 表示强制性国家标准，2009 年发布，第 87 号。( )

9. 标准是由权威机构制定的，因此不需要经过协商一致。( )

10. 欧洲标准化委员会制定的标准属于国际标准。( )

(二) 单选题

1. 商品质量是商品学研究的( )。

A. 中心内容　B. 主要内容　C. 突出内容　D. 标准内容

2. ( )是商品进入市场的通行证。

A. 花色　B. 品种　C. 质量　D. 价格

3. ( )是指商品在规定条件下和规定时间内，完成规定功能的能力。

A. 可用性　B. 可靠性　C. 稳定性　D. 以上都是

4. 在不影响商品质量的前提下，选用( )时应考虑资源的合理使用和综合利用。

A. 原材料　B. 工艺　C. 设备　D. 人员

5. 在质量形成和实现过程中，每一个环节的( )，对于下一个环节又是事前的控制。

A. 把关　B. 检验　C. 改进　D. 以上都是

6. 检验番茄或番茄酱色泽所用的番茄色板属于( )。

A. 技术标准　B. 管理标准　C. 文字标准　D. 实物标准

7. 为了保障人体健康和人身、财产安全的标准和法律、行政法规规定必须强制执行的标准属于( )。

A. 管理标准　B. 技术标准　C. 强制性标准　D. 推荐性标准

8. 《绿色农业：乳制品》(NY/T 657－2007) 可能是( )。

A. 国家标准　B. 国际标准　C. 行业标准　D. 地方标准

9. 质量管理发展所经历的最初阶段是( )。

A. 质量检验阶段　B. 质量统计控制阶段

C. 全新质量管理阶段　D. 全面质量管理阶段

10. 纺织品在穿用过程中舒适、美观、大方是纺织品的( )。

A. 工艺性　B. 服用性　C. 结构性　D. 机械性

(三) 多选题

1. 食品的基本质量要求有( )。

A. 营养价值　B. 色香味形　C. 卫生性　D. 发热量

2. 我国商品标准的内容一般包括( )。

A. 前言部分　　B. 概述部分　　C. 正文部分　　D. 补充部分

3. 国际标准是指(　　)所制定的标准。

A. 国际标准化组织　　B. 国际电工委员会

C. 国际电信联盟　　D. 世界贸易组织

4. 人们对商品质量的基本要求有(　　)。

A. 使用性能　　B. 安全性能　　C. 可靠性　　D. 寿命

二、拓展训练

任务：选择所要辨识的某类商品，明确该商品的特性有哪些。

目的：明确商品质量的特性及基本要求。

要求：以分组的形式通过走访观察，写出简要的调查报告。

商品分类

项目目标

知识目标

1. 了解商品分类的含义、作用和原则。
2. 掌握商品分类的标志、方法和体系。
3. 认识常见的商品分类。
4. 掌握主要商品条码的结构。

能力目标

1. 能够根据商品分类方法对商品进行分类。
2. 能运用所学知识编制并校验商品条码。

情感目标

引起学生对商品分类与编码的求知欲，培养学生对商品编码的学习兴趣，通过练习使学生掌握商品分类与编码的方法。

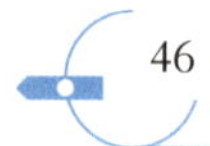

思维导读

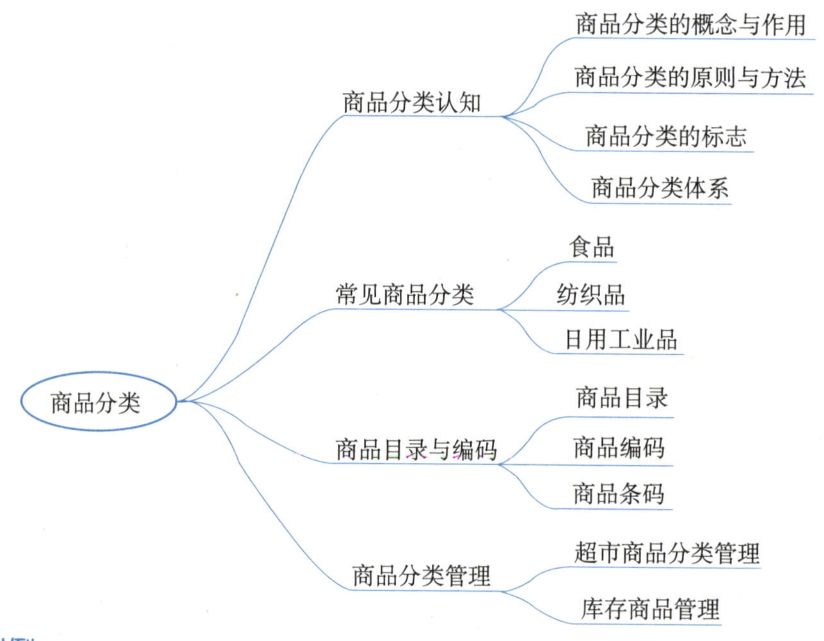

项目引例

卡斯美超市的商品分类管理

日本的卡斯美超市始终根据当地消费水平、消费习惯来确定商品的分类。由于各地区生活习惯的差别，各地超市的商品分类也不相同。例如，南方地区由于天气炎热，饮料可以作为一个大类来经营。在商品的经营和管理上，卡斯美有一套根据自家的理解而设定的分类框架。通常的做法是，按照使用者的用途或TOPS（时间、场地、动机和生活方式）设定商品分类。分类框架设定好了，再筛选、寻找应该备齐的具体商品品种，最后建立起自己的商品体系。

日本超级市场商品分类框架一般设定为五个梯度，即部门、品群、小分类、品种、品目。根据当地实际编制出的商品分类表，是推行标准化的内容之一。其作用表现在：第一，便于界定所经营的商品范围；第二，便于按商品结构对经营业绩进行分析。对商品分类后，计算机系统也同时对卖场进行分类管理，分析销售额、毛利率、损耗率、费用额、卖场销售效率、周转天数的变化等。

问题：

1. 卡斯美超市使用的分类标准是什么？
2. 商品分类有哪些作用？

➡引例分析

1. 卡斯美超市按照使用者的用途或者其他影响因素设定商品分类。

2. 商品分类有利于信息工作的开展；有利于了解商品特征，进行科学的经营管理；有利于商品的现代化管理。

任务一 商品分类认知

课堂讨论

1. 校图书馆对图书是如何分类的？
2. 日常生活中商品条码有哪些作用？

知识准备

商品分类是研究商品及其使用价值和实施商品宏观、中观、微观科学管理的前提，也是商品学研究有别于其他学科的重要内容之一。

一、商品分类的概念与作用

（一）商品分类的概念

商品分类是在商品生产的发展过程中形成的。随着社会分工的不断发展，商品生产和交换的范围和领域不断扩大，商品的数量和种类不断增加。为了合理地组织商品生产和流通，需要对商品进行科学的分类，以提高社会生产的效率。商品分类是指为了满足商品生产、流通、经济管理及人们生活等的需要，选择适当的分类标志或特征，将商品科学地、系统地逐级划分为大类、中类、小类、品类、品种、细目直至最小单元的过程。

商品大类是根据商品生产和流通领域的行业来划分的，如食品、纺织品、日用工业品、建材等。商品品目是指若干共同性质和特征的商品种类的总称。商品品种是指具体商品名称。商品细目则是对商品品种的相近区分，包括商品的规格、花色、质量等级等，它更能具体地反映商品的质量特征。

❖ **例：** 奶类包括牛奶、羊奶等种类。

商品分类的类目层次及其应用实例如表 3－1 所示。

表 3-1 商品分类的类目层次及其应用实例

商品类目层次	应用实例 1	应用实例 2
商品门类	消费品	消费品
商品大类	食品	日用工业品
商品中类	乳和乳制品	家用化学品
商品小类	液体乳	洗涤用品
商品品类	杀菌乳	皂
商品种类	牛奶	香皂
商品品种	全脂牛奶	杀菌香皂
商品细目	伊利全脂牛奶	舒肤佳儿童香皂

（二）商品分类的作用

商品分类是商品学研究的基础，也是国民经济管理现代化的先决条件。随着科学技术的进步和商品经济的不断发展，商品种类日趋增多，商品分类的作用也越来越大。

1. 科学分类是实施商品管理活动及实现管理现代化的基础

商品的种类繁多、特征多样、价值不等、用途各异，只有将其进行科学的分类，统一商品用语，商品生产到流通领域的各种计划、统计、核算、物价、运输、仓储等各项日常管理工作才能顺利进行，各类指标、统计数据和商品信息才具有可比性和实用价值。

2. 科学分类有利于开展商品研究

由于商品品种繁多，用途不同，性能及特征各异，且对包装、运输、存储的要求也各不相同，因此只有在科学分类的基础上，将众多的商品从个别商品特征归纳为每类商品特征，才能深入分析和了解商品的性质和使用性能，研究商品质量和品种及其变化规律，从而为商品质量的改造和提高，商品预测和新商品开发，商品包装、运输、保管、科学养护、检验、合理使用和质量保证提供科学依据。

3. 科学分类有助于推动标准化活动

对商品进行科学分类，可使商品的名称和类别统一化、标准化，从而可以避免同一商品在不同部门由于名称、计量单位、计算方法、口径范围等不统一而造成困难，便于安排生产与流通。

4. 科学分类有助于消费者选购商品

在销售环节中，通过科学的商品分类和编制商品目录，能有秩序地安排市场供给以及合理地布置商场，从而便于消费者和用户选购。

二、商品分类的原则与方法

（一）商品分类的原则

商品分类的原则是建立科学的商品分类体系的重要依据。为了使商品分类能满足特定的目的和需要，在分类时必须遵循以下原则。

1. 科学性原则

科学性是商品分类建立的基本前提。分类目的和要求是明确的，应按分类对象的范围准确界定。以分类对象最稳定的本质属性或特征作为依据，统一命名并合理地划分层级。

2. 系统性原则

商品分类的系统性原则是指以选定的商品属性或特征为依据，将商品总体按一定的排列顺序予以系统化，并形成一个合理的科学分类系统。商品总体分成若干门类，门类分为若干大类，大类分为若干中类，中类分为若干小类，直至分为品种、规格、花色等。系统性是商品分类的关键。

3. 实用性原则

商品分类首先要满足相关政策、规划的要求，同时应充分满足生产、流通及消费的需要。因此，商品分类应尽最大努力结合各部门、各系统、各行业、各企业及消费者等各方面的实际需要。实用性是检验商品分类的实践标准。

4. 可扩性原则

可扩性原则是指进行商品分类要事先设置足够的类目，以保证新产品出现时不至于打乱既有的分类体系和结构，同时为下级部门在本分类体系的基础上进行细分创造条件。

5. 兼容性原则

商品分类既要与国家政策和相关标准协调一致，又要与原有的商品分类保持连续性和可转换性，以便进行历史资料的对比。

6. 唯一性原则

商品分类体系中的每一个分类层次只能对应一个分类标志，以免产生子项互不相容的逻辑混乱。

（二）商品分类的方法

商品分类的基本方法有线分类法和面分类法两种。在实际情况中，常常将两种方法结合使用。

1. 线分类法

线分类法是将确定的商品集合体按选定的属性或特征逐次分成相应的若干个层级类目，并排列成一个有层次的、逐级展开的分类体系。线分类法的结构如图 3-1 所示。

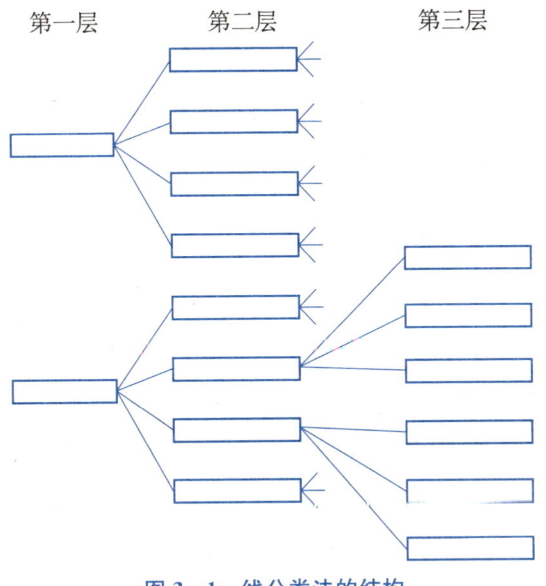

图 3-1　线分类法的结构

在线分类体系中，大类、中类、小类、细类等级别不同的类目逐渐展开，各层级所选用的标志不同，各个类目之间构成并列或隶属关系。由一个类目直接划分出来的下一级各类目之间存在着并列关系，不重复、不交叉。

线分类方法属于传统的分类方法，使用范围最广泛，在国际贸易和我国商品流通领域中，许多商品分类均采用线分类法。例如，纺织纤维可以按线分类法分类（如表3-2所示）。

表3-2 纺织纤维的线分类法

大类	中类	小类	细类
纺织纤维	天然纤维	植物纤维	棉花、麻类等
		动物纤维	羊毛、蚕丝等
	化学纤维	人造纤维	粘胶纤维、富强纤维等
		合成纤维	棉纶、涤纶、腈纶等

线分类法的主要优点是：信息容量大、层次性好、逻辑性强，符合传统应用的习惯，既适于手工处理，又便于计算机处理；缺点是：结构弹性差，分类结构一经确定不易改动。因此，采用线分类法编制商品分类体系时，必须留有足够的后备容量。

2. 面分类法

面分类法又称平行分类法，是把分类对象按照选定的若干分类标志划分成没有隶属关系的若干组独立的类目。每组类目构成一个“面”，再按一定的顺序将若干面平行排列。面分类法的结构如图3-2所示。

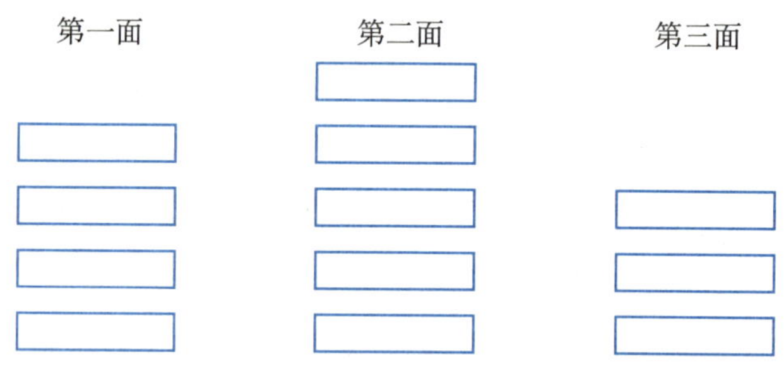

图3-2 面分类法的结构

用面分类法分类时，应根据需要将有关面中相应的类目，按指定排列顺序组织在一起，形成一个新的复合类目。

❖ 例：采用面分类法对服装进行分类，将服装的面料、式样、款式作为三个独立的面，每个面又包含若干独立类目，将这些类目按指定顺序组织起来，如下表所示。

服装的面分类法

面料	式样	款式
纯棉 纯毛 真丝 涤纶	男式 女式	中山装 西装 夹克 连衣裙

面分类法的优点是：具有较大的弹性，改变一个面内的类目，不会影响其他面；适应性强，可根据需要组成任何面；便于计算机处理，易于添加和修改类目。缺点是：不便于手工处理；不能充分利用其他容量；尽管其可配的符合类目很多，但实际可用的符合类目并不多。目前，一般把面分类法作为线分类法的辅助方法。

❖ **例：** 上例中的“纯棉男式连衣裙”“纯毛女式中山装”等复合类目就没有实用意义。

三、商品分类标志

商品分类标志的选择是商品分类的基础，科学地选择分类标志是建立完善的商品分类体系和商品目录的重要依据。

（一）商品分类标志的选择原则

由于可供选择的分类标志很多，为了使商品分类能满足分类的目的和要求，并将分类对象明确区分，选择分类标志时遵循以下基本原则。

1. 明确性

选用的分类标志能满足分类的目的和要求，这是商品分类的关键。

2. 区分性

商品分类标志的含义明晰，从本质上反映商品的特性。

3. 包容性

商品分类标志建立起的分类体系必须包含规定范围内的全部商品，并为不断补充新商品留有余地，以保证商品分类的相对稳定性和连续性。

4. 唯一性

在同一类别范围内只能采用一种分类标志，不能同时采用两种或多种分类标志，且不得在不同类别中反复出现。

5. 逻辑性

在分类体系或目录中，下一层级分类标志是上一层级分类标志的合乎逻辑的继续和自然延伸。

6. 简便性

分类标志必须使商品分类在实际运用中简便易行，便于采用数字编码和运用计算机进行处理。

（二）常用的商品分类标志

1. 以商品的用途作为分类标志

商品用途是体现商品使用价值的重要标志，以商品用途作为分类标志，不仅适合于商品大类的划分，也适合于商品类别、品种的进一步划分。

❖ **例：** 商品按用途可分为生活资料和生产资料；生活资料按用途分为食品、日用品等；日用品按用途又可分为器皿类、玩具类、洗涤用品类、化妆品等；化妆品按用途可分为护肤类、彩妆类等。

以商品用途作为分类标志，便于分析和比较同一用途商品的质量水平和产销情况、性能特点，能促进生产者提高质量、增加品种，有利于消费者选购商品。但对多用途的商品，一般不宜采用此分类标志。

2. 以商品的原材料作为分类标志

商品的原材料是决定商品质量和性能的重要因素，原材料的种类和质量不同，商品具有的特性、成分、结构和性能等方面差异较大。此种分类标志适用于某些原材料来源对商品性能起决定性作用的商品。

❖ 例：食品按原材料分为植物性食品、动物性食品和矿物性食品。其中，动物性食品又分为遗传性动物食品和转基因动物食品。

以原材料为标志可以从本质上反映出各类商品的性能、特点，为商品储存、运输、养护和销售提供了依据，有利于保证商品流通的质量。由多种原材料组成的商品，如汽车、电子产品等不宜用原材料作为分类标志。

3. 以商品的生产加工方法作为分类标志

商品的加工方法决定了商品质量的形成过程。很多商品即便采用相同的原材料，采用不同生产加工方法，也会使商品具有不同的质量特征，从而形成不同的品种。

❖ 例：茶叶按加工中发酵程度的不同，可分为红茶、黄茶、绿茶、黑茶、乌龙茶等。

对于生产加工方法不同，而成品性能不会产生实质性区别的商品，不宜采用此种分类标志。

❖ 例：采用粮食发酵法和工业合成法制得的酒精，无实质差别。

4. 以商品的化学成分作为分类标志

商品的化学成分是形成商品质量和品种，并直接影响商品质量变化的基本因素。一定情况下，商品的化学成分可以决定商品的性能、用途、质量和储运条件。

❖ 例：化学肥料按化学成分划分为氮肥、磷肥、复合肥等；玻璃的主要成分是二氧化硅，根据所含特殊化学成分划分为钠玻璃、钾玻璃、铝玻璃和硼玻璃等；铝材可按特殊化学成分划分为碳钢、硅钢、锰钢等。

5. 以商品的其他特征作为分类标志

除以上分类标志外，商品的形状、结构、尺寸、颜色、重量、产地、季节等均可作为商品分类标志。

❖ 例：蜂蜜以花粉源为分类标志分为荔枝蜜、刺槐蜜、紫云英蜜等；小麦以季节为分类标志分为春麦和冬麦。

这些分类标志的优点是：更容易为消费者所接受、概念清晰、形象直观、特征具体、通俗易记、便于区别；缺点是：具体应用范围较小。可见，商品分类可以采用的标志很多。但在实际分类中，很难选择出一种能贯穿商品分类体系始终的分类标志。因此，在一个分类体系中常用几种分类标志。

四、商品分类体系

由于商品分类的目的、要求和选择的分类标志与方法不同，因此，可建立多种商品分类体系。

（一）商品分类体系的概念

在商品分类中，可将任一商品集合总体逐次划分为包括大类、中类、小类、品类在内的完整的、具有内在联系的类目系统，这个类目系统即为商品分类体系。

（二）主要商品分类体系

目前我国应用比较广泛的分类体系主要有基本分类体系和应用分类体系两大体系。

1. 基本分类体系

基本分类体系是以商品的基本使用目的为分类标志，将商品分为生活资料商品（供衣、食、住、行、用等的商品）和生活资料商品（工业生产资料商品、农林生产资料商品）两大类，并在此基础上再进行细分构成的分类体系。

2. 应用分类体系

应用分类体系是以实用性为原则，为满足消费者的需要进行分类所形成的分类体系。这种分类体系是从方便处理商品的角度出发的，没有统一的分类标志，而根据商品的某些共性加以分类，可以适应不同分类目的的需要，是一种实用性很强的分类体系。危险货物的应用分类体系如表 3－3 所示。

表 3－3　危险货物的应用分类体系

类别	名称	类别	名称
第一类	爆炸品	第六类	有毒物质或有感染性的物质
第二类	压缩、液体或加压溶解的气体	第七类	放射性物质
第三类	易燃液体	第八类	腐蚀性物质
第四类	易燃固体或物质	第九类	杂类危险物
第五类	氧化剂和有机氧化物		

实例链接：超市商品分类的原则

任务二　常见商品分类

课堂讨论

1. 食品有哪些种类？
2. 如何挑选服装？

知识准备

认识常见商品分类，包括食品、纺织品和日用工业品。

一、食品

（一）食品的含义及种类

食品是能够提供人体生长发育所必需的营养物质的物品，是人类最基本的生存资料。广义的食品，泛指维持人类生存、有一定营养价值、可供食用的各类天然产物及加工制成品的总称。狭义的食品，指农产品、畜产品和以其为主要原料加工而成的可供食用的物品，如各类粮食、蛋、乳、果蔬类产品等。

食品的种类十分丰富，如表 3-4 所示。

表 3-4　食品的种类

分类依据	种类	商品
食品来源	动物性食品	肉、蛋、奶
	植物性食品	谷类、果蔬类、茶叶
	矿物质食品	食用盐、矿泉水
食品是否经过加工	原料食品	鲜活食品、粮食
	加工食品	烟、酒、糖、茶
食品在饮食中的比重	主食品	粮食类产品
	副食品	肉、鱼、蛋、奶、果蔬
食品的功能	普通食品	一般性食品
	强化食品	碘盐、强化维生素饼干
	保健食品	葡萄籽、胶原蛋白
	功能食品	脱脂食品、高热量食品

（二）食品的营养成分

人体需要多种营养成分维持正常生命活动。食品中所含营养成分主要有水、糖、蛋白质、脂肪、维生素、矿物质及膳食纤维，如表 3－5 所示。

表 3－5　食品的营养成分

营养成分	基本生理功能
水	水是人体的重要组成部分，是人体物质代谢的基础
糖	提供能量
蛋白质	更新和修补人体组织，维持肌体正常代谢，增强人体抵抗力
脂肪	提供能量，具有保温、保护作用
维生素	人体必需营养素
矿物质	人体必需营养素
膳食纤维	促进人体消化

（三）食品安全

1. 食品安全的概念

食品安全是指食品无毒无害，符合应有的营养要求，不危害人体健康。食品安全也是专门探讨在食品加工、存储、销售等过程中确保食品卫生及食品安全的跨学科领域。

2. 食品安全标准内容

《中华人民共和国食品安全法》对食品安全标准的内容规定如下：

（1）食品相关产品中的致病性微生物、农药残留、兽药残留、重金属、污染物及其他危害人体健康物质的限量规定。

（2）食品添加剂的品种、适用范围和用量。

（3）专供婴幼儿的主辅食品的营养成分要求。

（4）对与食品安全、营养有关的标志、标识、说明书的要求。

（5）与食品安全有关的质量要求。

（6）食品检验方法与规程。

（7）其他需要制定为食品安全标准的内容。

（8）食品中所有的添加剂必须详细列出。

（四）食糖

食糖是重要的生活必需品。食糖按商业经营习惯分为白砂糖、绵白糖、赤砂糖、土红糖、冰糖和方糖六种，如表 3－6 所示。

表 3－6　食糖的分类

种类	质量特性
白砂糖	色泽洁白明亮，晶粒均匀整齐，糖质坚硬，松散干燥，可用于食品工业原料或直接食用
绵白糖	色泽雪白，颗粒细小，质地绵软，入口即化，基本不含杂质
赤砂糖	加工中未经洗蜜处理，色泽赤红，有浓甜和焦煳味

续表

种类	质量特性
土红糖	结晶细而软黏，晶粒大小不均，色泽深浅不一
冰糖	砂糖的再制品，为透明或半透明块状大颗粒
方糖	纯度高，颜色洁白，表面色泽晶莹，在水中溶解速度快

（五）酒

1. 酒的分类

酒的分类很多，常见分类方法有：按酒精含量分为高度酒、中度酒和低度酒；按制作工艺分为蒸馏酒、发酵酒和配制酒；按商业经营习惯分为白酒、啤酒、黄酒、果酒和葡萄酒。

2. 酒的质量特性

（1）白酒。

白酒又称烧酒、白干，是我国传统的蒸馏酒，在我国酒类消费中占很大的比例。白酒的主要成分是乙醇和水，二者约占总量的98%以上。其余成分为酸、脂、杂醇油、甲醇等。这些成分含量虽少，却与白酒的品级质量密切相关。白酒中含有一些有害人体健康的成分，在食品安全标准中对这些成分的含量有限制性的规定。

白酒的香型是指白酒的色泽、香气、口味、风格等特征，通常分为以下几种：

1）酱香型，又称茅香型。其特点是酱香突出，幽雅细致，酒体醇厚，回味绵长，略有焦香。酱香型白酒以贵州茅台酒为代表，还有四川郎酒、湖南常德武陵酒等。

2）清香型，又称汾香型。风味特点是清香纯正，口味协调，微甜绵长，余味爽净。该类酒主要香气成分为乙酸乙酯。清香型白酒的典型代表有山西杏花村汾酒、河南宝丰酒等。

3）浓香型，又称泸香型。这种香型白酒种类很多，共性是窖香浓郁，清冽甘爽，绵柔醇厚，香味协调。其香气主要成分是乙酸乙酯和适量的丁酸乙酯。浓香型白酒以四川泸州老窖为代表，还有五粮液、洋河大曲、古井贡酒等。

4）米香型，又称蜜香型。该类型白酒的风味特点是米香清雅，略有爽口的苦味。其主要香气成分为乳酸乙酯。米香型白酒以桂林三花酒为代表，还有湖南浏阳河小曲等。

5）其他香型，又称兼香型，是指同时具有两种以上主体香的白酒，具有一酒多香的风格，代表有贵州的董酒和陕西的西凤酒。

（2）啤酒。

啤酒属于发酵酒类，以大麦芽为主要原料，加入具有特殊香气的酒花，经糖化发酵而酿造成，含有低度酒精和二氧化碳。其营养丰富，含有人体必需的氨基酸及维生素等，热量高，易消化吸收，有“液体面包”之称。

啤酒按原麦汁浓度的不同，可分为高浓度、中浓度和低浓度。低浓度啤酒原麦汁浓度为6～8度，酒精为2度左右，该类啤酒用料少，成本低，可作为清凉饮料；中浓度啤酒原麦汁浓度为10～12度，酒精为2.9～3.7度，这类啤酒稳定性好，杀菌后可储存较长时间；高浓度啤酒

实例链接：液体面包

原麦汁浓度为14～18度，酒精度为4.1～4.5度，这类啤酒稳定性好，酒色浓，口味醇厚，耐储存。

啤酒按颜色分为淡色、浓色两种。淡色啤酒，是啤酒中最主要的品种，呈浅黄色，口感较清爽，香气突出；浓色啤酒，又称黑啤酒，呈咖啡色，用高温烘干的麦芽制成，富有光泽，有麦芽的焦香味，麦芽汁浓度较高，酒味醇厚。

啤酒按杀菌与否分为鲜啤酒、熟啤酒。鲜啤酒又称生啤酒，在生产过程中未经杀菌，其酒龄短，稳定性差，易发酵，保存期较短，但口感鲜美，富有营养，适合地产地销；熟啤酒经过过滤、巴氏灭菌，其酒龄较长，稳定性较好，销售不受季节限制，保存期较长。

（3）黄酒。

黄酒是以粮食为原料，通过特定加工过程，加入曲或糖化发酵剂而酿成的一种低度压榨酒。黄酒营养价值较高，主要成分除酒精以外，还有糖类、酯类、有机酸、氨基酸、维生素等。

黄酒分布地域广泛，品种繁多，风味独特。按产地及风格差异归纳为以下几类：

1）南方粳米黄酒。其酒色褐黄晶亮，香高味浓。绍兴酒是此类酒的代表，其又可分为元红酒、善酿酒和香雪酒。

2）红曲黄酒。以粳米和大米为原料，以红曲为糖化发酵剂。主要产区是福建、江浙一带，以福建红曲黄酒和闽北红曲黄酒为代表。

3）北方黄酒。分为山东产的黍米黄酒和东北的吉林清酒两种。山东以黍米为原料酿制的黄酒品种有即墨老酒，呈黑褐色，清亮透明，酒香浓郁，入口醇香，干爽清口，回味悠长；吉林清酒以大米为原料，以纯种培育的米曲霉和清酒酵母为糖化发酵剂制成，酒色淡黄，清澈透明，香气清雅，滋味纯正。

（4）葡萄酒。

葡萄酒种类很多，通常按以下依据分类：

1）按颜色可将葡萄酒分为红白两类。红葡萄酒用红色和紫色葡萄为原料，采用皮肉混合发酵方法制成，酒的色泽呈红色或深红色。红葡萄酒口味甘美，酸度适中，香气芬芳。白葡萄酒用黄绿色葡萄或红皮白肉的葡萄为原料，采用皮肉分离发酵而成，酒的色泽为淡黄或金黄，酒液澄清，口味纯正，酸甜爽口。

2）按酒的含糖量分为干葡萄酒、半干葡萄酒、半甜葡萄酒、甜葡萄酒。

3）按酒中葡萄原汁含量分为全汁葡萄酒和半汁葡萄酒。

4）按酒中的二氧化碳压力分类，有平静葡萄酒、起泡葡萄酒和加气起泡葡萄酒。

（六）茶

茶具有药理功能，能止渴解热、兴奋神经、解除疲劳、促进消化、补充维生素等。

1. 茶的分类

根据茶叶制作阶段不同，可分为初制茶和精制茶。

（1）初制茶。

初制茶又称毛茶，指未加工的茶。毛茶按采制季节，可分为春茶、夏茶和秋茶。一般来说，春茶品质最好，芽叶细嫩，茶味醇和；秋茶次之，香气高，口味浓；夏茶品质较差。

（2）精制茶。

精制茶指毛茶经过加工后的成品。一般按茶叶制造方法不同，结合品质特性和外形差异，将精制茶分为基本茶类和再加工茶类。基本茶类包括绿茶、红茶、青茶、白茶、黄茶和黑茶六大类；再加工茶类包括花茶、紧压茶、果味茶、保健茶及含茶饮料等。

此外，还可按茶叶是否发酵分为不发酵茶、半发酵茶和全发酵茶等。

2. 茶的质量特性

茶叶种类繁多，按商业经营分为绿茶、红茶、青茶、白茶、黄茶、黑茶、花茶和紧压茶等几类。

（1）绿茶。

绿茶属于不发酵茶，特点是色绿汤清。以适宜茶树新梢为原料，经杀青、捻揉、干燥等工艺制成。按干燥和杀青方法不同，一般分为炒青、烘青和晒青绿茶。绿茶的质量特性如表 3－7 所示。

表 3－7　绿茶的质量特性

类型		加工工艺	质量特性	代表茶
炒青茶	长炒茶	铁锅炒干	形似眉毛，条索紧结，色泽绿润，香味持久，滋味浓郁，汤色叶底黄亮	碧螺春、庐山云雾
	圆炒茶	烘笼烘干	外形如颗粒，圆紧如珠，香味浓郁，耐泡	珠茶
	扁炒茶	日光晒干	扁形，成品扁平光滑，香鲜味醇	西湖龙井
烘青绿茶		烘笼烘干	外形完整稍弯曲，锋苗显露，色墨绿，香清味醇，汤色和叶底黄绿明亮	黄山毛峰、信阳毛尖
晒青绿茶		日光晒干	条索粗壮肥硕，白毫显露，色泽深绿油润，香味低，带有日晒味	滇青、川青

（2）红茶。

红茶属于全发酵茶，特点是红汤红叶，以适宜制作本品的茶树新叶为原料。红茶分为小种红茶、工夫茶和碎红茶，质量特性如表 3－8 所示。

表 3－8　红茶的质量特征

类型	加工特点	质量特性	代表茶
小种红茶	烘干时用松木熏制	条索肥实，色泽乌润，汤色浓红，带松烟香，滋味醇厚	正山小种
工夫茶	做工精细，制作过程讲究	原料细嫩，制工精细，条索紧直，香气浓郁，汤色叶底红艳明亮	祁红、滇红
碎红茶	充分揉捻，切碎，发酵，干燥	外形整齐，香气浓郁，汤色浓红	—

（3）青茶。

青茶又称乌龙茶，属于半发酵茶，特点是绿叶红镶边，汤色橙黄，既有绿茶清香，又有红茶浓鲜。

（4）白茶。

白茶属于半发酵茶，特点是汤味鲜爽，代表茶有白牡丹、白毫银针等。

（5）黄茶。

黄茶属于半发酵茶，特点是黄汤黄叶、叶芽细嫩、香气浓郁，代表茶有四川的蒙顶黄芽、安徽的霍山黄芽、湖南的君山银针等。

（6）黑茶。

黑茶属于全发酵茶，特点是黑叶褐汤，可制作成紧压茶，代表茶有云南的普洱茶。

（7）花茶。

花茶属于再制茶，代表茶有茉莉花茶、桂花茶等。

（8）紧压茶。

紧压茶将茶压缩干燥，制成块状，以防止变质。一般紧压茶是红茶和黑茶，代表茶有云南的普洱茶。

二、纺织品

（一）纺织纤维的概念

纤维是天然或人工合成的细丝状物质，纺织纤维是用来制成纺织品的纤维。纺织纤维具有一定的柔软性、弹性、机械性能、化学稳定性等。

（二）纺织纤维的分类

1. 天然纤维

天然纤维由植物纤维和动物纤维组成，如棉花、羊毛、蚕丝等。

2. 化学纤维

化学纤维主要包括人造纤维和合成纤维。人造纤维如醋脂纤维；合成纤维如聚酯纤维等。

（三）纺织红维的质量特性

纺织纤维的质量特性如表 3－9 所示。

表 3－9　纺织纤维的质量特性

类别	品种	质量特性
天然纤维	棉纤维	白色或淡黄色，天然捻曲，强度较大，保暖性、吸湿性和透气性好，柔软，耐碱不耐酸，易缩水、易皱
	麻纤维	强度大，耐磨，吸湿性和散热性较好，伸缩率小，弹性差
	蚕丝	白色微黄，手感柔软，光滑，富有弹性，耐酸不耐碱，耐热性好
	毛纤维	柔软，保暖性、耐热性好，耐酸不耐碱
化学纤维	醋脂纤维	有光泽，染色牢度强，手感柔软光滑，弹性好，不易皱
	聚酯纤维	强度高，保型性佳，耐热性好，不缩水，吸湿性差

（四）主要纺织品——服装及其分类

1. 服装的概念

服装是衣服鞋包及装饰品等的总称，多指衣服。国家标准对服装的定义为：缝制，穿于人体起保护和装饰作用的产品，又称衣服。服装是人们最基本的生活消费品之一。

2. 服装的分类

服装由于基本形态、原料、用途与制作方法不同，表现不同的风格与特色，可按照不同划分标准进行分类，如图 3-3 所示。

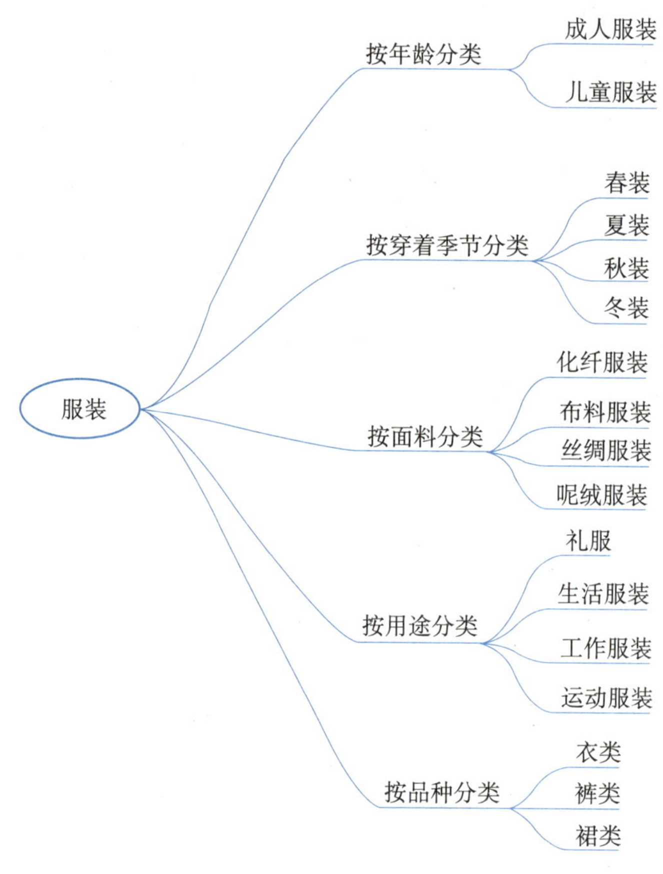

图 3-3　服装的分类

(1) 按年龄分类。

1) 成人服装：包括男装、女装和中老年人服装。

2) 儿童服装：包括婴儿服装、幼童服装、大童服装和青少年服装。

(2) 按穿着季节分类。

分为春装、夏装、秋装和冬装。

(3) 按面料分类。

1) 化纤服装：如户外运动装；

2) 布料服装：如棉麻连衣裙；

3) 丝绸服装：如真丝外套；

4) 呢绒服装：如呢绒大衣。

(4) 按用途分类。

1) 礼服：用于出访、参加宴会庆典的服装。

2）生活服装：日常生活穿用服装，包括家居服和外出服。

3）工作服装：包括防护服、办公服。

4）运动服装：包括竞技服装和运动便装。

（5）按品种分类。

1）衣类：包括内衣、衬衫、外衣等。

2）裤类：按适体程度分为适体型、紧身型和宽松型；按长度分为短裤、长裤；按功能分为健美裤和运动裤等。

3）裙类：按结构分为连衣裙和半身裙等。

3. 服装的号型标准

服装的号型标准是为了适应服装工业化生产及方便消费者而制定的服装尺寸统一标准。号型的表示方法为“号”“型”“体型”。

“号”指人体的身高，以厘米为单位，是设计和选购服装长短的依据。

“型”指人体的胸围与腰围，以厘米为单位，是设计和选购服装肥瘦的依据。

“体型”分为四类，分别用字母 Y、A、B、C 表示，如表 3 - 10 所示。

表 3 - 10　体型的分类代号

单位：cm

胸围与腰围差值	Y	A	B	C
男子	17～22	12～16	7～11	2～6
女子	19～24	14～18	9～13	4～8

其中，Y 型服装的胸围与腰围差值最大，称为肩宽腰细型；A 型为一般体型或普通体型；B 型为微胖型；C 型为胖体型。

❖ **例：** 身高 166cm、胸围 87cm 的标准体型的人，选择的服装号型为 165/88A。

❖ **练一练：**

学生对自己所穿着衣物的号型规格、面料进行观察和讨论，并填写下表。

序号	衣物名称	号型	面料类型	面料特点

三、日用工业品

日用工业品是满足人们日常使用和美化生活需要的产品。日用工业品种类繁多、用途广泛，从产品类别角度分，主要有塑料制品、洗涤用品、化妆品等。

（一）塑料制品

1. 塑料制品的含义及分类

塑料是一种以高分子合成树脂为主要成分，在一定温度和压力等条件下可以塑制成一定形状，常温下保持形状不变的材料。塑料经过加热熔化、冷却等可加工制成各种塑料制品。

塑料制品具有质地轻、耐冲击、耐腐蚀、不生锈、不导电、气密性较好等优点，在日常生活中广泛应用。塑料制品的分类如表 3-11 所示。

表 3-11　塑料制品的分类

划分依据	分类	描述	举例
成型性能	热固性塑料	指加热成型后，质地坚硬、不溶于任何溶剂的塑料	酚醛塑料
	热塑性塑料	指经加热软化、冷却凝固的塑料	聚氯乙烯、聚乙烯
应用范围	通用塑料	指产量大、用途广、价格低的一类塑料	聚丙烯
	工程塑料	指在工程技术中作为结构材料的塑料，机械强度高，耐化学性和耐高温性强	聚甲醛

2. 塑料的质量特性

常见塑料的质量特性如下：

（1）聚乙烯（PE）。

又称乙塑，质轻，不易脆化，无毒无味，化学稳定性强，绝缘性好，有一定透气性。常见制品有衣架、水桶、奶瓶和杯子等。

（2）聚氯乙烯（PVC）。

又称氯塑，色泽鲜艳，不易破裂，结构紧密，耐腐蚀，气密性好，机械强度大，绝缘性好，不耐寒。常见制品有雨衣、梳子、管材和建筑材料等。

（3）聚丙乙烯（PP）。

又称丙塑，耐热、耐冲击、耐腐蚀，绝缘性好，有良好的拉伸性和气密性，但耐老化性较差。常见制品有塑料薄膜。

（4）聚苯乙烯（PS）。

又称硬塑，硬度高，表面光滑，无毒无味，耐光耐水，绝缘性好，强度较低，不耐热。常见制品有电器外壳。

（5）酚醛塑料（PF）。

又称电木，耐寒、耐热、耐腐蚀，绝缘性好，吸湿性强。常见制品有纽扣。

（6）有机玻璃（PMMA）。

透光性好，质轻，强度好，脆性小，耐磨和耐热性差，遇火易燃。常见制品有眼镜。

（7）人造瓷（MF）。

无毒无味，耐热、耐寒、耐磨，绝缘性好。常见制品有各种餐具。

（二）洗涤用品

洗涤用品是具有清洁、去污作用的日用生活消费品。家用洗涤用品多指衣物洗涤用品、个人清洁用品、厨房清洁用品以及其他清洁用品。洗涤用品的分类如表3-12所示。

表3-12　洗涤用品的分类

类别	产品描述	主要产品
肥皂	肥皂是用油脂与碱经过皂化作用制成的以高级脂肪酸盐为主要成分，并辅以各种辅助原料制成的产品。肥皂的主要功能是清洁人体皮肤及衣物，如洗脸、洗澡、洗衣服等。	洗衣皂、香皂、药皂
合成洗涤剂	合成洗涤剂是以合成表面活性剂为主要成分，并添加助洗剂和辅助剂配制而成的一种家用洗涤剂。	洗衣粉、洗涤剂

（三）化妆品

化妆品是指以涂抹、喷洒或其他类似方法，散布于人体表面，以达到清洁、保养、美化、修饰或改变外观、修正人体气味、保持良好状态等目的的产品。

化妆品按用途不同划分的类别如表3-13所示。

表3-13　化妆品按用途不同划分的类别

分类	主要产品
清洁化妆品	洗面奶、清洁霜、牙膏、洗发水
护肤化妆品	乳液、防晒霜、爽身粉、体乳、护发素
营养化妆品	人参营养霜、维生素E营养霜
美化化妆品	粉底液、口红、眼影、腮红、香水

任务三　商品目录与编码

课堂讨论

1. 商品分类与商品目录的关系是什么？
2. 日常生活中，商品代码有哪些作用？

知识准备

商品分类和编码是分别进行的，商品分类在先，编码在后。科学的商品分类为编码的合理性创造了前提条件。

一、商品目录

（一）商品目录的概念

商品目录是指在商品分类和编码的基础上，用表格、文字、数码或字母等全面记录商品分类体系和编排顺序的文件形式。具体来说，商品目录就是由国际组织、国家、行业或企业依据商品编码的要求，对所管理的商品种类用一定的书面形式，经过一定程序固定下来的商品总明细表。商品目录一般包括商品名称及计量单位、商品代码（或编号）和商品分类体系三部分。

编制商品目录的工作也属于商品分类。在编制商品目录时，国家或部门按照一定的目的，首先将商品按一定的标志进行定组分类，再逐次制定和编排。也就是说，没有商品分类就没有商品目录，只有在商品科学分类的基础上，才能编制层次分明、科学、系统、标准的商品目录。

为了充分发挥商品目录在商品流通中的作用，还应随着商品生产发展和商品经营的变化适时地对商品目录进行修补。

（二）商品目录的种类

商品目录种类繁多，按编制对象可分为工业生产目录、贸易商品目录和进出口商品目录。按商品用途不同分为食品商品目录、纺织商品目录、家电商品目录、化工原料商品目录等；按管理权限编制分为一类商品目录、二类商品目录、三类商品目录等；按适用范围的不同分为国际商品目录、国家商品目录、部门商品目录和企业商品目录等。

1. 国际商品目录

国际商品目录是指由国际组织或地区性集团编制的商品目录，如联合国编制的《国际贸易标准分类目录》、国际关税合作委员会编制的《商品、关税率分类目录》、海关合作理事会编制的《海关合作理事会商品分类目录》和《商品分类及编码协调制度》。

2. 国家商品目录

国家商品目录是指国家专门机构编制，在国民经济各部门、各地区进行计划、统计、财务税收、物价、核算等工作时必须一直遵守的全国性统一商品目录。如由国家质检总局发布的《全国主要产品分类与代码第 1 部分：可运输产品》（GB/T 7635.1－2002）等。

3. 部门商品目录

部门商品目录是指由行业主管部门即国务院直属单位或局根据本部门业务工作需要所编制并发布的仅在本部门、本行业统一使用的商品目录。部门商品目录的编制原则应与国家商品目录一致。

4. 企业商品目录

企业商品目录是指由企业在兼顾国家和部门商品目录分类原则的基础上，为充分满足本企业工作需要，而对本企业生产或经营的商品所编制的商品目录。企业商品目录的编制，必须符合国家和部门商品目录的分类原则，并在此基础上结合本企业的业务需要，进行适当的归并、细分和补充。企业商品目录举例如表 3－14 所示。

表 3-14　某零售商店的商品目录（部分）

大类	中类	小类	品类	品种	规格/cm	花色式样
针织品	袜子	童袜	尼龙童袜	尼龙丝童袜	8、10、12、14、17	每种规格至少5种花色
				尼龙加底童袜	12、14、17	每种规格至少5种花色
			棉质童袜	厚棉质童袜	8、10、12	每种规格至少5种花色
				薄棉质童袜	8、10、12	每种规格至少5种花色

以上四种商品目录之间存在着密切关系。国家商品目录必须与国际商品目录协调；部门或企业编制的商品目录既要符合国家商品目录提出的分类原则，又要满足部门或企业的需要，进行适当的细分与补充。

（三）企业商品目录的制定

企业商品目录是根据企业生产经营的范围以书面形式制定的，便于商品采购及销售活动。商品目录是商业企业进行商品购销活动、实施经营计划的主要依据，具体列明经营商品的品种、花色、规格和质量，它包括必备商品目录与非必备商品目录。

1. 必备商品目录

必备商品目录是指必须备有的、保证可供出售的商品目录。必备商品目录是企业最低限度应经营的商品品种目录，是企业管理的重点、重心，目录中的商品是不可脱销的，保证企业经营正常进行和消费者日常固定需要的商品。

2. 非必备商品目录

非必备商品目录的品种较多，商品的型号、牌号、数量的规定也较灵活。

二、商品编码

（一）商品编码的含义

商品编码又称商品代码，或商品代号、货号，是在商品分类的基础上，赋予某种或某类商品以某种代表符号或代码的过程。对某一类商品赋予统一的符号系列称为商品代码化或者商品编码化。

商品分类和编码是分别进行的，商品分类在先，编码在后。商品科学分类为编码的合理进行创造了前提条件，而编码是否科学会直接影响商品分类体系的使用价值。

商品编码是商品目录的组成部分，商品分类与编码共同构成了商品目录的完整内容。

（二）商品编码的作用

（1）使用商品编码有利于加强企业的经营管理，提高工作效率，便于计划、统计、物价管理及核算工作，简化业务手续。商品编码还便于记忆、清点商品，便于实现现代化管理，对于容易混淆的商品名称，使用商品编码可以避免差错。

（2）编制商品编码可提高商品分类体系的概括性和科学性，有利于商品分类的标准化和信息化手段的应用。同时，商品编码在规范商品管理方面起着重要的作用，广泛地应用于进出口报关、出口退税、出口企业的业务处理及财务核算等领域。

（三）商品编码的类型

目前，商品编码主要有数字型编码、字母型编码、混合型编码和条码四种。

1. 数字型编码

数字型编码是指用阿拉伯数字赋予商品以编码符号，是世界各国普遍采用的一种方法。如 GB 25991－2010 标准采用的就是数字型编码。其特点为结构简单、使用方便、易于推广、便于利用计算机进行处理。

2. 字母型编码

字母型编码是用一个或若干个字母表示分类对象的编码，按字母顺序对商品进行分类编码，一般用大写字母表示大类，用小写字母表示其他类目。字母型编码便于记忆，但分类对象数目较多时，往往会出现重复现象，因此在商品分类编码中较少使用。

> ❖ **例：** 行业标准编码采用各行业名称拼音的首字母为该行业的编码，林业编码为“LY”，而旅游业编码也是“LY”，内容重复不便于计算机识别。

3. 混合型编码

混合型编码是由数字和字母混合组成的编码。如“C8112”表示涤粘中长纤维色布。它兼有数字和字母，结构严密，直观性强，同时又符合使用的习惯。因此在单品分离编码中常使用这种编码。

4. 条码

条码是由条形符号构成的编码。在国家标准中，商品条码被定义为用于标志国际通用的商品编码的一种模块组合型条码。

（四）商品编码的编制

1. 商品编码的编制原则

为了保证商品编码有效，建立统一的编码系统，应遵循以下原则：

（1）唯一性原则：保证每一个编码与制定的商品类目对应；

（2）可扩展性原则：商品编码结构体系里留有足够的余地，适应新类的增加或旧类的删减，可以修订和补充；

（3）层次性原则：商品编码层次清晰，与商品分类体系和目录有逻辑关系；

（4）简明性原则：编码简明、易记，不宜过长；

（5）统一性和协调性原则：商品编码与国家商品分类标准一致，与国际通用商品分类编码制度相协调。

2. 商品编码的编制方法

商品编码的编制方法有顺序编码法、层次编码法、平行编码法和混合编码法等。

（1）顺序编码法。

顺序编码法是按商品类目在分类体系中出现的先后次序，依次给予顺序编码的一种编码方法。

（2）层次编码法。

层次编码法是按商品类目在分类体系中的层级顺序，依次赋予其对应编码的编制方法。这种编码主要用于线分类体系。编码时编码分为若干层次，并与分类对象的分类层次相对应。编码从左到右表示层级由高至低，各层次的编码采用顺序码或系列顺序码。

GB/T7635.1－2002采用层次编码，全部为数字编码，长度为8位，分为大部类、部类、大类、中类、小类和细类六个层次。其中，第一至第五层均由一位数字表示，第一层编码为0～4；第二层、第五层编码为1～9；第三、四层编码为0～9；第六层用三位数字表示，编码为001～999；第五、六层之间用圆点隔开。

层次编码法的优点是代码较简单，逻辑性较强，信息容量大，能明确反映分类编码对象的属性、特征及隶属关系，容易查找到所需类目，便于管理与统计；缺点是弹性较差。

（3）平行编码法。

平行编码法又称特征组合编码法，对每一个分类面确定一定数量的码位，编码标志各组数列之间是并列平行关系的编码编制方法。平行编码法适用面分类法，优点是编码结构弹性较好，可方便地增加分类编码面的数目，必要时可以更换个别的面；缺点是容量利用率低。

（4）混合编码法。

混合编码法是由层次编码法和平行编码法组合而成的一种编码方法。在实践中，编码方法和分类方法一样，往往是混合使用的。

例：我国公民身份证是将户口所在地址、出生日期、性别和顺序码等用平行编码表示，其中省（2位）、市（2位）、县（2位）等户口所在地址信息用层次编码法来表示。

三、商品条码

（一）商品条码的概念

商品条码是由一组粗细不同、黑白或彩色相间的条和空及对应字符按规则组合起来，用以表示一定信息的图形。

商品条码由条码和字符代码两部分组成。其中，条码符号是指条、空组合部分，用于计算机的快速扫描和准确识别；字符代码是指条码符号下方的数字字符，用于人的肉眼识别，如图3－4所示。

图3－4　商品条码

采用商品条码读取信息有很多优点，如输入速度快、操作简单易行、准确度高、灵活使用、可自动扫描识别。

（二）商品条码的种类

世界上常用的码制有 EAN 条码、UPC 条码、25 条码、交叉 25 码、库德巴条码、39 条码和 128 条码等。商品上最常用的是 EAN 条码和 UPC 条码。

1. EAN 条码

EAN 条码亦称通用商品条码，由国际物品编码协会制定，通用于世界各地，是目前国际上使用最广泛的一种商品条码。我国推行使用的也是这种商品条码。EAN 条码分为 EAN-13 标准版和 EAN-8 缩短版两种。

（1）EAN-13 条码。

EAN-13 条码由 13 位数字的字符代码组成，既可用于销售包装，又可用于储运包装，包括左侧空白区、起始符、左侧数据符、中间分隔符、右侧数据符、校验符、终止符、右侧空白区及供人识别字符，如图 3-5 所示。

图 3-5　EAN-13 条码

EAN-13 条码符号是按照二进制和模块组配法原理进行编制的。条码符号中的条或空的基本单位是模块。模块是一种代表规定长度的物理量，是确定条与空的计量单位，因此 EAN 条码符号是按照特定的编码规则所组成的倍数模块宽度不同的条与空的组合。

1）前缀码。

前缀码是国际物品编码协会分配给各国或地区的物品编码组织的代码，一般用 2 位或 3 位数字表示。一个国家或地区只能有一个编码组织能够加入国际物品编码协会，因此前缀码实际成为国家或地区代码。

部分国家或地区代码如表 3-15 所示。我国（不含港澳台地区）可用的国家代码是 690～699，其中生活中最常见的为 690～695，696～699 尚未使用（表中暂不显示）。必须指出，前缀码大多数用作国别码，但也有用作其他用途的。

表 3-15　部分国家（地区）代码

前缀码	编码组织所在国家（或地区）/应用领域	前缀码	编码组织所在国家（或地区）/应用领域
00～13	美国和加拿大	690～695	中国大陆
30～37	法国	958	中国澳门特别行政区
40～44	德国	489	中国香港特别行政区
560	葡萄牙	471	中国台湾
599	匈牙利	80～83	意大利
600、601	南非	84	西班牙
779	阿根廷	93	澳大利亚
780	智利	94	新西兰

❖ 例：978、979 和 977 是国际物品编码协会分别留作专题出版物（指图书、影视或软件光盘等）和连续出版物（指报纸、期刊等）使用的前缀码。

知识链接：专题出版物与连续出版物

2）厂商识别代码。

厂商识别代码由国家（地区）物品编码机构分配。我国的厂商识别代码是中国物品编码中心按照国家标准的规定，在国际物品编码协会分配的前缀码的基础上增加 3～5 位数编制的，用于对厂商的唯一标识。EAN-13 条码有三种结构（见表 3-16），我国以 690、691 为前缀码的 EAN-13 条码用结构一；以 692、693 为前缀码的 EAN-13 条码用结构二。

表 3-16　EAN-13 条码的三种结构

结构类型	厂商识别代码	商品代码	校验码
结构一	$X_{13}X_{12}X_{11}X_{10}X_9X_8X_7$	$X_6X_5X_4X_3X_2$	X_1
结构二	$X_{13}X_{12}X_{11}X_{10}X_9X_8X_7X_6$	$X_5X_4X_3X_2$	X_1
结构三	$X_{13}X_{12}X_{11}X_{10}X_9X_8X_7X_6X_5$	$X_4X_3X_2$	X_1

3）商品代码。

商品代码由 3～5 位数字组成，由厂商根据有关规定自行分配。在编制商品代码时，厂商必须遵守商品编码的基本原则，同一商品项目的商品只能编制一个商品代码，对不同的商品必须编制不同的代码。

4）校验码。

校验码由一位数字组成，根据前 12 位数字按《商品条码》（GB12904-2008）规定的方法计算得出，用于电脑自动校对整个代码录入是否正确。

知识链接：校验码计算方法

❖ 例：某品牌的饮料条码是 6901010101098，其中 690 代表中国，1010 代表某公司，10109 代表饮料的商品代码，8 是校验码。

（2）EAN-8 条码。

EAN-8 条码由 8 位数字组成，包括 7 位数字表示的商品代码和 1 位数字表示的校验码。主要适用于包装没有足够面积印刷标准条码的情况。该条码只有一种结构，如表 3-17 所示。

表 3-17　EAN-8 条码的结构

前缀码	商品代码	校验码
$X_8X_7X_6$	$X_5X_4X_3X_2$	X_1

2. UPC 条码

通用产品条码简称 UPC 条码，是美国统一代码委员会（UCC）于 1973 年推出的一种商品条码，广泛应用于美国和加拿大商品流通领域。UPC 条码有标准版（UPC-A）和缩减版（UPC-E）两种形式。

（1）UPC-A 条码。

UPC-A 条码可用于商品销售和储运两种包装，由左侧空白区、起始符、左侧数据符、中间分隔符、右侧数据符、校验码、终止符、右侧空白区等 8 个部分组成（见图 3-6）。

图 3-6　UPC-A 条码示例

UPC-A 条码由 12 位数字组成，结构如表 3-18 所示。

表 3-18　UPC-A 条码的结构

系统码	厂商识别代码	商品代码	校验码
X_{12}	$X_{11}X_{10}X_9X_8X_7$	$X_6X_5X_4X_3X_2$	X_1

（2）UPC-E 条码。

UPC-E 条码用于销售包装，由 8 位数字组成。只有当商品包装面积很小，无法印刷 UPC-A 条码时，才允许使用 UPC-E 条码，如香烟、胶卷、化妆品等商品。

3. 店内条码

店内条码又称商店条码，是指批发或零售企业对没有商品条码或商品条码不能识读的商品，自行编码和印刷，并只限在自己店内使用的条码。

店内条码一般用于以下两类商品：

（1）用于变量消费单元。如鲜肉、水果、蔬菜等商品，按基本计量单位计价，只能零售。零售商进货后，要根据顾客需要包装商品，用专用设备对商品称重并制作店内码，然后粘贴或悬挂在商品外包装上。

(2) 用于定量消费单元。按件数计价销售的商品由生产厂家编印条码，但因该条码未经厂家申请使用，因此不能被识读，零售商必须制作店内编码。

4. 商品二维码

(1) 二维码的概念。

二维码，是用某种特定的几何图形按一定规律以平面分布的黑白相间的图形记录数据信息的符号。二维码在代码编制上巧妙地利用构成计算机内部逻辑基础的“0”“1”比特流的概念，使用若干个与二进制相对应的集合形体来表示文字数值信息，通过图像输入设备或光电扫描设备自动识别，以实现信息自动处理，如图 3-5 所示。

图 3-5 二维码示例

(2) 二维码的特点。

高密度编码，信息容量大，编码范围广，容错能力强，译码可靠性高。

(3) 二维码的应用。

1) 表单应用。

2) 保密应用。

3) 追踪应用。

4) 证照应用。

5) 盘点应用。

6) 备援应用。

实例链接：
二维码汽车票

任务四 商品分类管理

对商品进行分类，是企业科学化、规范化的需要。它有利于将商品分门别类地采购、配送、销售、库存、核算，以提高管理效率和经济效益。

一、超市商品分类管理

超市的商品涵盖了衣食住行各个方面，所有商品的特性又不尽相同，保存条件、销售方式、运输方式、处理技术、陈列要领也各不相同。超市可以在商品分类的基础上，根据目标顾客的需要，选择并形成有特色的商品组合，体现自身的个性化经营。

(一) 超市商品分类的原则

1. 大分类的原则

超市的大分类最好不要超过十个，这样比较容易管理。不过，这仍须视经营者的经营理念而定，经营者若想把事业范围扩增到很广的领域，可能就要使用比较多的大分类。大分类的原则通常依商品的特性来划分，如产品来源、生产方式、处理方式、保存方式等，类似的一大群商品集合起来作为一个大分类。例如，水产品就是一个大分类，原因是这个分类的商品来源皆与水有关，保存方式及处理方式也皆相近，因此可以归成一大类。

2. 中分类的原则

（1）依商品的功能、用途划分。

> ❖ 例：在糖果饼干这个大分类中，划分出一个“早餐关联”的中分类。“早餐关联”是一种功能及用途的概念，提供这些商品在于为消费者提供一顿丰富的早餐，可以集合面包、果酱、麦片等商品来构成这个中分类。

（2）依商品的制造方法划分。

> ❖ 例：在畜产的大分类中，有一个称为“加工肉”的中分类，这个中分类网罗了火腿、香肠、热狗、炸鸡块、熏肉、腊肉等商品，它们的功能和用途不尽相同，但在制作方法上近似，因此经过加工再制的肉品就成了一个中分类。

（3）依商品的产地来划分。

> ❖ 例：有的超市同时经营进口商品，形成“进口饼干”这个中分类，把从国外进口的饼干皆收集在这一个中分类中，便于进货或销售的统计。

3. 小分类的原则

（1）依功能、用途分类。此种分类与中分类原理相同，是按功能、用途来做更细的分类。

（2）依规格、包装形态分类。

> ❖ 例：铝箔包饮料、碗装速食面、6kg 装大米，都是这种分类原则下的产物。

（3）依商品的成分分类。

> ❖ 例：“100%果汁”，凡成分为 100%的果汁就可归入这一个分类。

（4）以商品的口味分类。

> ❖ 例：“牛肉面”可以作为一个小分类，凡牛肉口味的面，就归入这一分类。

4. 单品

单品是商品分类中不能进一步细分的、完整独立的商品品项。

❖ 例：广州保洁有限公司生产的400毫升飘柔洗发水、200毫升沙宣洗发水、750毫升潘婷洗发水就是三个不同单品。

（二）超市商品管理

1. 超市商品的分类

（1）主力商品、关联商品、补充商品。

一家超市能表现其特征的就是主力商品，而主力商品也是该超市销售额的主要来源。要根据主力商品配置其关联商品，又根据主力、关联商品的需要配置补充商品。

（2）编码商品、替换商品、季节性商品及特卖商品。

编码商品也称判定商品，常年销售的商品会采用编码。替换商品，将一种商品在一定期间内根据其销售情形与其他商品做更换。季节性商品，指在特定的某个季节中贩卖的商品。特卖商品，指卖场折价销售的商品。

（3）硬体商品、软体商品以及中间商品。

硬体商品是规格化大量生产的商品，各种厂商生产的商品品质及设计大多没有什么差别，可让客户有选择的机会。软体商品是多功能、多用途、多样化设计、品种多而生产量少的商品，商品设计选择依据社会风尚以及顾客心理、年龄层次、偏好等。中间商品介于前述两种商品之间，是按前述两种商品基本标准而设计生产的商品。

（4）普通商品、观赏商品、利润商品及并列商品。

普通商品销售比较快，是超市业绩的主要来源，大部分都是顾客认可的商品，顾客消费欲望高。观赏商品可以让顾客赏心悦目，能引起顾客兴趣，如高价位商品、新颖商品。利润商品，即利润率高的商品。并列商品是主要商品的关联品或补充品。[①]

2. 超市商品管理方法

超市经营的商品品种必须是目标消费者可能购买的，商品结构的宽度和深度以及产品的质量共同组成商品的结构。大型超市从食品、日用品、玩具、衣物至家电一应俱全，娱乐、餐饮、修理等服务也应有尽有，鼓励消费者一次性完成购物。超市商品管理的思路是，以单品管理为基础，在单品中强化20%主力商品的管理，在20%主力商品中强化商品群管理战略，统一整体组合的品类管理。

（1）单品管理。

单品管理是指以每一个商品品项为单位进行的管理，强调每一个单品的成本管理、销售业绩管理。单品管理是超市商品管理现代化的核心，在超市商品管理中发挥着重要作用，体现以下几个方面：

案例链接：上海联华超市的单品管理

1）单品是超市商品经营的基本单位，各商品群是由一个个单品组合而成的，离开单品的商品群管理是不存在的，单品管理是商品群管理的基础。

2）单品管理能保证超市每一种商品采购、销售、库存各环节有机结

① https://baidu.com/view/51f56008f12d2af90242e617.html.

合，为商品的物流、现金流、信息流的有序运作创造良好的条件。

3）单品管理能增强超市对供应商的控制力，从而保证稳定、丰厚的利润来源。

实例链接：兰州华联红星店的商品群管理

（2）商品群管理。

商品群是商品经营分类上的一个概念，它是卖场中按一定关系组合多个商品品项而形成的经营单位或经营区域。

超市商品可以从不同角度加以组合，组成不同的商品群。商品群分为主力性商品群、辅助性商品群、附属性商品群、刺激性商品群。

1）主力性商品群是超市经营的重点商品，它仅占有20%比例，却创造了80%的销售业绩，是超市畅销商品，季节性和差异性明显。

2）辅助性商品群是主力性商品群的补充，多为常备日用品，与主力性商品群有紧密的关联性，季节性与差异性相对不明显。

3）附属性商品群是辅助性商品群的补充，购买频率与销售比例偏低。

4）刺激性商品群的品类数目不多，但对超市销售的整体业绩有重要的推动作用。

超市对不同商品群采用不同的管理方式，以实现整体利益的最大化。

二、库存商品管理

（一）库存商品分区分类储存管理的概念

库存商品分区分类储存管理是根据一定的原则，将整体仓库划分为若干个区域，将仓库商品分类储存与管理。

（二）库存商品分区分类储存管理的原则

（1）商品的自然属性、性能相一致。

（2）商品的作业方法一致。

（3）商品的养护手段一致。

（4）商品的消防措施一致。

（三）库存商品分区分类储存管理的方法

（1）按商品的种类与性质区分管理。

（2）按商品的危险性质区分管理。

（3）按商品的进货地区区分管理。

（4）按商品的仓储作业性质区分管理。

（5）按仓库的条件与商品的特性区分管理。

项目小结

本项目介绍了商品分类、商品分类标志与分类体系、常见的商品分类、商品目录与编码、商品分类管理。

为满足商品生产与流通活动及科学管理需要，必须对商品进行分类与编码。根据分类编码的目的要求，正确选择适当的分类标志，确保商品分类编码体系的实用性。商品分类方法主要是线分类法与面分类法两种，各有利弊，根据实际情况加以选择。目前的分类体系以线分类法为主、面分类法为辅。

对常见的商品分类进行介绍。主要包括：在食品类商品中介绍食品营养与安全，糖、酒、茶类商品的分类与特性；在纺织品中对纺织纤维及服装类商品进行阐述；在日用工业品中介绍塑料制品、洗涤用品和化妆品的分类。

编制商品目录工作也属于商品分类。编制商品目录时，国家或部门按照一定的目的将商品按一定的标志进行定组分类，依次编排。商品目录按适用范围不同分为国际商品目录、国家商品目录、部门商品目录和企业商品目录等。

商品编码在商品分类的基础上赋予了商品的代表符号，商品编码是商品目录的组成部分，商品分类与编码共同构成了商品目录的完整内容。

介绍超市商品分类与库存商品管理方法，包括单品管理、商品群管理等。

练习与实战演练

一、基础知识

（一）判断题

1. 为了使商品分类体系完整，一个商品可以有两个代码。（　　）

2. 在任一次商品分类中，可将分类对象逐次划分为包括大类、中类、小类、品类在内的完整的具有内在联系的类目系统。（　　）

3. 科学的商品编码不应该留有空码。（　　）

4. EAN 条码都是 13 位数字的条码。（　　）

5. EAN-13 条码可用于销售包装，不可用于储运包装。（　　）

（二）单选题

1. 商品分类是指为了满足生产、流通和消费的需要，按照一定的（　　），科学、系统地将商品分成若干个不同类别的过程。

A. 分类标志　　B. 分类标准　　C. 分类原则　　D. 分类方法

2.（　　）体现具有若干共同性质或特征商品总称，如食品类商品可以分为蔬菜与水果、肉和肉制品、乳和乳制品、蛋和蛋制品等。

A. 大类　　B. 中类　　C. 小类　　D. 细目

3. 超市商品管理的思路是以单品管理为基础，在单品中强化（　　）主力商品的管理，在（　　）主力商品中强化商品群管理，实施统一组合的商品群管理。

A. 20%　　B. 30%　　C. 40%　　D. 50%

4. “C8112”表示涤粘中长纤色布，用的编码方法是（　　）。

A. 数字型编码　　B. 字母型编码　　C. 混合型编码　　D. 条码

5. 商品条码由（　　）构成。

A. 前缀码和校验码　　B. 条码符号和字符代码

C. 前缀码和字符代码　　D. 条码符号和校验码

6. 目前国际上通用的商品条码主要是（　　）。

A. EAN 条码　　B. UPC 条码　　C. ABC 条码　　D. 39 条码

（三）多选题

1. 商品分类的基本方法有（　　）。

A. 线分类法　　B. 面分类法　　C. 分层法　　D. 分级法

2. 在商品分类中常用的分类标志有(　　)。

A. 商品用途　　B. 原材料　　C. 生产加工　　D. 化学成分

3. 商品编码的方法有(　　)。

A. 顺序编码法　　B. 层次编码法　　C. 平行编码法　　D. 混合编码法

4. 下列选项中，属于天然纤维的有(　　)。

A. 棉纤维　　B. 麻纤维　　C. 蚕丝纤维　　D. 羊毛纤维

5. 下列属于护肤类化妆品是(　　)。

A. 洁面霜　　B. 指甲油　　C. 乳液　　D. 防晒霜

(四) 简答题

验证以下条码是否正确：

1. 6948499700125

2. 6921734902316

3. 6902060X

二、拓展训练

任务：选择要编制条码的某类商品，找出适合编制此类商品的编码方法，运用此方法对商品编码。

目的：明确编码的作用，学会编制简单条码。

要求：以小组形式完成对某一类商品的编码，并校验其正确性。

商品检验及质量监督认证

项目目标

知识目标

1. 了解商品检验的概念和分类。
2. 了解商品检验的依据和内容。
3. 了解商品检验的方法。
4. 初步认识有关商品质量监督和质量认证问题。

能力目标

1. 掌握感官检验法的特点。
2. 认识常用的商品质量认证标志。

情感目标

本项目从认识商品检验开始，引导学生进入学习商品检验认证知识的情境，激发学生学习商品检验知识的兴趣。

思维导读

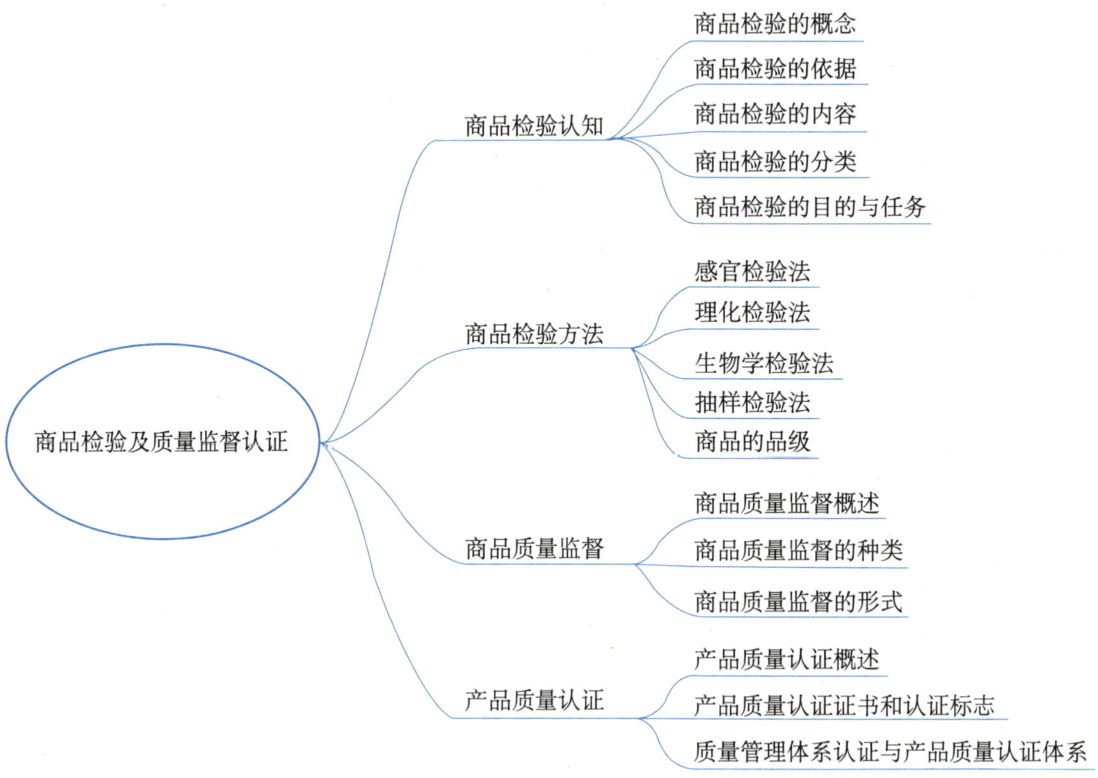

项目引例

“望闻问切”四招慎选瓷砖

质检专家提醒消费者，在购买瓷砖等陶瓷产品时，并不是颜色越白、越耀眼的越好，想挑选到好的瓷砖，要做到“望闻问切”，缺一不可。

望：瓷砖的釉面均匀平整，光洁亮丽，色泽一致，质量好的瓷砖颜色一致，不存在偏色现象。

闻：以左手拇指、食指和中指夹住瓷砖一角，轻松垂下右手食指轻击瓷砖中下部，如声音清亮悦耳为上品，如声音沉闷则为下品。

问：要注意货比三家，向卖家了解最新的信息，通过权衡决定，购买既经济又优质的瓷砖。

切：要注意瓷砖的重量。一般来说，质量好的瓷砖分量比较重、比较实，这主要是由于原材料的选择和配比不同造成的。瓷砖在加工时所受的机械压力越大，分量也越重。

问题：

1. 本案例中选瓷砖用到了哪些商品检验方法？
2. 商品检验对于商品生产和消费的作用是什么？

引例分析

1. 本案例购买瓷砖中所用的检验法是感官检验法。

2. 在商品生产过程中可以通过检验方法来进行商品质量确定和控制。在社会消费环节中商品检验是评价商品质量高低的方法和依据，从而保证流通到消费领域的商品不存在缺陷。

任务一　商品检验认知

课堂讨论

1. 商品进入流通领域前要经过哪些环节？

2. 商品检验的依据是什么？

知识准备

商品检验是商品质量管理的必备环节，是商品进入流通领域的通行证。

一、商品检验的概念

商品检验是指商品的供货方、购货方或第三方为了维护买卖双方的合作权益，避免或解决各种风险损失和责任划分的争议，便于商品的交接结算，在一定条件下借助某种手段和方法，按照合同标准或国际、国家有关法律法规、惯例对商品的质量、规格、重量以及包装等方面进行检查，做出合格与否或通过检验与否的判定，并出具各种有关证书的业务活动。

商品质量检验是商品检验的核心内容，因此，狭义的商品检验就是商品质量检验。

二、商品检验的依据

商品检验是一项科学性、技术性、规范性较强的复杂工作，为了体现商品检验的科学性、公正性和权威性，应根据具有法律效力的质量法规、标准及合同等开展商品检验工作。商品检验的依据如表 4－1 所示。

表 4－1　商品检验的依据

依据	描述
商品质量法规	国家有关商品质量的法律、法令、条例、规定等，体现国家对商品质量的要求，是保障国家和交易各方合法权益的法律依据，具有权威性、法制性和科学性。
商品标准	国家标准化组织对商品质量做出的统一技术规定，是生产、验收、使用、洽谈贸易的技术规范，也是商品检验的主要依据。

续表

依据	描述
购销合同	提供双方共同约定的质量标准，合同具有法律效力，一旦发生质量纠纷，购销合同的质量约定就成为质量仲裁和检验的法律依据。

三、商品检验的内容

商品检验一般包括品质检验、数量和重量检验、包装质量检验、卫生检验和安全性能检验等，如表 4－2 所示。

表 4－2　商品检验的内容

项目	描述
品质检验	应申请人的要求，根据合同或有关标准，运用各种检验手段（包括感官、物理、化学、生物学等检验手段）对商品的品质进行评定，判定商品的质量是否符合规定的质量条件。
数量和重量检验	包括商品的个数、长度、面积、体积、容积、重量等的检验。
包装质量检验	根据购销合同、标准和其他有关规定，对商品的内外包装、标志进行的检验。具体包括内外包装的包装材料、材质、结构、造型等对商品储存、运输、销售的适应性，以及包装体的完好程度、包装措施的牢固度、包装标志的正确度与清晰度等。
卫生检验	主要是根据《中华人民共和国药品管理法》《化妆品卫生监督条例》等法规，对药品、化妆品等进行的检验。
安全性能检验	对商品有关安全性能方面的项目进行的检验，如易燃、易爆、放射性、易触电、易受毒害、易受伤害等，以保证生产、使用过程中的人身和财产安全。

四、商品检验的分类

（一）依据商品检验的目的分类

商品检验依据目的不同，可分为生产检验（第一方检验）、验收检验（第二方检验）和第三方检验三种。

1. 生产检验

生产检验是商品生产者为了维护企业信誉、保证商品质量，对原材料、半成品和成品进行检验的活动。生产检验合格的商品往往用“检验合格证书”加以标示。

2. 验收检验

验收检验是商品的买方为了维护自身及其顾客利益，保证所购商品符合标准和合同要求所进行的检验活动。目的是及时发现问题，反馈质量信息，促使卖方纠正或改进商品质量。在实践中，商业或外贸企业经常派驻厂员对商品形成的全过程进行监督，对发现的问题及时要求厂方解决。

3. 第三方检验

第三方检验是由处于买卖利益之外的第三方（如专职的监督检验机构）以公正权威的

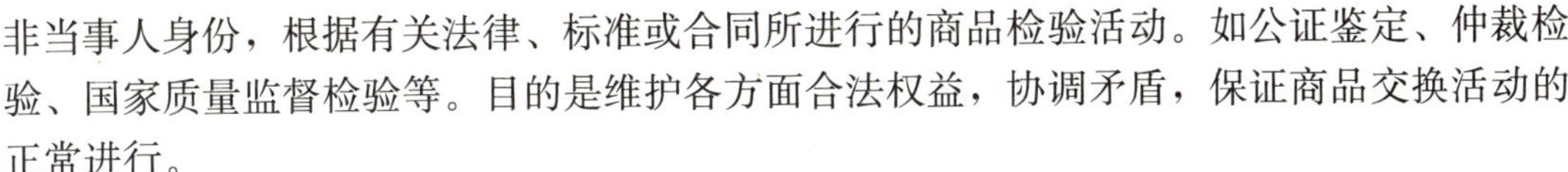

非当事人身份，根据有关法律、标准或合同所进行的商品检验活动。如公证鉴定、仲裁检验、国家质量监督检验等。目的是维护各方面合法权益，协调矛盾，保证商品交换活动的正常进行。

（二）依据检验有无破坏性分类

商品检验按有无破坏性分为破坏性检验和非破坏性检验。

1. 破坏性检验

破坏性检验是指为了取得必要的质量信息，经测定，检验后商品遭受破坏的检验。

❖ 例：对纺织品、塑料制品和食品等商品的检验。

2. 非破坏性检验

非破坏性检验是指经测定，检验后的商品仍能够正常使用的检验，也称无损检验。

❖ 例：X 光检验、珠宝检验。

（三）依据检验的相对数量分类

商品检验按检验商品的相对数量可以分为全数检验和抽样检验。

1. 全数检验

全数检验是对受检批商品逐个逐件地进行检验，也称全面检验。其优点是能够提供较多的质量信息，使人感到更放心。缺点是检验量较大，费用较高。

这种检验适用于商品批量小、商品特性少、非破坏性检验。实际工作中的全数检验只用于贵重、质量不够稳定商品的质量检验。

❖ 例：珠宝首饰、汽车、飞机的检验。

2. 抽样检验

抽样检验是商品检验中的常见方法，它是按照事先确定的抽样方案，从受检批商品中随机抽取少量样品，组成样本，再对样品逐一测试，并将检验结果与标准或合同技术要求进行比较，最后由样本质量状况统计推断受检批商品的整体质量是否合格的检验。它具有占有人力、物力和时间少的优点，具有一定的科学性和准确性，是比较经济的检验方式。缺点是提供的质量信息少。

它适用于批量大、价值低、质量特性多且质量较为稳定、破坏性检验。

❖ 例：食品、化妆品检验。

（四）依据商品销售情况分类

商品检验按检验商品的销售情况可以分为内销商品检验和进出口商品检验两种。

1. 内销商品检验

内销商品检验是指国内的商品经营者依据国家法律、法规、合同、标准，对内销商品进行的检验活动。

2. 进出口商品检验

进出口商品检验是指对于进口或出口商品的检验。根据进出口商品检验的性质和作用不同，又可以分为法定检验、鉴定检验和监督检验。

（1）法定检验，是指根据国家法律规定对指定的重要进出口商品执行强制性检验，非经检验合格的商品不准出口或进口。

❖ 例：食品、动植物及危险品的法定检验等。

（2）鉴定检验，是凭进出口商、承运商、仓储部门、保险公司等对外贸易关系人的申请办理的，不是强制的。

（3）监督检验，是指商品检验机构或其指定、认可的检验机构对生产企业申请使用认证标志或申请获得必要的进口安全质量许可、出口质量许可或卫生注册登记的进出口商品所实施的检验。

五、商品检验的目的与任务

商品检验的目的是运用科学的检验技术和方法，正确地评定商品质量。

商品检验的任务是从商品的用途和使用条件出发，分析和研究商品的成分、结构、性质及其对商品质量的影响，确定商品的使用价值；拟定商品质量指标和检验方法，运用各种科学的检测手段评定商品质量，并确定是否符合规定标准的要求；研究商品检验的科学方法和条件，不断提高商品检验的科学性、精致性、可靠性，使商品检验工作更科学化、现代化；探讨提高商品质量的途径和方向，促进商品质量的提高，并为选择适宜的包装、保管和运输方法提供依据。

任务二　商品检验方法

课堂讨论

1. 商品检验的方法有哪些？
2. 珠宝鉴定可以采用什么检验方法？

知识准备

商品检验的方法因项目的不同而各异，需要按照有关标准或技术规定的要求执行。

一、感官检验法

知识链接：茶叶的感官检验

感官检验法是以人体感觉器官作为检验工具，对商品的色、香、味、形、音、手感等感官质量特征做出判定和评价的检验方法。

感官检验法简便易行、快速灵活、成本较低，特别适用于目前还不能用仪器定量评价其感官指标的商品检验。

可采用感官检验法的商品主要有食品、纺织品、日用工业品、化妆品以及化工商品等。

感官检验依据检验时主要使用的感觉器官的不同，分为视觉检验、嗅觉检验、味觉检验、听觉检验和触觉检验。感官检验法的类型如表 4－3 所示。

表 4－3　感官检验法的类型

检验方法	检验方法描述	使用范围	举例
视觉检验法	通过视觉来检查商品的外形、结构、色泽及外部瑕疵等质量特征的检验方法。	凡是能直接用肉眼分辨质量指标的商品都可以使用这种检验方法。	茶叶的外形、叶底，水果的果色等
嗅觉检验法	凭借嗅觉来鉴定商品的气味，评定商品品质的检验方法。	广泛应用于食品、药品、化妆品等商品的质量检验。	鉴别香料气味等
味觉检验法	利用味觉对有滋味和口感要求的商品进行味觉特征的检验方法。	用于检验食品。	糖、调料等
听觉检验法	利用听觉对商品发出的声音进行检查，并用来评定商品质量的检验方法。	检验玻璃、瓷器、金属制品有无裂痕或其他内在缺陷；评价以声音作为质量指标的乐器、家电等；评定食品的成熟度、新鲜度和冷冻程度等。	瓷砖、瓷器等
触觉检验法	利用触觉感受商品的物理特征，如手感、硬度、光滑程度、厚度、紧密程度等，并对商品的品质做出判定的检验方法。	常用来对纸张、塑料制品、纺织品、食品以及其他日用工业品表面质量特性进行检验。触觉检验时，应注意环境条件的稳定和保持手指皮肤处于正常状态。	鉴别纸张的硬度与柔韧性等

二、理化检验法

理化检验法是在实验室中，利用各种仪器、器具和试剂等，运用物理的和化学的方法来测试商品质量的方法。它主要用来检验商品的成分、结构、物理性质、化学性质、安全性、卫生性等。

理化检验法的特点是可以用数据定量表示测定结果，更为客观、精准、科学地反映商品质量的情况，对检验设备、检验条件及检验人员素质的要求也较高。理化检验法应用广泛，可以分为物理检验法和化学检验法。

（一）物理检验法

物理检验法是运用各种物理仪器、量具，对商品的各种物理性能和指标进行测试检验，以确定商品质量的方法。根据测试检验的内容不同，可分为度量衡检验、力学检验、光学检验、电学检验和热学检验等，如表 4-4 所示。

表 4-4　物理检验法的类型

检验方法	检验方法描述	应用范围	举例
度量衡检验	利用各种量具、量仪或专业仪器来测定商品的长度、宽度、细度、厚度、体积、密度、容量、表面光洁度等物理特性的检验方法。	应用于有规格、尺寸、体积、重量等物理量要求的商品检验。	纤维的长度、水果的大小检验
力学检验	利用各种力学仪器测定商品的力学性能的检验方法。	应用于有抗拉强度、抗压强度、抗冲击强度、硬度、弹性、耐磨性等要求的商品检验。	水泥的抗压强度检验
光学检验	利用光学仪器（如光学显微镜、折光仪、旋光仪等）来检验商品光学特性的检验方法。	应用于有光学性能方面表现的商品检验，如商品的细微结构、金属制品的无损检验以及通过对液体商品透射率的检验确定商品的纯度等。	油脂的透射率检验
电学检验	利用电器仪器检测商品电学特性的检验方法。	应用于检验电器类商品的电学性质指标，如电流、电压、电阻、电容等。	电阻功率检验
热学检验	利用热学仪器测定商品热学特性的检验方法。	应用于有熔点、沸点、燃点、耐热性、导热性等热学性质的商品检验。	陶瓷制品的热稳定测定、金属的导热性测定

（二）化学检验法

化学检验法是运用各种化学试剂和仪器，对商品的化学成分及其含量进行分析和测定，进而判定商品品质的检验方法。化学检验法按其检验操作的方式，可分为化学分析法和仪器分析法，如表 4-5 所示。

表 4-5　化学检验法的类型

检验方法	检验方法描述	应用范围	举例
化学分析法	根据检验过程中试样和试剂发生的化学反应，以及在化学反应中试样和试剂的用量，测定商品的化学成分以及各成分所占比例，即相对含量的检验方法。	常用的化学分析法有重量分析法、滴定分析法、气体分析法。	食品添加剂检验

续表

检验方法	检验方法描述	应用范围	举例
仪器分析法	采用光学仪器、电学仪器，通过测量商品的光学性质、电学性质来确定商品的化学成分的种类、含量以及化学结构，以判断商品品质的检验方法。	仪器分析法适用于微量成分含量的分析。	色谱分析法

三、生物学检验法

生物学检验法是食品、医药类商品质量检验常用的方法之一，包括微生物学检验法和生理学检验法，如表4－6所示。

表4－6　生物学检验法的类型

检验方法	检验方法描述	应用范围
微生物学检验法	利用显微镜观察法、培养法、分离法和形态观察法等，对商品中有害微生物存在的种类及数量进行检验，并判定其是否超过允许限定的一种检验方法。	食品、药品、化妆品等商品卫生质量检验
生理学检验法	以特定的人群或动物为受试对象，测定食品可消化率、发热量以及食品的某一成分对肌体的作用等检验方法。	检验时常用鼠、兔等动物进行试验

四、抽样检验法

（一）抽样的相关概念

抽样又称拣样或取样，是指根据合同或标准所确定的方案，从被检验的某批量商品中抽取一定数量有代表性的用于检验的单位商品的过程。

被检批商品应为同一来源、同质的商品，通常以一个订货合同为一批，若同批商品质量差异较大、订货量很大或连续交货时，也可分为若干批。

抽样涉及的基本概念有单位商品、批量、样品、样本和样本量等。

1. 单位商品

单位商品是指因实施抽样检验需要而划分的基本商品单位，其划分形式有自然划分和人工划分两种，如单个商品、一对商品、一组（或套、袋、垛）商品、一定长度（或面积、体积、重量等）的商品等。

2. 批量

批量是指被检批中单位产品的数量，常用 N 表示。批量大小由商品特点和生产、流通条件决定。体积小、质量稳定的商品，批量可以大些；反之则批量可以小些。

3. 样品、样本和样本量

（1）样品是指从被检批中抽取、进行检验的单位商品。

（2）样本是指样品的全体。

（3）样本量又称样本大小，是指样本所包含的单位样品数量，常用 n 来表示。

❖ **例：**要从 1 000kg 的大豆中抽取 10kg 进行抽样检验，则单位商品为 1kg 大豆，批量（*N*）为 1 000，样品为所抽取 10kg 中的 1kg 大豆，样本为 10kg 大豆，样本量（*n*）为 10。

❖ **练一练：**

长 100 米的铁丝，现需抽取 5 米进行检验，那么，单位商品、样品和样本分别是什么？批量和样本量分别是多少？

（二）抽样原则

抽样应遵循代表性原则、典型性原则与适时性原则。

1. 代表性原则

代表性原则要求样品必须具备有整批商品的共同特性，以使鉴定结果能成为代表整批商品质量的依据。

2. 典型性原则

典型性原则要求样品能反映整批商品在某方面的重要特征，能发现某种情况对商品质量造成的重大影响。如食品的变质、污染、掺杂、假冒伪劣等方面的鉴别。

3. 适时性原则

适时性原则要求对成分、含量、性能和质量等容易随时间的推移而发生变化的商品，应适时抽样进行检验。例如，水果和蔬菜中各类维生素含量、农药或杀虫剂残留量等，应在水果与蔬菜新鲜时进行检验。

（三）抽样的要求

（1）抽样应当依据抽样对象的形态、性质，合理选用抽样工具与样品容器。抽样工具与样品容器必须清洁，不含被检验成分。进行微生物检验的样品应无菌操作。

（2）外地调入商品，抽样前应检查有关证件，如商标、运货单以及质量鉴定证明等，然后检查外表，包括检查包装、起运日期、整批数量以及产地厂家等情况。

（3）按各类商品的抽样要求抽样。注意抽样部位分布均匀，每个抽样部位的抽样数量保持一致。

（4）抽样时应记录抽样单位、地址、仓位、车间号、日期、样品名称、样品批号、样品数量以及抽样者姓名等内容。

（5）抽样的样品应妥善保存，保持样品原有的品质特征。

（四）抽样的方法

为保证样品和样本对整批商品质量状况的代表性，在进行抽样时普遍采用的是随机抽样法。

随机抽样法是指在被检批商品中，每一件商品都有同等机会被抽取的方法。这种方法抽取样品的机会，不受任何主观意志的限制，抽样者按照随机的原则，以完全偶然的方式抽取样品，因此比较客观，适用于各种商品各种批量的抽样。

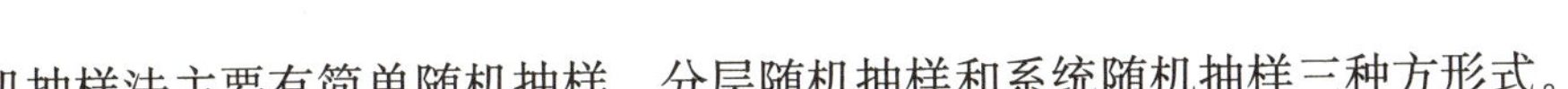

随机抽样法主要有简单随机抽样、分层随机抽样和系统随机抽样三种方形式。

1. 简单随机抽样

简单随机抽样又称单纯随机抽样，是指整批同类商品不经过任何分组划类和排序，不加挑选的，按照随机原则抽取样品的抽样形式。简单随机抽样的优点是符合随机的原则，可避免检验员主观意志的影响，是最基本的抽样方法，是其他复杂的随机抽样方法的基础；缺点是当批量较大时，使用不方便。随机抽样通常用于批量不大的商品，操作时将同批中各单位商品编号，利用抽签或随机表抽样。

2. 分层随机抽样

分层随机抽样又称分组随机抽样或分类随机抽样，是指将整批同类商品按主要标志分成若干个组，然后从每组中随机抽取若干样品，最后将各组抽样的样品放在一起作为整批样品的抽样形式。

分层随机抽样是目前使用最多、最广的一种抽样方法。其优点是抽取的样本有很好的代表性；缺点是工作环节多，较复杂。分层随机抽样方法适用于批量较大，尤其是当被检批商品质量波动较大时的商品检验。如不同设备、不同时间、不同生产者生产的批量商品检验。

例： 有一批零件共有10 000个，是由某厂甲、乙、丙三条生产线生产加工出来的产品，其中甲生产线的产品5 000个，乙生产线的产品3 000个，丙生产线的产品2 000个，抽取样本500个进行检验。

采用分层随机抽样法抽取样本：

甲生产线抽取样本：500×5 000/10 000＝250（个）；

乙生产线抽取样本：500×3 000/10 000＝150（个）；

丙生产线抽取样本：500×2 000/10 000＝100（个）；

该批商品抽样的样本总量：250＋150＋100＝500（个）。

3. 系统随机抽样

系统随机抽样又称等距随机抽样或规律性随机抽样，是指先将整批同类商品按序号编号，并随机决定某一数为抽样的基准号码，然后每隔一定的“距离”抽取一个样品的抽样形式。

系统随机抽样的优点是抽样分布均匀，比简单随机抽样更为精准；缺点是当被检批商品质量问题呈周期性变化时，易产生较大偏差。这种抽样方法适用于较小批量商品的抽样。

例： 按自然数列1，2，3，4…将商品编号，以2为基准号码，距离为10时，抽取的样品编号分别2，12，22，32…。

五、商品的品级

（一）商品品级的概念

商品品级是指对同一品种的商品，按其达到商品质量标准的程度所确定的等级。它是表示商品质量高低优劣的标志，也是表示商品在某种条件下适合其用途大小的标志，是商品鉴定的重要内容之一。商品品级是相对的、有条件的，有时会因不同时期、不同地区、不同使用条件而产生不同的质量等级和市场需求。一般来说，工业品分三个等级，而食品特别是农副产品、土特产等多为四个等级，最多达到六七个等级，如茶叶、棉花、卷烟等。

❖ 例：工业品的三个等级为优等品、一等品和合格品，如下表所示。

工业品等级

等级	内容
优等品	优等品是指商品的质量标准必须达到国际先进水平，且实物质量水平与国外同类产品相比达到近五年内的先进水平。
一等品	一等品是指商品的质量标准必须达到国际一般水平，且实物质量水平达到国际同类产品的一般水平。
合格品	合格品是指按照我国一般水平标准组织生产，实物质量水平必须达到相应标准的要求。

（二）商品品级的划分方法

知识链接：钻石等级的划分

商品质量分级的方法很多，一般有百分法和限定法两种。

1. 百分法

百分法是将商品各项质量指标规定为一定的分数，重要指标占高分，次要指标占低分。如果各项指标都符合标准要求，或认为无瑕可挑的，则打满分，某项指标欠缺则在该项中相应扣分。全部合格为满分 100 分。

❖ 例：酒的评分方法，满分为 100 分：

白酒：色 10 分，香 25 分，味 50 分，风格 15 分。

啤酒：色 10 分，香 20 分，味 50 分，泡沫 20 分。

2. 限定法

限定法是对商品各种疵点规定一定的限量，又可分为限定记分法和限定数量和程度法。

（1）限定记分法。

将商品品种疵点规定为一定的分数，由疵点分数的总和确定商品的等级，疵点分数越高，则商品的等级越低。这种方法一般在日用工业品中采用。

（2）限定数量和程度法。

在标准中规定，商品每个等级限定疵点的种类、数量和疵点的程度。

❖ **例：** 日用工业品中全胶鞋质量指标共有13个感官指标，其中，鞋面起皱或麻点在一级品中规定“稍有”，二级品中规定“有”，鞋面砂眼在一级品中规定“不许有”等。

任务三 商品质量监督

课堂讨论

1. 日常生活中，质量监督主体包括哪些？
2. 流通领域商品质量监督抽查不合格如何处理？

知识准备

商品质量监督是保证和提高商品质量的重要措施，是保障消费者权益的重要手段。

一、商品质量监督概述

（一）商品质量监督的定义

商品质量监督是指由国家指定的商品质量监督专门机构，按照国家质量法规和商品质量标准的规定，对生产和流通领域的商品质量和质量保证体系进行监督的活动。

对商品质量监督定义的理解，要注意以下几点：

（1）商品质量监督的依据是政府的法令或规定，主要是国家的质量法规和批准发布的正式标准。

（2）实施商品质量监督的职能部门是国家授权的法定机构。在我国，国务院下设国家市场监督管理总局，负责全国产品质量监督工作；县级以上地方人民政府设置市场监督管理局，负责本行政区内的产品质量监督工作。

知识链接：商品质量监督有关法规

（3）商品质量监督的对象是商品和质量保证体系。商品质量是指生产和流通领域的商品质量；质量保证体系是指为实施管理所建立的包括组织、结构、程序、过程和资源的质量保证系统。

（4）商品质量监督的手段是监督检验。商品质量监督检验由政府规定的商品检验机构执行，属于第三方检验。

（二）商品质量监督的对象

商品质量监督的主要对象是可能危及人体健康和人身、财产安全的产品，影响国计民生的重要工业品以及消费者、有关组织反映有质量问题的产品，主要包括食品、家具、农产品、建筑材料、日化用品、家用电器等。

实例链接：
安全事故

（三）商品质量监督的意义

商品质量监督实质上是国家对生产和流通领域的商品进行宏观调控的一种手段，其意义在于：

（1）有利于贯彻实施质量法规和商品标准。

（2）有利于维护消费者权益，保障消费者人体健康和生命安全。

（3）有利于解决存在的商品质量问题，维护市场经济的正常秩序。

（4）有利于提高商品的国际竞争力，提升我国商品的国际形象。

二、商品质量监督的种类

根据实施监督的部门不同，商品质量监督可分为国家质量监督、社会质量监督和用户质量监督，如表 4－7 所示。

表 4－7　商品质量监督的种类

类型	内容	应用
国家质量监督	国家授权指定专门机构，以公正的立场对商品进行的质量监督检查。	由国家市场监督管理总局依法组织有关省级市场监督管理局，对生产、销售的产品实行定期或不定期的质量抽查和检验，公开公布产品质量抽查检验结果，并根据国家有关法规及时处理质量问题。
社会质量监督	社会组织、新闻机构等，根据消费者和用户对商品质量的反映，对流通领域的某些商品质量进行的监督检查。	从市场一次抽样，委托第三方检验机构进行质量检验和评价，将检验结果特别是不合格商品的质量状况和生产企业名单予以公布，以营造强大的社会舆论压力，促使企业改进质量，停止销售不合格商品，并对消费者和用户承担质量责任。
用户质量监督	内、外贸部门和使用单位为确保所购商品的质量而进行的质量监督。	采购单位在采购商品时，进驻商品生产企业进行质量监督，以便及时发现问题，保证所采购商品质量符合规定的要求。

三、商品质量监督的形式

商品质量监督的形式多种多样，大致可以分为抽查型质量监督、评价型质量监督和仲裁型质量监督三种类型。

（一）抽查型质量监督

抽查型质量监督是指国家质量监督机构通过从市场或企业抽取的商品样品按照技术标准进行监督检查，判定其质量，并对生产不合格产品的企业采取强制措施，督促企业改进质量，直至达到商品标准要求的一种质量监督活动。

应用范围：一般只抽检商品的实物质量，不检查企业的质量保证体系。抽查的主要对象是涉及人体健康和人身安全的商品、影响国计民生的重要工业产品、重要的生产资料商品和消费者反映有质量问题的商品。

抽查型质量监督又可以分为国家监督检查、定期监督检查和统一监督检查等类型，如

表 4－8 所示。

表 4－8　抽查型质量监督类型

类型	内容	特点
国家监督检查	国家质量技术监督部门和产品质量检验机构对产品进行抽样检查，对结果依法公告和处理的活动。	权威性、随机性、公正性、公平性
定期监督检查	地方质量监督部门监督本地区的产品质量的一种质量监督形式。	周期性、连续性
统一监督检查	国家、省市之监督部门，组织对行业生产一种或几种产品的所有企业，按照统一产品、统一部署、统一检验标准和检验方法、统一判定原则、统一汇总口径的要求进行的产品质量监督检查。	统一性

（二）评价型质量监督

评价型质量监督是指国家质量监督机构通过对企业的产品质量和质量保证体系进行检验和检查，做出综合质量评价，对考核合格者颁发产品质量认证书、产品质量认证标志等，确认和证明产品已经达到某一质量水平，并向社会提供质量评价信息的一种质量监督活动。

应用范围：评价型质量监督是国家干预产品质量，进行宏观管理的一种重要形式。主要活动方式有产品质量认证、企业质量体系认证、环境标志产品认证、评选优质产品、制定产品统一检验制度和发放生产许可证等。

（三）仲裁型质量监督

仲裁型质量监督指质量监督检验机构对有质量争议的商品进行检验和质量调查，分清质量责任，做出公正处理，维护经济活动正常秩序的一种质量监督活动。

应用范围：仲裁型质量监督具有较强的法制性管理的特征，由省级以上人民政府产品质量监督部门或其授权的部门审查认可的质量监督检验机构作为仲裁检验机构。

任务四　产品质量认证

课堂讨论

1. 常见的产品质量认证标志有哪些？分别表示什么含义？
2. 产品质量认证体系与质量管理体系有哪些关联性？

知识准备

质量认证是商品质量管理发展到一定阶段的产物。

一、产品质量认证概述

（一）产品质量认证的含义

产品质量认证是一种评价型质量监督形式。根据《中华人民共和国认证认可条例》第二条的规定，认证是指由认证机构证明产品、服务、管理体系符合相关技术规范、相关技术规范的强制性要求或者标准的合格评定活动。

产品质量认证包括以下几方面：

（1）产品质量认证的对象是产品。

（2）产品质量认证的机构是可以充分信任的第三方。依据《中华人民共和国认证认可条例》的规定，经国务院认证认可监督管理部门批准，并依法取得法人资格的认证机构方可从事批准范围内的认证活动。

（3）产品质量认证的依据是标准。即具有国际水平的国家标准、地方标准、行业标准和相应的技术要求。

（4）质量认证的批准方式是颁发认证证书和认证标志。

（二）产品质量认证的意义

1. 促进产品质量的提高

产品质量认证要定期抽查商品并对企业质量管理提出一定要求，促使认证企业改进质量管理，重视产品质量，讲求信誉。

2. 提高供方质量信誉和产品竞争力

产品通过质量认证可以在产品包装上使用质量认证标志，产品质量认证标志本身就是对质量合格的有力证明，能够提高企业质量信誉和产品竞争力。

3. 提高产品质量信息并指导选购

质量认证标志是表示产品质量状况的一项重要信息。消费者通过对产品认证标志指导选购质量可靠的商品。

（三）产品质量认证的分类

按认证范围划分，产品质量认证可以分为国家认证、区域认证和国际认证三种；按认证性质划分，产品质量认证分为安全认证和合格认证，如表 4－9 所示。

表 4－9　产品质量认证的分类

认证分类	认证种类	认证形式描述
按认证范围划分	国家认证	各国标准化组织依据国家标准，对其国内产品实行的认证。
	区域认证	若干国家或地区根据自愿原则自行组织起来，按照共同的技术标准和规范而进行的认证，如欧共体区域认证。
	国际认证	国际标准化组织、国际电工委员会认证组织等按照其标准开展的认证。

续表

认证分类	认证种类	认证形式描述
按认证性质划分	安全认证	依据安全标准进行的认证，或只对商品标准中有关安全的项目进行的认证。安全认证是对商品在生产、贮运、使用过程中，是否具备保证人体健康和人身、财产安全及避免环境遭受危害等的认证，属于强制性认证。
	合格认证	依据国家标准或行业标准的要求，对商品的全部性能进行的质量认证，一般属于自愿性认证。

二、产品质量认证证书和认证标志

（一）产品质量认证证书

产品质量认证证书，是证明产品质量符合认证要求和许可产品使用认证标志的法定证明文件。认证委员会负责对符合认证要求的产品的申请人颁发认证证书，并准许其使用与证书内容相一致的认证标志。

认证证书由国务院标准化行政主管部门组织印刷并统一规定编号。证书持有者可将标志标示在产品、产品铭牌、包装物、使用说明书、产品合格证上。使用标志时，须在标志上方或下方标出认证委员会代码、证书编号、认证依据的标准编号。

（二）产品质量认证标志

产品质量认证标志，是法定认证机构为证明产品符合认证标准和技术要求而设计、发布的一种专用质量标识。产品质量认证标志在使用时，需要在标志图案下方标示出证书编号，以及适用于其他产品的认证标志。

1. 国际产品质量认证标志

（1）ISO认证标志。

ISO认证标志是由ISO理事会设立的合格评定委员会，根据相应的ISO标准，进行合格评定后给予的合格认证标志。ISO认证多为质量体系认证，常见的ISO认证标志如图4-1所示。

图4-1　ISO 14000体系认证、ISO 22000认证标志

（2）CE认证标志。

CE认证标志是一种安全认证标志，是商品进入欧盟国家和欧盟自由贸易协会国家市场的通行证，如图4-2所示。

（3）CB认证标志。

CB认证标志是国际电工认证标志，是国际电工委员会（IEC）授权的国际认证组织根据IEC标准的认证，如图4－3所示。

图4－2　CE认证标志

图4－3　CB认证标志

2. 中国产品质量认证标志

（1）CCC认证标志。

中国强制性产品认证标志分为以下几种，如图4－4所示。

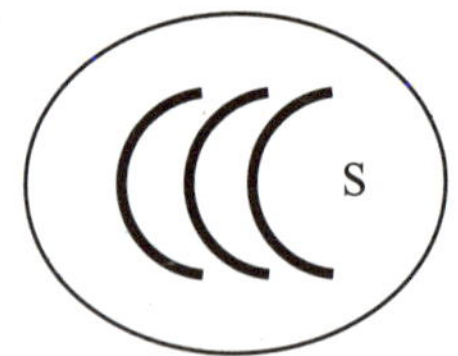

安全认证标志

安全与电磁兼容类认证标志

电磁兼容类认证标志

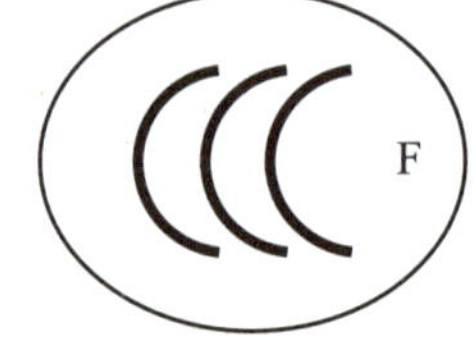

消防认证标志

图4－4　中国强制性产品认证标志

1）中国强制性产品安全认证标志，其中的“S”代表安全认证。

2）中国强制性产品安全与电磁兼容认证标志，其中的“S&E”代表安全与电磁兼容认证。

3）中国强制性产品电磁兼容类认证标志，其中的“EMC”代表电磁兼容认证。

4）中国强制性产品消防认证标志，其中的“F”代表消防认证。

需要注意的是，“3C”标志并不是质量标志，是一种最基础的安全认证。

（2）QS认证标志。

QS认证标志是安全认证，属于强制性认证。QS认证标志如图4－5所示。

（3）中国绿色食品与绿色食品标志。

绿色食品是指产自优良环境，按照规定的技术规范生产，实行全程质量控制，无污染、安全、优质并使用专用标志的食用农产品及加工品。

绿色食品认证是依据《绿色食品标志管理法》进行绿色无污染可食用食品的认证。凡具有绿色食品生产条件的国内企业均可按绿色食品认证程序申请绿色食品认证。中国绿色食品认证标志如图 4－6 所示。

图 4－5　QS 认证标志

图 4－6　中国绿色食品认证标志

三、质量管理体系认证与产品质量认证体系

质量管理体系认证是指由取得质量管理体系认证资格的第三方认证机构，依据正式发布的质量管理体系标准，对企业的质量管理体系实施评定，评定合格的颁发质量管理体系认证证书，并给予注册公布，以证明企业质量管理和质量保证能力符合相应标准，或有能力按规定的质量要求提供产品的活动。

实例链接：上海市质监部门查处违法标注有机产品案

质量管理体系认证与产品质量认证既有联系，又有区别，如表 4－10 所示。

表 4－10　质量管理体系认证与产品质量认证的区别与联系

项目		质量管理体系认证	产品质量认证
区别	认证的对象	企业的质量管理体系，即质量保证体系。	批量生产的定型产品。
	证明的方式	质量管理体系认证证书和体系认证标记，证明该企业的质量管理体系符合某一质量保证标准，不能证明该企业生产的产品符合产品标准。	产品认证证书及产品认证标志，证明产品质量符合认证标准。
	证明的使用	认证证书和标记不能在产品上使用。	认证证书和标记用于获准认证的产品。
	申请企业类型	可以是生产、设计、开发、制造或服务型企业，也可以是出厂检查和检验型企业。	生产产品的企业。
联系		都有具体的认证对象；都是以特定的标准作为认证的基础；都是第三方所从事的活动。	

项目小结

本项目比较系统地介绍了商品检验、商品质量监督和产品质量认证等方面的基础知识。

商品检验是商品鉴定的一个重要组成部分，是评价商品质量的最重要的方法和手段。商品检验从不同的角度、依据不同的划分标准有不同的分类方法。商品检验一般围绕着品质检验、包装的数量和重量检验、包装检验、安全性检验、卫生检验等几个方面展开。在抽样的过程中为了保证抽样的科学性，常采用随机抽样方法。在商品进行检验时，常用感官检验法、理化检验法、生物检验法。

商品质量监督是指由国家指定的商品质量监督专门机构，按照国家质量法规和商品质量标准的规定，对生产和流通领域的商品质量和质量保证体系进行监督的活动。我国的商品质量监督有国家质量监督、社会质量监督和用户质量监督。商品质量监督的形式有抽查型质量监督、评价型质量监督和仲裁型质量监督三种。

产品质量认证是一种评价型质量监督形式，是依据产品标准和相应技术要求，经认证机构确认并通过颁发认证证书和认证标志来证明某一产品符合相应标准和相应技术要求的活动。

产品质量认证标志有很多，本章介绍了国际认证体系 ISO，我国产品质量认证标志主要有“3C”认证标志、QS 认证标志、绿色食品标志。

练习与实战演练

一、基础训练

（一）判断题

1. 国家质量监督检验属于第一方检验。（　　）

2. 感官检验在食品、化妆品以及艺术品等领域的作用是其他检验法所替代不了的。（　　）

3. 除了国家指定的专门质量检验机构，其他组织无权从事商品检验活动。（　　）

4. 商品质量监督的依据主要是国家的质量法规和批准发布的正式标准。（　　）

5. 国家授权指定第三方专门机构，以公正的立场对商品质量进行的监督检查是社会质量监督。（　　）

（二）单选题

1. 验收检验是指（　　）。

A. 生产检验　　B. 卖方检验　　C. 第三方检验　　D. 买方检验

2.（　　）的优点是能定量地表示测定结果，客观、准确、科学地反映商品质量的情况。

A. 感官检验法　　B. 理化检验法　　C. 微生物检验法　　D. 热学检验法

3. 新闻媒体对于某些商品质量问题进行报道属于（　　）。

A. 国家质量监督　　B. 企业质量监督　　C. 社会质量监督　　D. 用户质量监督

4. 商品质量认证的对象是（　　）。

A. 必须是有形商品　　B. 必须是无形商品

C. 产品或服务　　D. 质量管理体系

5. 中国强制性产品认证标志是（　　）。

A. 3C 认证标志　　B. QS 认证标志

C. 绿色食品认证标志　　D. ISO 认证体系

6. CE 认证标志是（　　）的质量认证标志。

A. 中国　　B. 联合国　　C. 美国　　D. 欧盟

7. 产品质量国家监督检查属于（　　）质量监督形式，它具有权威性、公开性、随机性、公正性。

A. 抽查型　　B. 稳定型　　C. 评价型　　D. 强制型

8. 在定期监督检查中，不是对本辖区的重要产品的（　　）监督。

A. 经常性　　B. 周期性　　C. 准确性　　D. 连续性

（三）多选题

1. 对被检批商品逐个（逐件）进行检验是指（　　）。

A. 全数检验　　B. 百分之百检验　　C. 抽样检验　　D. 免于检验

2. 具有强制性的质量监督形式是（　　）。

A. 抽查型质量监督　　B. 用户质量监督

C. 仲裁型质量监督　　D. 评价型质量监督

3. 下列检验方法，属于物理检验法的有（　　）。

A. 热学检验　　B. 生理学检验　　C. 光学检验　　D. 仪器检验

E. 力学检验

4. 在味觉检验中，基本味觉有（　　）。

A. 甜　　B. 酸　　C. 苦　　D. 辣

E. 咸

5. 商品品级划分有（　　）。

A. 一等品　　B. 合格品　　C. 优等品　　D. 不合格品

二、拓展训练

任务：搜集一些常见的质量认证标志，说明所收集标志的含义、作用、认证机构以及监督检验机构。

目的：检查学生对商品监督与认证知识的理解情况，培养学生收集信息与整理材料的能力。

要求：以分组的形式进行收集与整理，写出汇总报告。

项目五

商品包装

项目目标

知识目标

1. 了解商品包装的含义、作用及分类。
2. 认识商品包装标识。
3. 了解商品包装策略。
4. 认识商标。

能力目标

1. 通过实训练习，学会识别商品包装标识。
2. 通过实训练习，学会识别商品商标。

情感目标

本项目从认识商品包装开始，引导学生进入学习商品包装知识的情境，激发学生学习商品包装知识的兴趣。

思维导读

项目引例

红星青花瓷珍品二锅头包装设计

红星青花瓷珍品二锅头的推出，使得红星二锅头走进了中国的高端白酒市场。红星青花瓷珍品二锅头在产品包装上融入中国古代文化的精华元素。酒瓶采用仿清乾隆青花瓷官窑贡品瓶型，酒盒图案以中华龙为主体，配以紫红木托，整体颜色构成以红、白、蓝为主，具有典型中华文化特色。红星青花瓷珍品二锅头包装设计，在中国第二届外观设计专利大赛上荣获银奖。

资料来源：产品包装营销案例．https：//wenku. baidu. com/view/e6ae4d4286c24028915f804d2b160b4e767f81f5. html?fr=search.

请思考：

红星青花瓷珍品二锅头包装设计的意义在哪里？

引例分析

红星青花瓷珍品二锅头酒推出的意义，不仅仅是商品包装外在形象的改变，也使得红星二锅头单一的低端形象得到了彻底的颠覆，产品价格也从五六元的低价位攀升至200元以上的高价位。产品包装的改变，促进了公司产品质量大幅提高，不但创造了优异的经济效益，还提升了公司形象、产品形象和品牌形象。

任务一 认识商品包装

课堂讨论

1. 商品包装起到什么作用？
2. 你认为商品包装如何分类？

知识准备

认识包装的含义、作用以及商品包装的类型，体会商品包装的意义。

一、商品包装的含义

我国国家标准《包装术语第1部分：基础》（GB/T4122.1－2008）对包装的定义是："为在流通过程中保护产品、方便贮运、促进销售，按一定技术方法而采用的容器、材料及辅助物等的总体名称。也指为了达到上述目的而采用容器、材料和辅助物的过程中施加一定技术方法等的操作活动。"其他国家或组织对包装的含义有不同的表述和理解，但基本意思是一致的，都以包装功能和作用为其核心内容，一般有两重含义：一是关于盛装商品的容器、材料及辅助物品，即包装物；二是关于实施盛装和封缄、包扎等的技术活动。

二、商品包装的意义

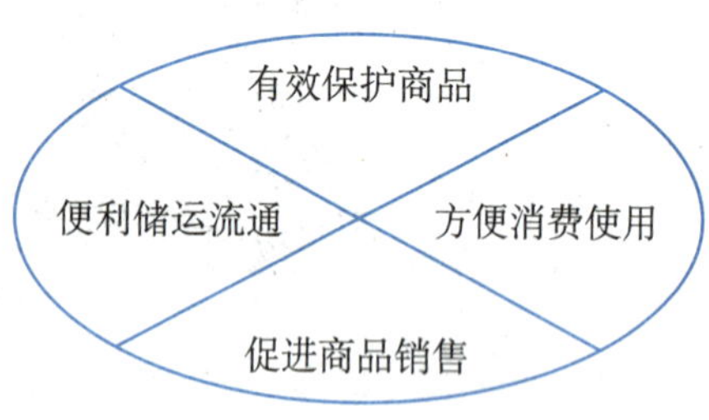

图5－1 商品包装的意义

设计良好的包装，能为商品的使用者带来便利，为生产者创造增值价值，为营销者创造盈利的机会。在现代市场营销活动中，包装的重要性已远远超出作为容器保护商品的功能。现代商品包装的意义体现在有效保护商品、便利储运流通、方便消费使用、促进商品销售等几个方面，如图5－1所示。

（一）有效保护商品

商品在运输、储存和销售以及消费过程中，会受到各种因素的影响，可能发生物理、化学、生物等变化，造成商品损失或质量改变。必要的包装能够抵御各种外界环境因素对商品造成的危害，保证商品质量和数量的完好。

（二）便利储运流通

商品包装可以为商品从生产领域向流通领域和消费领域转移提供方便。商品包装使外形不规则的商品规范化，方便了商品储存运输；商品包装把小件商品集合成大包装，提高了商品运输、装卸、储存效率。

（三）方便消费使用

商品包装上的文字使用说明，指导人们正确使用和消费商品，提高商品的使用价值。

（四）促进商品销售

新颖独特的包装，赋予商品美感，能引起消费者的兴趣，激发消费者的购买欲望，起到促进商品销售的作用。

三、商品包装的分类

对商品包装进行分类，可以更好地认识商品包装的表现形态和功能。常见的商品包装分类有按包装层次分类、按包装在流通中的作用分类、按包装材料分类等几种形式，具体见表 5－1。

表 5－1　商品包装分类

分类标准	包装名称	性状描述	应用举例
按包装层次分类	内包装	盛装商品的直接容器。对商品起到直接保护、集合、容纳和方便消费等作用。	为商品销售单元设计的包装，如装牙膏的软管。
	中层包装	包裹在商品内包装外面的附加包装。具有保护商品、方便销售、指导消费的作用。	装酒瓶和装牙膏软管的小纸板盒。
	外包装	为储存和运输商品需要而集合若干商品形成的大包装。具有方便储存和运输，保护商品在流通中安全的作用。	装若干销售单元酒和牙膏的较大的纸板箱。
按包装在流通中的作用分类	销售包装	为商品销售单元设计的包装。一般以一个商品或将一次销售的若干个单体商品作为一个包装单元的包装。有保护商品、宣传商品和促进销售的作用。	酒瓶外面的纸盒包装。
	运输包装	用于安全运输、保护商品的较大单元的包装形式。用于装中层包装的更大单元的包装。如纸箱、木箱、集装箱、包装袋等。主要功能是保护商品、方便运输、装卸和储存作业。	装 6 个电饭煲的大纸板箱。
按包装材料分类	纸或纸板	包装纸盒。	白酒的中层包装盒。
	塑料类	包装箱、包装袋。	包装食品的塑料袋。
	金属类	铁桶、铝罐。	听装啤酒、饮料包装。
	玻璃类	玻璃瓶、罐。	酒瓶、药品瓶。
	木材类	包装箱。	木制包装箱。
	复合材料	纸板与塑料复合等。	仪器类精制商品包装。
	陶瓷类	瓶、坛、罐。	酒坛、酒瓶。
	纺织品类	各类包装袋。	装粮食的口袋。
	其他材料	竹、柳、藤、草类纺织物。	筐、篓、席、垫。

任务二　商品包装标识

课堂讨论

你见到过的商品运输包装标志有哪些？

知识准备

认识包装标识的含义、商品运输包装标志的分类。

一、商品包装标识的含义

为了便于商品流通、销售、选购和使用，在商品包装上通常都印有某种特定的文字或图形，用以表示商品的性能、特征、质量水平以及储运和消费注意事项等。这些具有特定含义的图形或文字称为商品包装标识或商品包装标志。标注在销售包装上的标识称为销售包装标识或使用说明；标注在运输包装上的标识称为运输包装标志。

二、商品销售包装标识

商品销售包装标识，是指印刷在商品销售包装上的一切文字、符号、图形，以及附属于商品销售包装的吊牌和单独印制的商品使用说明。

（一）《产品质量法》的规定

我国《产品质量法》明确规定产品或者其包装上的标识必须真实，并符合下列要求：

（1）有产品质量检验合格证明。

（2）有中文标明的产品名称、生产厂厂名和厂址。

（3）根据产品的特点和使用要求，需要标明产品规格、等级、所含主要成分的名称和含量的，用中文相应予以标明；需要事先让消费者知晓的，应当在外包装上标明，或者预先向消费者提供有关资料。

（4）限期使用的产品，应当在显著位置清晰地标明生产日期和安全使用期或者失效日期。

（5）使用不当，容易造成产品本身损坏或者可能危及人身、财产安全的产品，应当有警示标志或者中文警示说明。裸装的食品和其他根据产品的特点难以附加标识的裸装产品，可以不附加产品标识。

（二）其他领域法律的规定

《产品质量法》对于产品的标注作了相对原则性和概括的规定，实践中，产品种类成千上万，单单依据《产品质量法》的规定，生产者在标注时或多或少地会感觉到不知所措。在一些特殊领域，相关法规对于产品包装应当标注的内容也作出了规定。

（1）《食品安全法》第六十七条、第六十八条、第六十九条、第七十条、第七十一条、

第七十八条对于预包装食品、食品添加剂、保健食品以及进口的预包装食品、食品添加剂的标签应当标注的事项、禁止标注的事项作了明确规定。《食品安全法实施条例》第二十九条第一款、第四十四条对于被回收的食品、进口的食品添加剂标签应当标注的事项作了明确规定。

（2）《特种设备安全法》第二十一条规定，特种设备出厂时，应当随附安全技术规范要求的设计文件、产品质量合格证明、安装及使用维护保养说明、监督检验证明等相关技术资料和文件，并在特种设备显著位置设置产品铭牌、安全警示标志及其说明。第三十条第二款对于进口特种设备的标注内容作出了规定。《特种设备质量监督与安全监察规定》第三十七条、第四十条、第四十三条、第四十八条、第五十六条分别对电梯、起重机械、厂内机动车辆、客运索道主要部件、游艺机和游乐设施出厂时应当标明的事项作出了具体规定。《锅炉压力容器制造监督管理办法》第十五条、《起重机械安全监察规定》第十一条、《气瓶安全监察规定》第十四条、《大型游乐设施安全监察规定》第十二条、第十三条、《医用氧舱安全管理规定》第三十三条对相应产品出厂时应当标明的事项作出了具体规定。

（3）《标准化法实施条例》第二十四条规定，企业生产执行国家标准、行业标准、地方标准或企业标准，应当在产品或其说明书、包装物上标注所执行标准的代号、编号、名称。

（4）《计量法实施细则》第十八条规定，凡无产品合格印、证的计量器具，不准出厂。《制造、修理计量器具许可监督管理办法》第二十一条、第二十二条、第二十四条第一款、第二十五条对于标注制造、修理计量器具许可证标志和编号以及委托加工制造计量器具等情形作出了具体规定。《定量包装商品计量监督管理办法》第五条、第六条、第七条对于定量包装商品的净含量标注作出了具体规定。《江苏省贸易计量监督管理条例》第十四条规定，制售定量包装商品的，应当在包装的显著位置用中文、数值和法定计量单位清晰标注净含量。经营者不得销售未标明净含量的定量包装商品。

（5）《工业产品生产许可证管理条例》第三十三条第一款规定，企业必须在其产品或者包装、说明书上标注生产许可证标志和编号。《工业产品生产许可证管理条例实施办法》第三十八条、第四十条、第四十一条、第四十二条、第四十五条第二款对生产许可证标志、委托加工、试生产等情形的标注作出了具体规定。

（6）《认证认可条例》第二十六条对于认证机构自行制定的认证标志的式样、文字和名称作出了禁止性规定。《强制性产品认证管理规定》第二十三条、第三十条、第三十一条、第三十二条对于强制性认证产品的标注及认证标志作出了规定。《强制性产品认证标志管理办法》对于认证标志的式样以及使用作出了更为具体的规定。《无公害农产品管理办法》《有机产品认证管理办法》等产品认证管理办法中对于获证产品的标注均作出了具体规定。

（7）《能源效率标识管理办法》第四条、第十条对于列入目录产品能源效率标识的标注作出了规定。

（8）《家用汽车产品修理、更换、退货责任规定》第十条对于汽车生产者的标注义务和内容作出了具体规定，家用汽车产品应当具有中文的产品合格证或相关证明以及产品使用说明书、三包凭证、维修保养手册等随车文件。产品使用说明书应当符合消费品使用说明等国家标准规定的要求。家用汽车产品所具有的使用性能、安全性能在相关标准中没有规定的，其性能指标、工作条件、工作环境等要求应当在产品使用说明书中明示。

三、商品运输包装标志

（一）商品运输包装标志的含义

商品运输包装标志是用简单的文字或图形，在运输包装外面印刷的特殊记号和说明事项。运输包装标志在商品运输、装卸和储存过程中，起着不可或缺的指导和警示作用。

商品运输包装标志的主要作用是便于商品在运输、保管中辨认和识别，防止储运差错事故的发生，保证商品正常流转。

（二）商品运输包装标志的分类

商品运输包装标志分为运输包装收发货标志、包装储运图示标志、危险货物包装标志三大类，如图 5－2 所示。

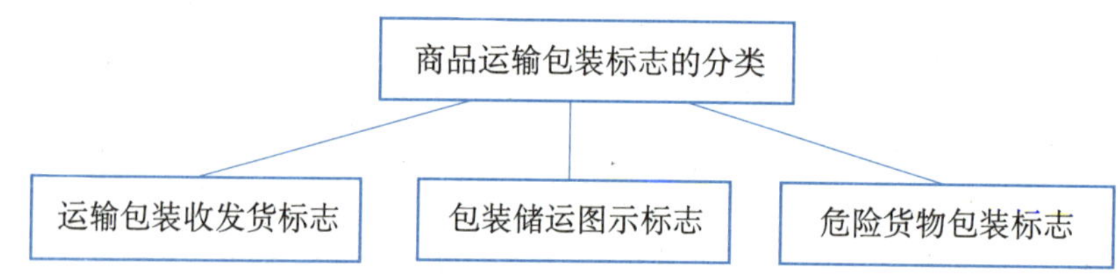

图 5－2　商品运输包装标志的分类

1. 运输包装收发货标志

运输包装收发货标志又称识别标志，是商品外包装件上的商品分类图示标志及其他标志和文字说明的总称。运输包装收发货标志通常由简单的图形和一些字母、数字及简单的文字组成。收发货标志的具体要求在《运输包装收发货标志》（GB6388－1986）中有明确的规定，如表 5－2 所示。

表 5－2　运输包装收发货标志

序号	项目			含义
	代号	中文	英文	
1	FL	商品分类图示标志	CLASSIFICATION MARKS	表明商品类别的特定符号
2	GH	供货号	CONTRACT NO.	供应该批货物的供货清单号码（出口商品用合同号码）
3	HH	货号	ART NO.	商品顺序编号，以便出入库、收发货登记和核定商品价格
4	PG	品名规格	SPECIFICATIONS	商品名称或代号，标明单一商品的规格、型号、尺寸、花色等
5	SL	数量	QUANTITY	包装容器内含商品的数量
6	ZL	重量（毛重/净重）	GROSS WT NET WT	包装件的重量（kg），包括毛重和净重
7	CQ	生产日期	DATE OF PRODUCTION	产品生产的年、月、日

续表

序号	项目			含义
	代号	中文	英文	
8	CC	生产工厂	MANUFACTURER	生产该产品的工厂名称
9	TJ	体积	VOLUME	包装件的外径尺寸，长×宽×高（cm）＝体积（m^3）
10	XQ	有效期限	TERM OF VAIIDITY	商品有效期至×年×月
11	SH	收货地点和单位	PLACE OF DESTINATION AND CONSIGNEE	货物到达站、港和单位（人）收（可用贴签或涂写）
12	FH	发货单位	CONSIGNOR	发货单位（人）
13	YH	运输号码	SHIPPING NO.	运输单号码
14	JS	发运件数	SHIPPING PIECES	发运的件数

2. 包装储运图示标志

包装储运图示标志，又称指示标志或注意标志，根据不同商品对物流环境的适应能力，用醒目简洁的图形、文字标注在商品储运包装上，提示人们在装卸运输及储存过程中应注意的事项。《包装储运图示标志》（GB/T191－2008）标准规定了 17 个标志，如图 5－3 所示。

图 5－3　包装储运图示标志

3. 危险货物包装标志

危险货物包装标志，是针对易燃、易爆、易腐、有毒、放射性等危险性商品，为起到警示作用而在包装上加印的特殊标记，由文字和图形构成。

国家标准《危险货物包装标志》（GB190－2009）对危险货物包装标志的图形、适用范围、颜色、尺寸、使用方法等作出了明确规定。该规定具体规定了爆炸品、易燃气体、不燃气体、有毒气体、易燃液体、易燃固体、自燃物品、遇湿易燃物品、氧化剂、有机过氧化物、剧毒品、有毒品、有害品、感染性物品、一级放射性物品、二级放射性物品、三级放射性物品、腐蚀品和杂类共 21 类，19 个标志名称，如图 5－4 所示。

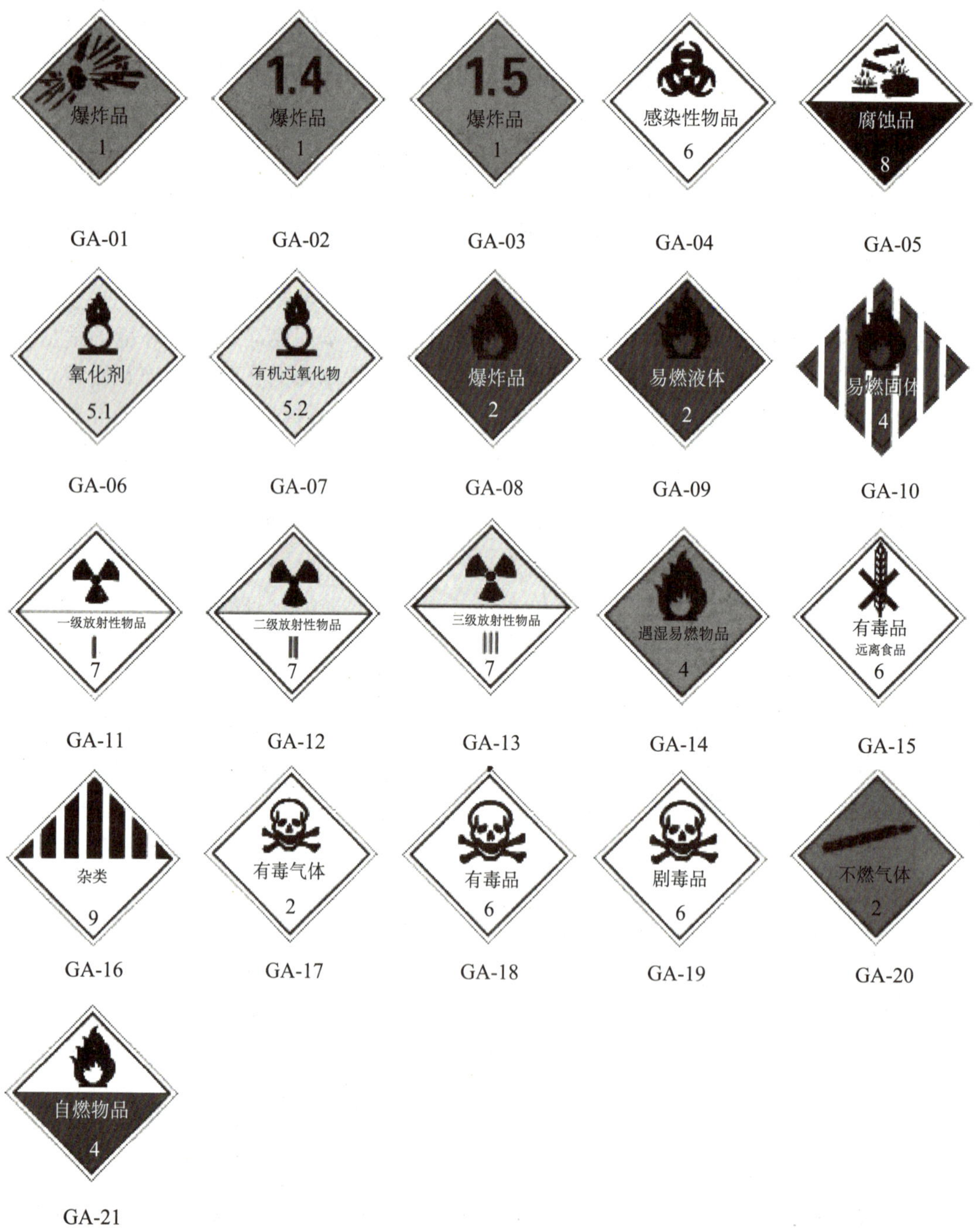

图 5－4　危险货物包装标志

任务三　包装策略

课堂讨论

请你谈一谈日用品包装都有哪些包装策略。

知识准备

利用商品包装作为营销手段的成功案例很多，这里列举九种典型的包装策略营销案例，从中体会包装作为营销手段的价值。

一、类似包装策略

类似包装策略，即企业对其所生产的产品，都采用相同或相似的图案、色彩进行包装。这种包装形式便于顾客识别出本企业产品，有利于培养顾客对本企业产品的忠诚度，同时还可以使企业节省包装设计、制作费用。

实例链接：超市商品包装需改进

❖ 例：在推出新产品时应用类似包装，可以利用企业的声誉，使顾客首先从包装上辨认出产品，迅速打开市场。

二、配套包装策略

配套包装策略，即按照消费者的消费习惯，将数种有关联的产品配套包装在一起成套供应。这种包装策略便于消费者购买、使用和携带，同时还可扩大产品的销售。

❖ 例：在配套产品中加进某种新产品，可使消费者不知不觉地习惯使用新产品，有利于新产品上市和普及。

三、再使用包装策略

这种包装在产品使用完毕后，包装物还可做其他用途。这种包装策略可以使购买者感受到获得了一物多用的额外利益满足，从而激发其购买产品的欲望。包装物在消费者手中重复使用，还起到了对产品的广告宣传作用，增加了消费者重复购买的可能。

❖ 例：山西杏花村汾酒内包装的瓷花酒瓶，既是酒瓶，又可以做一只精美的花瓶。

四、附赠品包装策略

附赠品包装策略，即在产品的包装内装入一些小礼品，以此引起消费者的购买兴趣，进而形成消费者重复购买的促销效应。

❖ 例：在包装盒内附赠彩券、礼品券、代金券、儿童小玩具等。

五、更新包装策略

更新包装策略，即改变原有的产品包装，改用新的包装。当由于某种原因使产品销量下降，市场声誉跌落时，企业可以在改进产品质量的同时，改变包装的形式，从而以新的产品形象出现在市场，改变产品在消费者心目中的不良印象。这种做法，有利于迅速恢复企业声誉，重新扩大市场份额。

六、复用包装策略

复用包装策略，是指企业产品原包装用过以后回收再利用的包装。复用包装可以大幅降低包装成本，便于商品周转，减少环境污染，利于社会节约。

❖ 例：2010 年可口可乐公司推出冰露新包装——冰露环保轻量瓶。较之前的生产工艺与设备而言，新生产线将每只塑料瓶的重量由 16 克减低至 10.4 克。通过将原瓶包装减重，实现包装原料与碳排放减少 35%。同时其独特的瓶身设计，使其在饮用后可轻松扭成团，以节省 70%以上的回收空间。通过这一包装上的环保设计，冰露实现了生产、运输、销售、回收等整个生命周期二氧化碳排放减少约 35%。可口可乐（重庆）饮料有限公司的冰露环保轻量瓶生产线投产后，年产量为 2.95 亿瓶，减少 1 656 吨 PET 塑料、3 795 吨碳排放，这相当于新增了 61 平方千米的森林。

七、组合包装策略

组合包装策略，即把若干有关联的产品，包装在同一容器中，形成一个较大的销售单元。组合包装不仅能促进消费者的购买，也有利于企业推销产品，特别是推销新产品时，可将其与老产品组合出售，创造条件使消费者接受、试用。

❖ 例：化妆品的组合包装、节日礼品盒的礼品套装。

八、开窗式包装策略

开窗式包装策略，是指在包装物上留有“窗口”，让消费者通过“窗口”来直接认识和了解产品，其目的在于直接让消费者体会、认识产品的品质。

❖ 例：套装礼品名酒、化妆品包装。从包装外可以直接看到商品，还可以避免包装内商品脏污、损失、损坏或丢失。

九、礼品式包装策略

这种包装外表装饰喜庆华丽，富有欢乐、祝福之意，满足人们交往、礼仪之需要，借物传情，以情达意。

实例链接：山姆森玻璃瓶

❖ 例：高档礼品名酒、保健品包装。

任务四　商标识别

课堂讨论

食品和日用品有哪些知名国际品牌和国内品牌？

知识准备

了解商标的产生、发展，熟悉商标在商品中所处的地位和作用。

一、品牌与商标

理解商标的含义，首先应了解什么是品牌。

（一）什么是品牌

美国市场营销协会对品牌的定义：品牌是一种名称、术语、符号或设计，或是它们的组合运用，其目的是借以辨认某个生产经营者或某群生产经营者的产品或服务，并使之与竞争者的产品或服务区别开来。

品牌实际上是企业给自己的产品起的名字，以示自己的产品与其他产品相区别。

（二）品牌的构成要素

完整的品牌包括品牌名称和品牌标志两部分。品牌名称是指品牌中可以用语言称呼的部分。例如，可口可乐、雪佛莱、爱芳等。品牌标志，是指品牌中可以被认出、易于记忆但不能用言语称谓的部分，包括符号、图案或明显的色彩或字体，又称“品标”。品牌标志与品牌名称都是构成完整的品牌概念的要素。品牌标志自身能够创造品牌认知、品牌联想和消费者的品牌偏好，进而影响品牌体现的质量与顾客的品牌忠诚度。

（三）什么是商标

商标与品牌是具有密切联系的两个概念。商标是一个专门的法律术语，当品牌或品牌的一部分在政府有关部门依法注册后，便称为商标。商标通常用文字、图形或文字与图形的组合图案构成。

二、商标的特征

具有法律意义的商标，有显著性、专有性、竞争性三个特征，如图 5-5 所示。

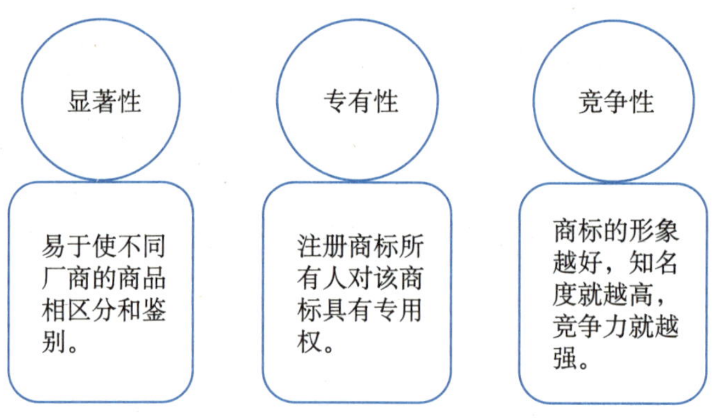

图 5-5　商标的特征

三、商标的作用

商标是商品的记号，它代表向消费者提供的一组特定的属性、利益、服务、价值、个性以及文化。商标具有以下作用。

（一）识别商品或服务

商标的专有性，决定了商标可以把不同商标所有权人的同类产品区别开来。消费者选购商品时，往往看牌购货，通过商标识别商品的不同来源。

（二）保护企业利益

注册商标受法律保护，未经商标所有人的认可，他人产品不得使用本商标或近似商标，这样可以防止仿制产品侵权行为，维护企业产品和服务的社会声誉。

（三）巩固企业产品的市场地位

知名品牌会得到社会广泛的认可，消费者一旦对某一优良品牌产生偏好，会在相当长的时间内成为这一品牌忠实的顾客，即所谓"品牌忠诚"现象，从而使企业拥有稳定的顾客群体，有利于巩固企业的产品市场地位。

（四）鼓励企业提高产品质量

优良品牌的出现，是企业多年努力、精心培育的结果。良好的品牌形象在为企业带来经济利益的同时，对企业也会产生一种无形的鞭策力量，它会鼓励企业维护并不断追求提高产品质量，提升产品在社会上的影响力。

四、商标的分类

商标的种类很多，通常以商标的结构、是否注册、用途、使用者等作为标准进行分类，如图 5-6 所示。

商标的分类			
按商标的结构分类	按商标是否注册分类	按商标的用途分类	按商标使用者分类
1.文字商标 2.图形商标 3.记号商标 4.组合商标	1.注册商标 2.未注册商标	1.营业商标 2.商品商标 3.等级商标 4.证明商标 5.服务商标	1.制造商标 2.销售商标

图 5－6　商标的分类

（1）按商标的结构分类见表 5－3。

表 5－3　按商标的结构分类

商标类型	定义描述	特征及举例
文字商标	是指仅由文字构成的商标。可由各种文字、数字和字母组合而成。	特征：易读、易记，有一定的表意功能。 例："全聚德"烤鸭，数字商标如"999"药品、"555"卷烟等。
图形商标	是指仅由图形构成的商标。	特征：形象直观，不受语言环境的限制，不分国家、民族、地域，一般都可以识别，通晓性很强。 例："长城"商标，人们一看便知，而且印象深刻。
记号商标	是由某种简单的记号或符号构成图案的商标。	特征：图案设计简单，标志性强。
组合商标	是由文字、图形、数字等要素组合而成的商标，也称复合商标。	特征：易于识别，便于呼叫。 例：海尔的商标就是由文字和图案组合而成的商标。

（2）按商标是否注册分类见表 5－4。

表 5－4　按商标是否注册分类

商标类型	定义描述	特征及举例
注册商标	是指经国家商标主管机关核准注册而使用的商标。	特征：商标注册后即受法律保护，拥有专用权。 例：未经许可使用他人注册商标属违法行为。
未注册商标	指未经国家商标主管机关核准注册而自行使用的商标。	特征：未注册商标可以使用，但不受法律保护，不具备专有性。

实例链接："鲁艺"二字引来一场官司

（3）按商标的用途分类见表 5-5。

表 5-5　按商标的用途分类

商标类型	定义描述	特征及举例
营业商标	是以生产或经营的企业名称或特定的企业标志作为商标。	例：中国的“同仁堂”中药，美国的“福特”汽车等。
商品商标	是为了与其他同类商品相区别，而在个别商品上使用的商标。	例：同一厂商生产的卷烟，会有多个品牌，注册多个商标。
等级商标	指同一企业、同一类商品因不同规格、质量而使用的系列商标。	例：上海牙膏厂的“美加净”“中华”“白玉”等。
证明商标	是指商品经过质量鉴定，证明商品质量、性能、原料选材以及加工精度等方面都达到了有关规定标准的一种证明性商标。	例：国际上的“纯羊毛标志”，我国的“绿色食品标志”“质量认证标志”等。
服务商标	是用于区别提供不同的服务项目或行业的商标。	例：航空、旅游、保险、金融、广告、交通、文化教育等单位使用的标志。

（4）按商标使用者分类见表 5-6。

表 5-6　按商标使用者分类

商标类型	定义描述	特征及举例
制造商标	是表示商品制造者的商标。	表现：多以厂名或厂标命名，明确体现产品的出处。 例：我国的海尔、长虹，日本的松下、日立等家用电器产品的商标。
销售商标	是销售者在销售自己经营的商品上所使用的商标，也称商业商标。	例：世界上著名的大零售商，如西尔斯、沃尔玛等公司在销售自己经营的商品上所使用的销售商标。

项目小结

本项目从包装的概念出发，引申出商品包装的意义、分类，认识了商品包装的形式，介绍了商品包装标识、包装策略以及商标等一些有关商品包装知识。

商品包装在生产、流通和消费领域中具有保护商品、便利流通、方便消费、促进销售的商业意义。

商品包装标识，在商品销售包装上表现为商品使用说明或商品标签。商品包装标识具体表明商品的身份、来源、组成结构、性能、功能、用途、质量等有关该商品的必要说明；商品包装标志在商品运输包装上表现为商品运输包装标志。运输包装标志分为收发货标志、包装储运图示标志和危险品货物包装标志三种。运输包装标志起指示、指导商品运输和流通的作用。

商品包装具有促销功能，运用促销功能的商品包装策略主要有类似包装、配套包装、再使用包装、附赠品包装、更新包装、复用包装、组合包装、开窗式包装、礼品式包装等。

商标是商品销售包装上的重要标志，它使商品生产者或经营者自己生产或销售的商品与其他商品相区别开来。商标通常用文字、图形或文字与图形的组合图案构成。商标的设计与使用应遵循国家相关的法律法规。

练习与实战演练

一、基础训练

（一）判断题

1. 商品包装最基本的功能是保护商品。（　　）

2. 商品销售包装标识，是指印刷在商品销售包装上的商品使用说明。（　　）

3. 标注在运输包装上的标识称为运输包装标志。（　　）

4. 采用相同或相似的图案、色彩的包装称为系列包装。（　　）

5. 在包装内装入一些小礼品的包装称为配套包装。（　　）

6. 品牌实际上是企业给自己的产品起的名字。（　　）

7. 品牌和商标是企业给自己产品起的名字的两种不同表达方式，二者是同一个概念。（　　）

（二）单项选择题

1. 销售包装是指（　　）。

A. 盛装商品的直接容器　　B. 为商品销售单元设计的包装
C. 装酒的瓶子　　D. 啤酒周转箱

2. 装白酒瓶的包装礼盒属于（　　）包装。

A. 内包装　　B. 外包装　　C. 销售包装　　D. 运输包装

3. 《中华人民共和国产品质量法》是于（　　）颁布的。

A. 1993 年　　B. 1997 年　　C. 2000 年　　D. 2002 年

4. 易燃液体标志属于（　　）。

A. 特殊商品包装标志　　B. 包装储运图示标志
C. 普通货物包装标志　　D. 危险货物包装标志

5. 在推出新产品时应用（　　）包装，有利于产品迅速打开市场。

A. 类似包装　　B. 配套包装　　C. 附赠品包装　　D. 组合包装

6. 将数种有关联的产品配套包装在一起成套供应的包装策略是（　　）。

A. 复用包装　　B. 配套包装　　C. 附赠品包装　　D. 组合包装

7. 下列属于品牌标志属性的是（　　）。

A. 可以用言语表达　　B. 不能用言语表达
C. 是一个专门的法律术语　　D. 与商标的属性完全相同

8. 下列选项中，不属于品牌要素的选项是（　　）。

A. 符号　　B. 图案

C. 音乐、影像　　D. 专门设计的颜色、字体

（三）多项选择题

1. 良好的商品包装的意义在于（　　）。

A. 有效保护商品　　B. 便利储运流通　　C. 方便消费使用　　D. 促进商品销售

2. 下列标志属于商品运输包装标志的是（　　）。

A. 特殊商品运输包装标志　　B. 运输包装收发货标志

C. 包装储运图示标志　　D. 危险货物包装标志

3. 危险货物包装标志共有（　　）。

A. 9 类　　B. 17 种标志名称　　C. 21 个图形　　D. 黑白两种颜色

4. 配套包装适用于（　　）。

A. 推出新产品时的新老产品组合搭配包装

B. 把若干件同一种商品包装在同一包装中

C. 将数种有关联的产品包装在一起

D. 促销中销售商品与赠品捆绑包装

5. 复用包装可用于（　　）。

A. 啤酒周转箱　　B. 装啤酒的瓶子　　C. 装白酒的瓶子　　D. 装粮食的包装袋

6. 具有法律意义的商标具有（　　）三个特征。

A. 唯一性　　B. 显著性　　C. 专有性　　D. 竞争性

7. 商标的作用体现在（　　）。

A. 识别商品或服务　　B. 保护企业利益

C. 巩固企业产品的市场地位　　D. 鼓励企业提高产品质量

二、拓展训练

任务：到商场进行实地考察，观察各类商品的包装。

要求：小组集体走访调查，做好调查记录。

目的：识别不同商品所采用的包装策略类型。

训练方式：对调查所得到的包装信息资料进行对比分析，区分出不同的包装策略。

商品储存养护与库存管理

项目目标

知识目标

1. 了解商品储存期间质量变化的形式。
2. 了解影响商品质量变化的因素。
3. 了解工业品养护知识。
4. 了解食品商品储存与保鲜知识。
5. 了解商品库存管理的基本方法。

能力目标

1. 能够掌握商品储存和保鲜的基本方法。
2. 能够独立完成商品库存盘点。

情感目标

本项目从认识储存商品质量变化的形式开始，引导学生进入学习商品储存养护以及库存管理知识的情境，学习商品储存与养护以及商品库存管理的基本知识。

思维导读

项目引例

某单位食堂食品保管制度

1. 凡食品入库前必须做好检查和验收工作，发霉、变质、腐烂、不洁净的食品和原料不准入库。

2. 食品入库后要分类存放且整齐划一。大米不得靠墙或直接放在地面上，以防潮湿、发霉变质。购量根据销量来定，避免存放时间过长而降低食品质量。

3. 常进库房检查，发现霉变食品要及时报告领导处理，不得食用。

4. 仓库内应保持清洁、卫生、空气流通，要做好防潮、放火、防虫、防鼠、防蝇、防尘等工作。

5. 库房内严禁嬉戏、玩牌、吸烟、住人，非有关工作人员不准入内。

6. 食品出入库要有登记，日清月结，坚持“先进先出”原则。

资料来源：燕霞．食堂食品储存管理制度规范．(2017-08-17) [2019-11-01]. http: //www.oh100.com/ahsrst/a/201708/311887.html.

请思考：

影响商品储存期间质量变化的因素有哪些？怎样预防储存期间商品质量变化？

➡引例分析

商品在储存期间空间位置虽然没变，但是储存商品受外界环境条件变化的影响，同样会导致储存商品质量的变化。防止储存商品质量变化的最好办法，是认识储存商品质量变化的规律，加强入库商品质量管理，以防为主、防治结合，确保储存商品不发生质量事故。

任务一　商品储存期间的质量变化

课堂讨论

1. 你知道各类商品的储存方法吗?
2. 你知道商品储存时应注意哪些因素吗?

知识准备

认识商品储存期间的物理变化、化学变化以及生物学变化的形式，掌握储存期间商品质量变化的规律。

储存商品，是指为实现销售目的而暂时停留在流通领域各环节的商品。商品在储存期间由于自身的性质、特点等内在因素的变化，以及各种外界因素的影响，可能发生各式各样的质量变化。为防止储存期间商品质量劣变，需要对储存商品进行保养和质量维护。

商品在储存期间的质量变化，归纳起来有物理、机械变化，化学变化，生物学变化等几种形式。

一、商品的物理、机械变化

（一）商品的物理变化

商品的物理变化，是只改变商品的外表形态，不改变其本质，没有新物质的生成，并且有可能反复进行的质量变化现象。商品的物理变化主要有挥发、溶化、熔化、渗漏、串味、沉淀、玷污等（见表 6-1）。

表 6-1　商品的物理变化

现象	性状描述	举例	预防措施
挥发	指某些液体商品、经液化的气体商品、部分固体商品在空气中蒸发、升华等汽化现象。	酒精、汽油等。挥发时会降低商品的有效成分，增加商品损耗量，降低商品质量，产生易燃气体引起爆炸事故。	加强包装的密封性，同时要控制储存场所的温度，并将商品放置于温度较低的环境条件中储存。

续表

现象	性状描述	举例	预防措施
溶化	指某些兼有吸湿性和水溶性的固体商品，吸收空气中的水分后溶解为液体的现象。	食糖、食盐、尿素等商品吸潮后，表面溶化会导致商品流失。当空气变干燥后，商品又会结成硬块。	对易溶化的商品采取防潮隔离、吸潮、通风、降温、除湿相结合的措施，防止商品吸潮溶化。
熔化	指低熔点的商品受热后发生软化甚至熔融为液体的变化现象。	香脂、蛤蜊油、发蜡，医药商品中的油膏、胶囊等。商品熔化会造成商品流失、粘连包装、玷污其他商品。	密封和隔热措施，加强库房的温度管理，防止日光照射，减小温度对商品的影响。
渗漏	指液体商品因包装容器破损或不严而使商品发生外漏的现象。	瓶、塑料袋、铁桶（盒）包装破损，内装液体商品外漏，会污染环境和其他商品。	加强入库验收、储存检查以及对储存环境温湿度的控制。
串味	指吸附性较强的商品与其他带有特异气味的商品接触后，染有其他异常气味的现象。	易被串味的商品有大米、面粉、木耳、食糖、饼干、茶叶、卷烟等；易传染异味的商品有汽油、樟脑、肥皂、化妆品、农药等。	对易被串味的商品采取密封包装，并在储存运输中不得与有强烈气味的商品同车、同船并运或同库储存。
沉淀	指含胶质和易挥发成分的商品在低温或高温条件下，部分物质凝固，发生下沉或膏体分离的现象。	易沉淀的商品有墨汁、牙膏、雪花膏等。沉淀的结果是商品品质改变，甚至失去使用价值。	根据不同商品的特点，防止阳光照射，做好商品冬季保温和夏季降温工作。
玷污	指商品外表粘有其他脏物、染有其他污秽的现象。	食品、服装等粘有污物，会降低或失去使用价值。	加强生产、储运中环境卫生管理，防止环境污染。

（二）商品的机械变化

商品的机械变化是指在外力作用下物体发生的形态改变。商品的机械变化主要是破碎和变形（见表 6-2）。

表 6-2　商品机械变化

现象	性状描述	举例	预防措施
破碎	指商品在外力作用下发生的形态上的改变。	脆性较大或易碎的商品，如玻璃、陶瓷制品等碎裂。	注意妥善包装，轻拿轻放，堆垛高度不能超过一定的压力限度。
变形		塑性较大的商品，如皮革、塑料、橡胶等形态持久改变，外形变劣。	

二、商品的化学变化

商品的化学变化，是指不仅改变商品的外表形态，也改变商品的本质，甚至变成新物质的变化现象。常见的化学变化有氧化、分解、聚合、老化、锈蚀等（见表 6-3）。

表 6-3　商品化学变化

现象	性状描述	举例	预防措施
氧化	指商品与空气中的氧或具有氧化性的物质接触，发生与氧结合的化学变化。	易氧化的商品有部分化工原料、纤维制品、橡胶制品、油脂类商品等。商品氧化会使商品的质量下降，甚至失去原有商品品质。	妥善包装、密封、防日光照射。
分解	指某些化学性质不稳定的商品，在光、电、热、酸、碱及潮湿空气的作用下，由一种物质分解成两种或两种以上物质的现象。	如用于漂白或灭菌的过氧化氢，在常温下分解缓慢，但在高温下会迅速分解为水和氧气，而失去原有的功效。	消除化学性质不稳定商品分解发生的环境条件。
聚合	指某些商品组成中的化学键在外界条件的影响下，同种分子间发生聚合反应，成为聚合体而变性的现象。	如桐油表面结块、福尔马林变性等。会使商品失去原有优良品质特性，降低甚至失去使用价值。	妥善保存，密封、避光、避热。
老化	指以高分子有机物为主要成分的商品，在储存过程中受到光、热、氧的作用，逐渐失去原有优良性能的质量改变的现象。	如橡胶、塑料、合成纤维等高分子有机物，出现发黏、变硬、发脆、失去弹性、龟裂等现象。	材料改性、添加防老化剂、物理防护，如涂漆、涂胶、涂塑料、涂金属、涂蜡等。
锈蚀	指金属制品在潮湿空气及酸、碱、盐等介质的作用下被氧化腐蚀的现象。	金属制品的锈蚀不仅会影响金属制品的外观质量，而且也会导致金属制品内在质量和使用价值的降低。	表面化学处理、控制储存环境、密封或涂油、气相防锈。

三、商品的生物学变化

储存商品的生物学变化主要有生理生化变化和生物引起的变化等。

（一）生理生化变化

生理生化变化，是指有生命活动的有机体，在生长发育过程中，为了维持自身的生命所发生的一系列变化。如粮食、水果、蔬菜、鲜蛋等商品所表现出的呼吸、发芽、胚胎发育和后熟等生理生化变化现象（见表 6-4）。

表 6-4　商品生理生化变化

现象	性状描述	举例	预防措施
呼吸	有氧呼吸，是动植物类鲜活商品为了维持生命的需要的一种正常生理活动。	水果、蔬菜等鲜活商品有氧呼吸，消耗体内营养物质，产生的水分和热量，致使储存环境的温度和湿度改变，微生物滋生，加速鲜活商品的腐烂变质。	储存植物性鲜活商品，应控制好环境的温度和氧气的浓度，杜绝无氧呼吸，将有氧呼吸控制在较低的水平。
	缺氧呼吸，是动植物类鲜活商品在无氧或缺氧状态下的呼吸。	活体动物会窒息死亡，鲜活植物则转入无氧（或缺氧）呼吸。缺氧呼吸会产生对人体有害的乙醛。	

续表

现象	性状描述	举例	预防措施
发芽	指两年生蔬菜在贮存休眠后继续生长的一种生理现象。	如洋葱、大蒜、马铃薯等发芽生长现象。发芽会使蔬菜中大量营养成分转向新生芽，从而使蔬菜组织细胞变得糠松粗老，失去原有鲜嫩品质。	延缓蔬菜发芽的措施是低温、避光或采用气调储存法，控制蔬菜的休眠期。
胚胎发育	主要指鲜蛋类从受精卵起到胚胎出离卵膜的一段过程。	鲜蛋保管过程中，当温度和供氧条件适宜时，胚胎会发育成血丝蛋、血环蛋。	加强温、湿度管理，抑制鲜蛋的胚胎发育。
后熟	指瓜果类鲜活商品脱离母株后生理活动仍在继续，并逐渐达到成熟程度的生理变化现象。	瓜果类鲜活商品的后熟，能改进色、香、味以及硬脆度等食用性能。但当后熟作用完成后便转向腐烂变质。	在成熟之前进行采收，控制储藏条件，调节后熟过程，达到提早或延缓上市的目的。

（二）生物引起的变化

生物引起的变化是指由微生物、仓库害虫以及鼠类等生物所造成的商品质量的变化（见表 6-5）。

表 6-5　商品生物引起的变化

现象	性状描述	举例	预防措施
霉变	是霉菌在有机商品上生长繁殖而导致商品变质的现象。	霉菌可以寄生在多种有机质商品上，吸取商品中的营养物质并排泄废物，对商品造成污染和破坏。	破坏霉菌类微生物的生存条件，如干燥、高温或低温以及药剂防霉腐等。
腐败	是由腐败微生物作用于富含蛋白质的食品，使食品中的蛋白质分解变质的现象。	肉、鱼、蛋类动物性食品富含蛋白质，温度、湿度条件适宜，就会腐败变质。	控制易腐败变质商品变质的储存条件，采取低温冷藏或冷冻的办法，抑制腐败细菌的生长繁殖。
虫蛀、鼠咬	害虫和老鼠都会啃咬有机类商品，污染和破坏商品，致使商品遭受损失。	虫、鼠破坏商品的组织结构，排泄物还会污染商品，造成储存商品大量损失。	加强日常管理，搞好清洁卫生，切断虫、鼠来源。采用药剂或其他方法消灭虫、鼠危害。

任务二　商品质量变化因素分析

课堂讨论

外部环境变化对商品储存的影响有哪些？

知识准备

商品储存期间影响质量变化的外部环境因素主要有空气中的氧气、日光、微生物、仓库害虫、空气温度、空气湿度、卫生条件和有害气体等。

一、空气中的氧气

空气中的氧气能与许多物质发生氧化反应，导致被氧化的商品性质发生质的改变，如图 6-1 所示。

氧气的破坏性	氧气可以导致金属商品锈蚀； 氧气能使有机质商品发生霉腐； 氧气是微生物和仓库害虫赖以生存的必备条件； 氧气是油脂的酸败、鲜活商品的分解和变质的积极参与者； 氧气是助燃剂，是危险品商品安全储存的隐患。

图 6-1　氧气的破坏性

在商品养护中，对于受氧气影响比较大的商品，应采取有效方法降低储存环境中氧气的含量或隔绝氧气，阻断氧气对储存商品质量的影响。

二、日光

日光中含有紫外线和红外线，对商品质量的保持起着正反两方面的作用。根据不同商品的特性，在商品储存保管中，要充分利用日光有利的一面保护商品，也要避免或减少日光对商品不利的一面，如图 6-2 所示。

正面作用
日光能够杀灭微生物和害虫，同时可以使受潮商品中的水分迅速蒸发，在一定程度上有利于商品的保护。

反面作用
某些商品在日光的直射下会发生质量变化。如日光能使酒类浑浊、油脂加速酸败、橡胶塑料制品迅速老化、纸张发黄变脆、色布退色、药品变质、相机胶卷感光等。

图 6-2　日光对商品质量的正反面作用

三、微生物

微生物是个体难以用肉眼观察的一切微小生物之统称。微生物在世界上有数十万种，其中对商品影响较大的是霉腐微生物，主要有细菌、霉菌和酵母菌等几大类。

微生物是导致商品霉变和腐败的前提条件。霉菌能引起绝大部分日用工业品、纺织品和食品霉变；腐败性细菌、酵母菌能分解纤维素、淀粉、蛋白质、脂肪等物质。根据微生物的生存活动规律，可对微生物的危害实现有效防控，详见图 6-3。

微生物的危害	微生物在生命活动过程中会分泌各种酶，分解蛋白质、糖类、脂肪、有机酸等物质，导致商品变质。 微生物的排泄物会污染商品，影响商品的外观，加速高分子商品的老化。
微生物危害的防控	微生物的活动，需要较适宜的温度和较高的湿度条件。掌握微生物的生存和活动规律，就可以根据商品储存环境的状况，采取不同的温度和湿度调节措施，控制微生物生长繁殖，以利商品储存。

图 6-3　微生物的危害及其防控

四、仓库害虫

仓库害虫的习性及危害如图 6-4 所示。

仓库害虫的习性
仓库害虫一般都有较强的适应环境能力，如耐热、耐寒、耐饥渴，并具有一定的抗药性，繁殖力强，食性广杂等。

仓库害虫的危害
主要是对一些含有较高营养成分的以动植物为原料加工制成的商品造成危害。常见的有棉、麻、毛、丝等纺织品，毛皮及其制品，皮革及其制品，竹藤、草编制品，纸张及纸制品，木材及其制品，各类干鲜食品，加工食品，中药材等。
商品一旦发生虫害，就会造成极严重的后果。

图 6-4　仓库害虫的习性及危害

五、空气温度

空气温度是指空气的冷热程度。气温是影响商品质量变化的重要因素，空气温度对商品质量的影响如图 6-5 所示。

六、空气湿度

空气的干湿程度称为空气湿度。空气湿度的改变，能引起商品的含水量、化学成分、外形或体态结构等的变化。空气湿度对商品质量的影响如图 6-6 所示。

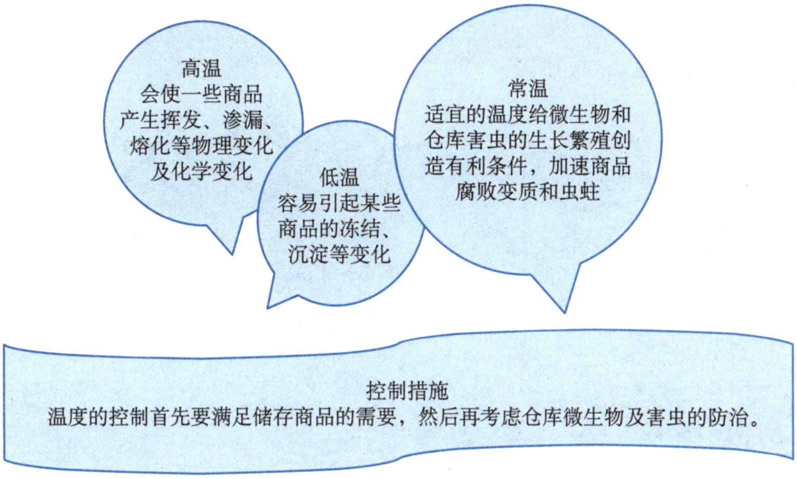

高温
会使一些商品产生挥发、渗漏、熔化等物理变化及化学变化

低温
容易引起某些商品的冻结、沉淀等变化

常温
适宜的温度给微生物和仓库害虫的生长繁殖创造有利条件，加速商品腐败变质和虫蛀

控制措施
温度的控制首先要满足储存商品的需要，然后再考虑仓库微生物及害虫的防治。

图 6－5　空气温度对商品质量的影响

实例链接：“8·12”天津滨海新区爆炸事故

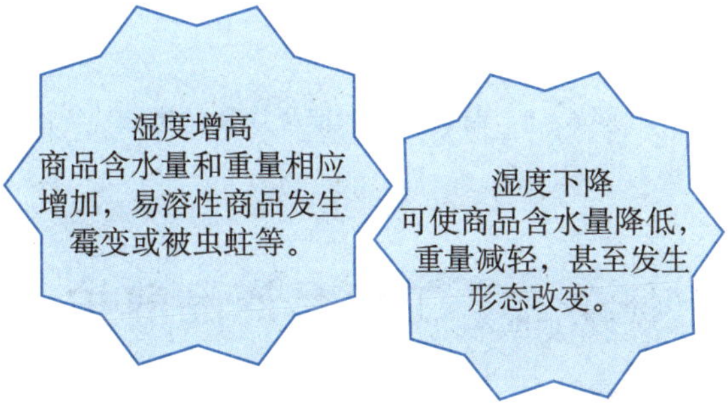

湿度增高
商品含水量和重量相应增加，易溶性商品发生霉变或被虫蛀等。

湿度下降
可使商品含水量降低，重量减轻，甚至发生形态改变。

图 6－6　空气湿度对商品质量的影响

七、卫生条件

卫生条件对商品质量的影响如图 6－7 所示。

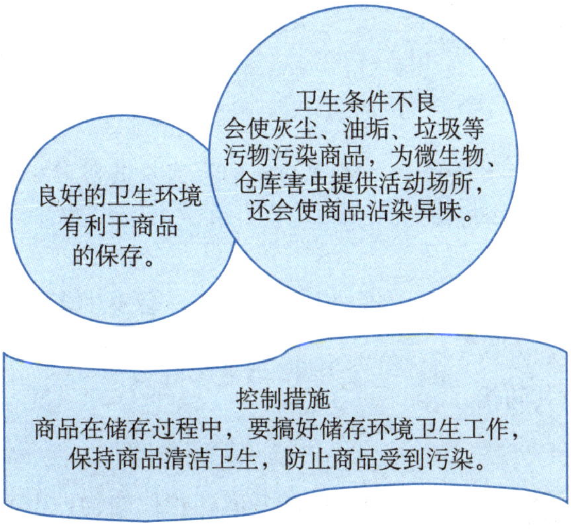

良好的卫生环境有利于商品的保存。

卫生条件不良
会使灰尘、油垢、垃圾等污物污染商品，为微生物、仓库害虫提供活动场所，还会使商品沾染异味。

控制措施
商品在储存过程中，要搞好储存环境卫生工作，保持商品清洁卫生，防止商品受到污染。

图 6－7　卫生条件对商品质量的影响

八、有害气体

有害气体对商品质量的影响如图 6－8 所示。

控制措施
预防有害气体的危害：金属商品须远离二氧化硫发源地。

有害气体的危害
对商品造成污染和危害的有害气体主要是二氧化碳、二氧化硫、硫化氢、氯化氢和氮化物等。

有害气体的来源
主要来自煤、石油、天然气等燃料燃烧时排放出的烟尘和工业生产过程中的粉尘、废气。

图 6－8　有害气体对商品质量的影响

任务三　工业品商品养护

课堂讨论

1. 工业品在储存过程中会发生哪些质量变化？
2. 工业品在储存中如何养护？

知识准备

学习并掌握工业品商品养护知识。认识商品的霉变及其防治、仓库害虫的防治，金属制品锈蚀的防治、商品老化的预防。

工业品商品在储存过程中，由于各种因素的作用，会发生多种质量变化，如霉变、虫蛀、锈蚀、老化等。

一、商品的霉变及其防治

（一）什么是霉变

霉变是霉腐微生物将商品中的营养物质转变成各种代谢物，引起商品生霉、腐烂等质量变化的现象。

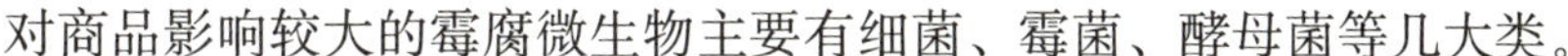

对商品影响较大的霉腐微生物主要有细菌、霉菌、酵母菌等几大类。

(二) 霉腐微生物的生长条件

霉腐微生物的生长繁殖需要一定的条件，当这些条件具备时，霉腐微生物就会生长繁殖；条件消失，霉腐微生物则不能生长。霉腐微生物生长繁殖与水分、湿度、温度、光线、空气成分等外界环境条件有关（见表 6-6）。

表 6-6　霉腐微生物生长繁殖的条件

环境条件	适宜的条件
水分和湿度	多数霉菌生长的最低相对湿度为 80%～90%。在相对湿度低于 75%的条件下，多数霉菌不能正常发育。
温度	最适宜的生长温度为 20～30℃，在 10℃以下不易生长，在 45℃以上停止生长。
光线	多数微生物都怕日光直射，日光中的紫外线能破坏微生物细胞，对微生物具有杀灭作用。多数霉腐微生物在日光直射下 1～4 小时就会死亡。
空气成分	好氧型微生物：需要在有氧条件下才能正常生长，二氧化碳浓度的增加不利于这类微生物生长；厌氧型微生物：不能在有氧气的条件下生存。

(三) 常见易霉变商品

霉腐微生物的生存除需要一定的温度、湿度条件外，还需要一定的营养物质。常见易发生霉变的商品如表 6-7 所示。

表 6-7　常见易霉变商品

易霉变商品	霉变表现
食品类	食品类商品都是富含有机质营养成分的物质，是最容易被微生物侵蚀而发生霉变的一类商品。
纺织原料及其制品	棉、毛、麻、丝等天然纤维及其制品，是富含碳水化合物、蛋白质等营养物质的商品，很容易被霉腐微生物感染而发生霉变。
纸张及其制品	各种纸及其制品属于植物纤维制品，能够被微生物利用，当温度和湿度适宜时极易发生霉变。
日用化学品	日用化学品属于高分子有机物，例如化妆品，由于其配料中含有甘油、单硬脂酸甘油酯、白油等高分子有机物，是许多微生物生长的良好环境。
皮革及其制品	皮革是由蛋白质组成的，一旦温度和湿度适宜，微生物就会在其中繁殖，对皮革及其制品造成严重的破坏。

(四) 商品霉变的防治

常规的商品防霉变方法，是控制霉腐微生物滋生与繁衍的条件，达到商品防霉变的目的。除了加强对仓储商品管理外，还可以使用化学药剂、气调储藏、射线、微波照射等方法防止商品霉变的发生（见表 6-8）。

表 6-8　商品霉变的防治方法

方法	作用原理
化学药剂防霉	使用防霉剂，能使微生物菌体蛋白凝固、沉淀、变性，或破坏酶系统，使酶失去活性，从而有效地抑制和杀灭霉腐微生物，达到防霉腐的目的。
气调储藏防霉	气调储藏防霉是利用好氧型微生物需氧生存的原理，人为制造一个低氧环境，达到抑制微生物生命活动的目的。
射线、微波防霉	射线（红外线、紫外线）、微波具有强烈的杀灭微生物的能力。例如，红外线能使微生物细胞内温度迅速上升，造成蛋白质凝固、核酸被破坏、菌体内水分汽化脱水而死亡。

二、仓库害虫及其防治

仓库害虫，是指潜伏于仓库内并危害商品的各类昆虫。仓库害虫具有自身繁殖速度快、食性杂、适应环境能力强等特点。

仓库害虫的防治，首先要摸清仓库害虫的生活习性和活动规律，然后采取积极的防治措施，杀灭害虫，使之不能为害。

常用的防治仓库害虫的方法有物理、化学和生物学等方法（见表 6-9）。

表 6-9　常用的防治仓库害虫方法

类型	方法描述	主要方法
物理方法	是利用各种物理因素的作用，破坏害虫的生理机能或机体结构，使其不能生存或抑制其生长繁殖的方法。	高温杀虫法、低温杀虫法、射线杀虫法、微波杀虫法、气调杀虫法。
化学方法	是利用化学杀虫药剂杀灭害虫的方法。	熏蒸杀虫法、触杀杀虫法、胃毒杀虫法。
生物学方法	是利用害虫的天敌和人工合成的昆虫激素类似物来控制和消灭害虫。	利用害虫的天敌直接捕食害虫；利用人工合成的性信息素，诱杀雄虫，致使雌虫不能繁育后代。

知识链接：
金属的腐蚀

三、金属制品锈蚀及其防治

（一）什么是金属制品锈蚀

锈蚀是指金属制品与所接触的环境介质发生化学或电化学作用所引起的腐蚀破坏或变质现象。

金属锈蚀会在金属表面产生一层松散结构的物质，使金属表面失去光泽，严重时会改变金属原有的物理特性，导致金属制品使用价值降低，甚至失去使用价值。

（二）金属制品锈蚀的原因

1. 金属材料本身的原因

金属材料纯度越高，金属的耐锈蚀性就越强。

2. 外界环境因素

金属制品在干燥的空气中不会被锈蚀，只有当空气的相对湿度达到一定程度，金属表面形成水膜，并溶入环境污物形成电解液膜时，金属才会锈蚀。

（三）金属制品的防锈

金属制品防锈，除提高金属制品自身的防锈性能外，主要是针对影响金属锈蚀的外界因素对金属制品进行相应的处理，如表 6－10 所示。

表 6－10　金属制品防锈方法

防锈方法	防锈原理及防锈形式
化学改性处理	如对金属制品表面进行化学处理，形成一层钝化膜防蚀，或表面镀锌、镀铬，或均匀化热处理等。
控制储存环境的变化	储存环境应干燥、卫生、防雨，并远离工矿区，防止有害污物和有害气体侵入。
密封防锈和涂油防锈	在金属制品表面浸涂可剥性塑料或涂布一层防锈油脂薄膜，使金属制品表面与有害环境介质隔离开来，达到金属防锈的目的。
气相缓蚀剂防锈	在金属制品包装时使用气相防锈纸，或在金属制品表面喷涂气相缓蚀剂，或在包装内放入挥发性气相防锈粉末等，达到金属制品长期储存防止锈蚀的目的。

四、商品老化及其预防

（一）什么是商品老化

商品老化，是指高分子材料及其制品，如塑料、橡胶、合成纤维等，在储存和使用过程中因受各种环境因素（空气、阳光、温度变化、水及微生物等）的作用，其物理的和化学的性能逐渐变坏的性质变化现象。商品老化的主要表现如图 6－9 所示。

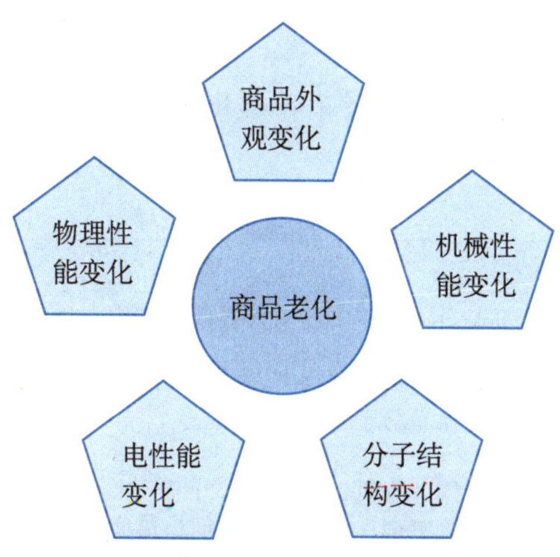

图 6－9　商品老化的表现

（1）商品外观变化，如商品表面变色、失光等。

（2）物理性能变化，如比重、导热性、溶解度、透光性等变化。

（3）机械性能变化，如拉伸强度、冲击强度、疲劳强度、硬度、弹性等性能变化。

（4）电性能变化，如材料的绝缘性能、介电常数、击穿电压等变化。

（5）分子结构变化，如分子量变化等。

（二）商品老化的原因

引起商品老化现象，有内在和外在两方面因素（见表 6－11）。

表 6－11　商品老化原因分析

老化原因	因素	老化表现
内在原因	高分子材料内部结构存在易于引起老化的弱点	不饱和双键和大分子上支链的存在。
	其他组分的弱点	如塑料中的增塑剂会缓慢挥发，抗老化性能降低；着色剂会产生迁移性色变。
	微量杂质	微量杂质会影响高分子材料表面电化学平衡，增加了高分子材料化学不稳定因素。
	成型加工条件	加工时由于温度不均衡，使材料内部机械应力不平衡，影响商品的耐老化性能。
外在原因	光	日光中的紫外线会引起高聚物的光化学反应，导致高分子材料老化。
	热	温度升高会使分子的热运动加速，从而促使高分子材料大分子氧化裂解或交联反应的产生。
	氧	氧可以使某些高分子材料的拉伸强度、硬度、伸长率等性能产生变化。

（三）商品防老化方法

根据影响高分子材料老化的内外因素，采取相应的防老化措施，可以延缓高分子材料老化的发生，具体方法如表 6－12 所示。

表 6－12　商品防老化方法

防老化方法	效果
材料改性	材料改性可以提高高分子材料本身对外界因素作用的稳定性，提高耐老化性能。
物理防护	可以避免高分子材料受到光、氧等外界因素的影响。主要方法有：涂漆、涂胶、涂塑料、涂金属、涂蜡、涂布防老化剂溶液等。
添加防老剂	能够抑制光、热、氧气、臭氧、重金属离子等对商品的作用，延缓商品老化进程。防老剂的种类主要有：抗氧剂、紫外线吸收剂、热稳定剂。
加强管理、严格控制仓储条件	如将库内温、湿度控制在商品保管要求的范围内；避免阳光直射，不与有腐蚀性商品同库存放。

任务四 食品储存与保鲜

课堂讨论

1. 食品在储存过程中会发生哪些质量变化?
2. 食品在储存中如何保鲜?

知识准备

认识食品在储存中的质量变化，探讨食品的保鲜储存方法。

食品特别是鲜活食品，在储存过程中因受外界环境因素的影响，不仅会因物理损耗而发生减量损失，而且极易受到微生物等污染而腐败变质。食品储存期间必须根据食品的特性、质量变化规律，采取必要的措施，加强储存商品质量管理，防止食品质量劣变。

知识链接：超市生鲜品损耗的原因分析

一、食品在储存中的质量变化

食品在储存中，由微生物引起的质量变化主要是腐败、霉变和发酵等生物学变化（见图 6-10），具体形式如表 6-13 所示。

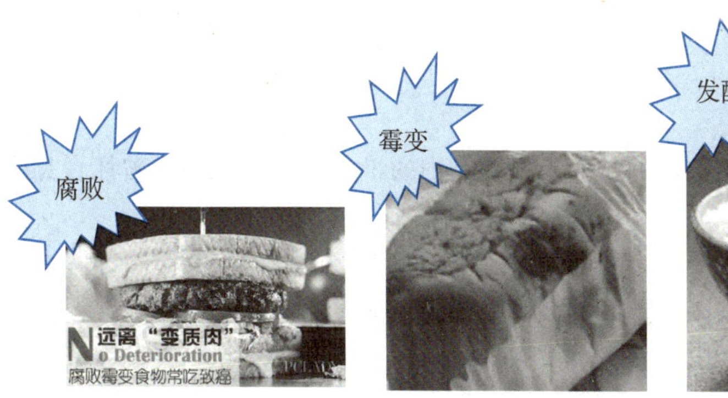

图 6-10 腐败、霉变和发酵

表 6-13 食品在储存中质量变化的形式

变质形式	描述	易变质的食品及危害
腐败	腐败是由腐败微生物作用于富含蛋白质的食品，而使食品中的蛋白质分解变质的现象。	富含蛋白质的食品：动物性食品如肉、鱼、蛋、奶等及其制品，植物性食品如豆制品。 食物腐败会分解为多种有酸臭味的有毒的低分子化合物，同时产生有臭味的硫化氢气体。

续表

变质形式	描述	易变质的食品及危害
霉变	食品霉变，是霉菌在食品上生长繁殖、吸收并分解食品中的营养成分，导致商品变质的现象。	主要危害富含糖类的食品。如粮食及糕点类，干果、干菜、茶叶、卷烟以及水果、蔬菜等。霉变使食品受到污染，产生有毒物质，气味变劣。
发酵	发酵是在酵母菌所生成的酶的作用下，食品中的单糖发生不完全氧化的过程。	易发酵的食品有酸奶、干酪、酒酿、泡菜、豆豉、乳腐等。食品发酵破坏食品中的有益成分，使食品失去原有的品质，产生异味和有害物质。

二、食品的保鲜储存方法

食品保鲜储藏主要有低温储藏、加热灭菌储藏、干藏、化学保藏、气调储藏、辐射保藏等方法。

（一）低温储藏

低温储藏，是利用低温抑制食品中的酶的活性和微生物的生长繁殖，降低食品的生化变化速度，延缓或阻止食品的腐败变质，实现较长时期保持食品质量的储藏方法。

低温储藏按照控制储藏温度的范围可分为冷藏和冻藏两种方法，如表 6－14 所示。

表 6－14　食品低温储藏

类型	描述	适用范围
冷藏	冷藏是将储藏温度控制在 0～10℃的低温储藏方法。	冷藏比较适合于水果、蔬菜、蛋类储藏。
冻藏	冻藏是先将食品进行速冻或缓冻，然后在保持冻结状态的温度下储藏的方法。储藏的温度一般为－18℃。	冻藏比较适宜鱼类、肉类较长时间的储藏。

（二）加热灭菌储藏

加热灭菌储藏，是利用加热的方法杀灭食品中的绝大部分微生物和破坏食品中酶的活性的储藏方法。

经过加热灭菌处理的食品，必须同时采用密闭和真空包装，并及时冷却降温才能长期储存。加热灭菌的方法有高温灭菌法和巴氏消毒法，如表 6－15 所示。

表 6－15　食品加热灭菌储藏

方法	描述	适用范围
高温灭菌法	高温灭菌法是将温度加热至 100～120℃，灭菌效果好，可以达到食品长期保鲜的目的。	主要用于罐头食品和蒸煮袋装食品的灭菌处理。
巴氏消毒法	高温短时间灭菌的温度为 80～90℃，加热 30 秒到 1 分钟。	巴氏消毒法加热温度低，对于食品的营养成分破坏较小，但灭菌不彻底，不适宜食品长期储存。一般用于鲜奶、果汁、果酒、清凉饮料等保鲜。
	低温长时间灭菌采用的温度为 60～65℃，加热 30 分钟。	

（三）干藏

干藏是利用干燥或脱水的办法降低食品的含水量，使食品的含水量降低到安全储存水平之下的食品储藏方法。

食品脱水干制后水分活性降低，可以抑制微生物的活动，达到防霉腐的目的。这种方法可以在较长的时间内保持食品的质量。常用于粮食、木耳、蘑菇、干菜的贮藏。

（四）化学保藏

化学保藏是在食品生产和储运过程中使用化学制剂来提高食品的耐藏性，以保持食品原有品质特征的储藏方法。

化学保藏只需在食品中添加某些化学制剂，如化学防腐剂、生物代谢物或抗氧剂等，就能在室温下延长食品的保质期限。

（五）气调储藏

气调储藏主要用于水果蔬菜的储存保鲜。

气调方法主要有自然气调法、人工气调法和半自然降氧法等几种，如表 6-16 所示。

表 6-16　气调储藏方法

方法	描述
自然气调法	将果蔬储存于一个密封的库房或容器内，通过果蔬本身的呼吸作用，消耗库房和容器内的氧气，会造成一个抑制果蔬本身呼吸作用的气体环境，达到延长果蔬储藏期的目的。
人工气调法	人为地使封闭的空间内的氧含量迅速降低，二氧化碳含量升高，造成一个抑制果蔬本身呼吸作用的气体环境。人工气调法有充气法和气流法等。
半自然降氧法	首先采用人工降氧法将储藏室的含氧量从 21%降到 10%左右，然后依靠果蔬本身的呼吸作用来消耗氧气，此后，再根据气体成分的变化进行调节，使储存环境中空气含氧量始终保持在规定的范围内。

（六）辐射保藏

辐射保藏是利用穿透力强的射线照射食品，对各类食品进行灭菌、杀灭害虫、抑制生物活性等，以使食品延长保藏期。

辐射保藏对一般食品，如肉类、水产品、蛋类、粮食和其他加工产品，可以起到灭菌防腐和杀灭害虫的作用；对水果、蔬菜等鲜活食品，可以抑制发芽和后熟过程，防止这类食品品质变劣。

任务五　商品库存管理

课堂讨论

商品库存应如何管理？

知识准备

认识商品库存的含义、商品库存的意义。

一、商品库存

（一）什么是商品库存

商品库存是与商品储存密切联系的一个概念。商品储存是指商品离开生产领域，进入消费领域之前，在流通阶段的停滞，侧重于对商品存放地点的环境和条件的要求，其目的是保存商品，确保商品质量不发生变化。商品库存是指储存商品的种类和数量表现，即储存商品种类的区分和数量的界定。

（二）商品库存的意义

1. 调解商品产销时间上的矛盾

多数商品的生产和消费在时间上并不一致，有些商品是季节生产、常年消费，有些商品则是季节消费、常年生产，商品库存可以调解商品在生产与消费之间的时间矛盾。

2. 调解商品产销地域上的矛盾

许多商品是一地生产、多地消费，这些异地产销的商品，必须经过相应的运输、储存环节，才能实现商品从生产领域到消费领域的转移。

3. 调解市场供求矛盾

商品储存的目的是保证商品销售，满足消费者需求。在商品流通过程中可能会出现供不应求和供过于求的情况，商品储存就起到了调解供求矛盾的作用。

（三）商品库存的分类

商品库存从不同的角度看，有多种类型。其中按库存在流通中的作用划分，分为周转库存、安全库存和调节库存。

1. 周转库存

周转库存是为满足日常生产经营需要而设定的库存。周转库存应保持在合理水平上，既要保证生产经营需要，又不能积压过多，以减少商品采购与储存总费用。周转库存一般采用经济批量订购法补充库存。

2. 安全库存

安全库存是为了防止不确定因素的发生而设置的库存。例如为了应对销售量意外增加、供货商供应延迟等情况，需要设定一定水平的安全库存来保证供货不中断。

3. 调节库存

调节库存是用于调节供求不平衡而设置的库存。例如企业为了应付季节性销售而提前采购所形成的库存，企业为了应付采购困难或原材料涨价而设置的库存，以及战略储备性库存等。

二、商品库存管理的流程

商品库存管理，也称库存控制，是使商品库存保持在经济合理水平上的一种管理活动，既包括对储存商品的分类管理，也包括对储存商品的数量管理，其目的是实现商品经营管理利益的最大化。

为了保证储存商品的质量，防止商品损耗，在储存期间要做好商品库存的管理工作。

商品库存管理一般包括入库验收、货位安排、商品堆码、在库检查、商品出库等几个环节（见图 6－11）。

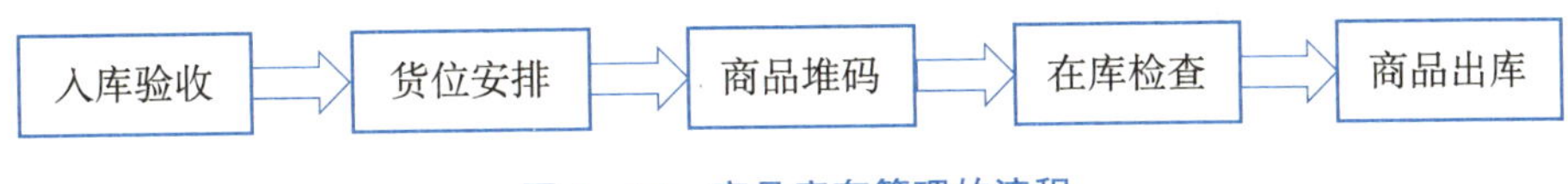

图 6－11　商品库存管理的流程

（一）入库验收

商品入库验收，是商品库存管理的首要环节，主要包括数量验收、质量验收和包装验收三个环节（见表 6－17）。

表 6－17　商品入库验收

验收方法	验收要求
数量验收	核对单据与货物（商品品名、编号、货号、规格、数量）是否一致，保证单货相符。
质量验收	查看包装内装商品质量是否有不良情况，有无霉变、腐蚀、虫蛀、鼠咬和其他物理、化学变化。
包装验收	检查商品的包装有无玷污、受潮、残破等。

（二）货位安排

各种商品性质不同，对贮存场所的要求不同。应根据贮存商品的特性来选择合适的商品贮存场所，以确保在库商品安全（见表 6－18）。

表 6－18　不同商品的货位安排

商品类别	储存货位要求
怕热和易挥发商品	选择阴凉和通风良好的仓库。
怕冻商品	选择保温性较好的仓库，并配有保温设施。
怕潮易霉或易生锈商品	存放在地势较高、比较干燥通风的库房。
鲜活易腐商品	存放在低温库内。
危险品	专库存放，符合防毒、防爆、防燃、防腐蚀的要求。

商品库存管理的货位安排，要做到分区分类、科学存放。即品种分开、干湿分开、新陈分开、好次分开，尤其是对性质相抵和消防方法不同的商品，不可同库混放，以免互相影响，发生事故。

（三）商品堆码

商品堆码是指商品的堆放形式和方法。商品堆码应符合安全、方便、多储的原则。

商品堆码形式要根据商品的种类、性能、数量和包装情况以及库房高度、储存季节等条件决定，不同商品的堆码方法应有所不同。

商品堆码要做到分区分类、货位编号、空底堆码、分层标量、零整分存、便于盘点和出入库。

（四）在库检查

商品在储存期间，因商品内在因素或储存环境等外在因素，会导致商品质量发生变化。因此，对于库存商品要做定期的质量检查，并根据检查结果随时调节储存条件。

商品在库检查方法以感观检查为主，必要时利用检测设备进行理化检验。对检查中发现的问题应立即分析原因，采取相应的补救措施，以保证商品的安全。

（五）商品出库

商品出库的基本要求如下：

（1）商品出库必须有业务部门开具齐备的提货单，检查无误后才能办理商品出库手续。

（2）交付商品时，要凭单认真核对品种、规格、数量，确保不错、不漏，单货同行。

（3）商品的包装完整，标志准确、清晰，符合运输要求。

（4）对预约提货的商品应及早备货。

（5）商品出库应符合先进先出、接近失效期先出、易坏先出的“三先出”原则，变质失效的商品不准出库。

三、商品库存管理方法

商品库存管理的方法很多，比较简单实用的管理方法是ABC管理法。

（一）ABC管理法的基本思想

从商业经营的角度来看，连锁企业和大型商业企业集团经营的商品种类都比较多，而且各个品种的价格有高有低，周转速度有快有慢，对企业利润的贡献也大不相同。由于企业资源的限制，如果对所有库存商品都给予相同程度的重视是非常困难的，也是不经济的。为了使有限的企业资源得到充分利用，商业企业必须按库存商品对企业利润的贡献程度进行分类管理，将管理的重点放在重要的商品上，即依据库存商品重要程度的不同，进行分类管理，这就是ABC管理法的基本思想。

（二）ABC管理法的模型设计

所谓ABC管理法，就是以某类库存商品品种数占库存商品总数的百分数，和该类商品金额占库存商品总金额的百分数为标准，将库存商品分为A、B、C三类，进行分级管理。

对企业库存商品按其重要程度、价值高低、资金占用或消耗数量进行分类、排序，一般A类商品数目占全部库存商品的10%左右，而其金额占库存总金额的70%左右；B类商品数目占全部库存货物的20%左右，金额也占库存总金额的20%左右；C类商品数目占全部库存货物的70%左右，而其金额占库存总金额的10%左右。这样就能分清主次，抓住重点，并分别采用不同的控制方法。ABC管理法的模型见表6-19。

表 6-19　ABC 管理法的模型

类别	占库存资金比例	占库存商品品种比例
A	70%左右	10%左右
B	20%左右	20%左右
C	10%左右	70%左右

（三）ABC 管理法中商品类别的划分

采用 ABC 管理法管理库存商品时，分类的标准是库存中各品种商品每年销售的金额。将年销售金额由高到低排序，年销售金额排在前 70%的商品品种划归为 A 类；年销售额排序在 70%到 90%的商品品种划归 B 类；排在最后，也是年销售额最低的 10%的商品品种划归 C 类。在 ABC 管理法的具体应用中，商品类别标准的划分没有统一的规定，可以根据企业对库存商品管理的要求、各商品对企业的重要程度以及企业管理的需要做适当的调整。

（四）ABC 管理法的基本管理准则

A 类商品库存品种少，但占库存周转金额的比例大，应当投入较大的力量精心管理，严格控制，防止缺货或超储，尽量将库存水平压低，并保持最高的服务质量。即对这类商品进行重点跟踪、重点关注，设置较低的安全库存量，降低批次进货量，勤进货、少进货，以降低采购存货总成本。

B 类商品营业额和品种所占比重都比较小，对企业利润的影响也较小，可以降低对这类商品的关注度，实行一般管理，即适当加大进货批量，保持较多的安全库存，减少进货次数，以减少管理工作量。

实例链接：联华超市假期型货品的物流模式

C 类商品品种多，但销售金额小，对企业利润的影响最小，企业对其管理一般是采取集中大量订货，以较高的库存来减少订货费用，压缩管理总成本。

项目小结

本项目从对商品储存期间质量变化形式的认识开始，探讨商品使用价值保存的问题，分析了影响商品质量变化的因素，介绍了工业品和食品商品储存与养护知识，最后从商品管理的角度，探讨了商品库存管理的基本方法。

商品在储存期间受其自身的特性和外界因素的影响，会发生物理的、机械的、化学的以及生理生化变化。影响商品质量变化的外界因素主要有空气中的氧气、日光、温度、湿度、微生物和害虫等。

工业品在储藏过程中会发生霉变、虫蛀、锈蚀和老化等变化，针对引起工业品质量变化的原因，采取相应防治措施，降低商品储存期间的损失。食品在储藏期间质量变化表现为腐败、霉变和发酵等。食品保鲜储藏的方法有：低温储藏、加热灭菌储藏、干藏、化学保藏、气调储藏、辐射保藏等。

商品库存管理重点分析和研究了储存商品分类管理问题，提出了对不同流通速度商品库存量化管理的基本要求。

练习与实战演练

一、基础训练

（一）判断题

1. 腐败是指霉菌在有机商品上生长繁殖而导致商品变质的现象。（　　）

2. 霉变是指由腐败微生物作用于富含蛋白质的食品，使食品中的蛋白质分解变质的现象。（　　）

3. 对商品影响较大的霉腐微生物主要是细菌、霉菌和酵母菌。（　　）

4. 仓库害虫主要危害以动植物为原料加工制成的各类商品。（　　）

5. 多数霉菌属于喜湿性微生物，生长所需的相对湿度在80%～90%，在相对湿度低于75%的条件下不能正常发育。（　　）

6. 金属制品锈蚀与金属材料本身的组成成分有关，金属材料纯度越高，金属的耐锈蚀性就越强。（　　）

7. 冷冻储藏比较适合于水果、蔬菜、蛋类商品的储藏。（　　）

8. 巴氏消毒法是利用药物灭菌的方法保鲜食品。（　　）

9. 商品储存指的是商品离开生产领域，进入消费领域之前，在流通阶段的停滞。（　　）

10. 商品库存是指储存商品的种类和数量表现，即储存商品种类的区分和数量的界定。（　　）

（二）单项选择题

1. 挥发是指商品的（　　）。

A. 形态变化　　B. 性质变化　　C. 物理变化　　D. 化学变化

2. 只改变物质的外表形态，不改变其本质，没有新物质生成的变化称为（　　）。

A. 物理变化　　B. 化学变化　　C. 生物学变化　　D. 生理学变化

3. 霉菌的危害表现在（　　）。

A. 引起富含脂肪、蛋白质食品腐败

B. 引起绝大部分日用工业品、纺织品和食品霉变

C. 引起有机类商品分解

D. 微生物的排泄物会污染商品，造成商品质量下降

4. 腐败性细菌的危害主要是（　　）。

A. 分解纤维素、淀粉、蛋白质、脂肪等物质

B. 引起商品霉变

C. 导致食品发酵

D. 分泌有毒物质

5. 下列商品中，较易发生霉变的是（　　）。

A. 金属制品　　B. 塑料制品　　C. 皮革及其制品　　D. 玻璃及陶瓷制品

6. 利用害虫的天敌直接捕食害虫的方法是（　　）。

A. 物理杀虫法　　B. 化学杀虫法　　C. 生物杀虫法　　D. 自然杀虫法

7. 腐败微生物易作用于（　　）的食品。

A. 富含蛋白质　　B. 含糖量高　　C. 富含维生素　　D. 富含矿物质

8. 可以使鱼类、肉类等食品长期储藏的条件是（　　）。

A. 冷藏　　B. 冻藏　　C. 常温储藏　　D. 高温储藏

9. 为满足日常生产经营需要而设定的库存是（　　）。

A. 周转库存　　B. 临时库存　　C. 安全库存　　D. 调节库存

10. 安全库存指的是（　　）。

A. 为满足日常生产经营需要而设置的库存

B. 为防止不确定因素的发生而设置的库存

C. 用于调节供求不平衡而设置的库存

D. 用于临时补货的库存

（三）多项选择题

1. 下列选项中，属于物理变化的是(　　)。

A. 氧化　　B. 渗漏　　C. 沉淀　　D. 玷污

2. 下列选项中，属于化学变化的是(　　)。

A. 氧化　　B. 老化　　C. 溶化　　D. 挥发

3. 日光对商品养护的正面作用是(　　)。

A. 能够杀灭微生物和害虫

B. 可以使商品免受冻害

C. 可以使受潮商品中的水分迅速蒸发干燥

D. 可以使液体商品挥发

4. 霉腐微生物生长繁殖与(　　)等外界环境条件有关。

A. 水分和湿度　　B. 温度　　C. 光线　　D. 空气成分

5. 下列选项中，可以用于防治储存商品霉变的方法是(　　)。

A. 将仓库密闭　　B. 利用化学药剂防霉

C. 用气调法储藏商品　　D. 利用射线、微波防霉

6. 微生物能引起食品商品发生(　　)变化。

A. 破损　　B. 腐败　　C. 霉变　　D. 发酵

7. 食品保鲜可以采取(　　)方法进行储藏。

A. 低温储藏　　B. 加热灭菌储藏　　C. 化学保藏　　D. 气调储藏

8. 在 ABC 管理法的模型中，A 类商品占(　　)。

A. 库存资金的 70%左右　　B. 库存资金的 20%左右

C. 库存商品品种的 10%左右　　D. 库存商品品种的 70%左右

9. 在 ABC 管理法中，下列说法正确的是(　　)。

A. A 类商品库存品种少，但占库存周转金额的比例大

B. B 类商品的营业额和品种所占比重都比较小，对企业利润的影响也较小

C. C 类商品品种多，但占销售金额比重小，对企业经营的影响最小

D. 各类商品库存金额最好是近似相等

二、拓展训练

任务：到超市进行实地考察，观察各类食品商品货架或摊位摆放的方式，了解各类食品储存保管的特点、保鲜储存方式。

要求：做好各类食品商品储存、保鲜保管方法的调研记录，对调研结果进行对比分析，比较其不同之处。

目的：认识各类食品的储存特性，了解储存保管各类食品的基本方法。

训练方式：小组集体走访调查。

商品陈列

项目目标

知识目标

1. 认识商品陈列的含义及意义。
2. 认识商品陈列的技术、方法和技巧。

能力目标

能够掌握商品陈列的技术、方法和技巧。

情感目标

本项目从认识商品陈列开始，通过对商品陈列意义、商品陈列原则的把握，以及商品陈列类型的描述，逐步引导学生进入学习商品陈列知识的情境，系统学习有关商品陈列的技术、方法和技巧。

思维导图

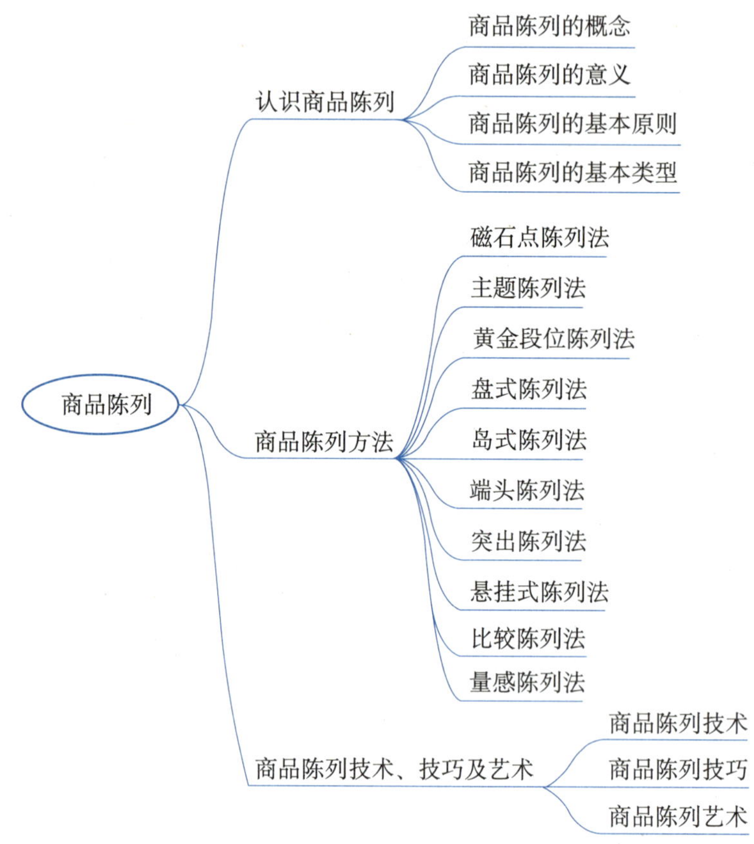

项目引例

一位便利店员工由于粗心大意，在进行酸奶订货时将订货数量多打了一个零，使原本每天只需 3 瓶酸奶变成了 30 瓶。按规定应由这位员工自己承担损失，这意味着她一周的收入将付之东流。于是她想方设法地将这些酸奶赶快卖出去。她冥思苦想，把装酸奶的冷藏柜移到盒饭销售柜旁边，并做了一个 POP 广告，写上“酸奶有助于健康”。令她喜出望外的是，第二天 30 瓶酸奶不仅全部销售一空，而且出现了断货。谁也没有想到这个意外事件带来了便利店新的销售增长点。从此，便利店就将酸奶的冷藏柜同盒饭销售柜摆在一起。

请思考：

这个故事说明了什么？

引例分析

合理地陈列商品，可以起到展示商品、刺激销售、方便购买的作用。盒饭的销售频率高，酸奶的销售频率低，酸奶与盒饭摆放在一起，可以起到促进酸奶销售的作用。

任务一 认识商品陈列

课堂讨论

1. 超市饮料的陈列方法有哪些?
2. 商场服装的陈列方法有哪些?

知识准备

认识商品陈列的含义，明确商品陈列的原则，了解商品陈列的类型。

一、商品陈列的概念

商品陈列，是指运用一定技术方法和技巧，借助一定的设备或道具，将商品进行合理的摆放、展示，以达到方便顾客购买、提高销售量目的的一项经营管理活动。商品陈列可以起到展示商品、刺激销售、方便购买、提高店面感官效果、美化购物环境等作用，因此，商品陈列既是一门科学，更是一门艺术。

二、商品陈列的意义

商品陈列，可以有效地改善购物环境，提升经营企业的整体形象，增加商品销售，提高经营企业的经济效益。做好商品陈列，对零售企业有以下几项重要意义。

（一）良好的商品陈列可以有效地提升经营企业的整体形象

不论商店规模大小、建筑风格如何，商品陈列都会起到装饰门面、引客进店的作用。良好的商品陈列设计，可以为顾客提供一个优美的购物环境，提升顾客对经营企业的好感。因此，一个井然有序的商品陈列，有助于提升商业企业整体形象，促进企业经济效益的不断提高。

（二）良好的商品陈列能够引起消费者的注意，起到诱导消费的作用

消费者进店往往购物目的不是很明确，经营者通过有意识、有目的地突出某些商品陈列，有选择地诱导消费者重点注意这些商品，可以起到诱发消费者的购买动机，促使消费者购买行为发生的作用。因此，良好的商品陈列是对消费者的一种无声的诱导。

（三）良好的商品陈列有助于方便顾客购买

消费者购买某种商品的前提是有需求。合理有序的卖场布局，可以使消费者很容易找到所需要的商品，如果将消费者购买频率较高的商品摆放在易于观察、拿取的货架上，就会大大提高消费者选购商品的效率，方便消费者购买，有利于培养消费者的忠诚度。

（四）良好的商品陈列会促进商品销售

通过商场整体环境布局，可以有效地改善商场购物环境，延长消费者在本店停留的时间，提高单位消费者购买商品总额，在方便消费者购物的同时，还产生了扩大销售的效果。

（五）良好的商品陈列有助于提高企业的经营管理水平

井然有序、科学合理的商品陈列，可以合理分配商品的展位，在有限的货位空间展示更多的商品，提高商场单位空间的利用率。

三、商品陈列的基本原则

商品陈列的目的是展示商品，引起消费者的注意，激发消费者的购买欲望，并促使消费者采取购买行动。商品陈列要达到上述目的，需要进行精心设计，在进行商品陈列规划时，应遵循以下基本原则。

（一）分类明确原则

分类明确是商品陈列的首要原则。商场销售的商品必须让消费者很容易地找到，如果消费者找不到或者不容易找到想买的商品，就会失望而去，给消费者留下一个商品不全、企业经营管理不善的印象。为此，商品陈列要做到分区分类明确，易于让消费者按照商品的类别找到该商品的经营区域。

（二）陈列醒目原则

商品陈列要做到陈列清晰醒目，根据所经营的商品的特征分配合适的陈列空间，使各类商品都容易被看到。各类商品所占陈列空间大小要合适，高度应适宜。例如，大件商品放在货架底层；流转慢的商品放在货架的上层；细小的商品应积小成大，增强视觉效果，陈列的空间位置和高度适宜，易于引起视觉注意。

（三）显而易见原则

显而易见，即陈列的商品互不遮挡，陈列位置前低后高，使陈列的商品容易被消费者所见。为了达到陈列商品最佳展示效果，应做到以下几点：

（1）商品要正面或稍微倾斜地面向消费者。

（2）商品价签与商品对应，位置正确。贴有价格标签的商品，价签要面向消费者。

（3）陈列在货架下层不易看清的商品应倾斜陈列，上层商品陈列注意安全，防止跌落。

（4）配合商品先进先出的销售原则，摆在货架里边的商品要随着商品的销售不断前移，补充前排已售出商品的货位。

（四）易于取放原则

商品陈列应易取易放，方便消费者观察、了解和挑选商品，可以增加商品销售的机会。在商品陈列中，挑选性强的商品摆放的高度应适宜。陈列商品之间留有足够的空间，易于消费者拿取或放回原处。

（五）丰满陈列原则

丰满陈列可以给消费者商品丰富的好印象，有助于吸引消费者注意力，增加销量。如果货架陈列不满，商品就会缺乏表现力，会给人一种商品不多、品种不全的感觉，影响消费者购物的信心。另外，商品丰满陈列，还可以提高货架的存货能力，减少超市的库存量，加速商品周转。

（六）关联陈列原则

很多商品在消费者的心目中是有关联性的，具有关联关系的商品搭配陈列在一起，既能满足消费者购买关联商品的需要，又能增加商品销量，因此商场要善于发现商品之间的关联关系，为消费者提供有关联性的组合商品，在满足消费者需求的基础上提高企业利润。

关联陈列要注意：

（1）邻近商品之间必须有很强的关联性和互补性，充分体现商品在购买或消费使用中的连带性，如人们购买茶叶时往往会购买茶具。

（2）关联陈列要打破商品分类之间的界限，所以组织关联商品陈列，应尽可能地再现日常消费场景，合理组织关联商品搭配陈列。

四、商品陈列的基本类型

商品陈列从不同角度观察，有不同的表现形式。商品陈列主要有以下几种类型。

（一）并列陈列与单独陈列

1. 并列陈列

并列陈列是将同类商品并列排放在一起进行陈列。这种陈列方式淡化了商品品牌的作用，便于消费者从最关心的质量和价格两个方面对商品进行比较。这种陈列方式比较适合于品质趋同、品牌影响力不大的商品，如日用消费品、食品以及小商品。

2. 单独陈列

单独陈列是将同类商品按某一标志进行分类陈列，如按品牌、按规格、按花色、按式样等陈列。这种陈列方式突出了商品某一方面的特征，便于消费者比较选购。如对于家用电器等高档耐用消费品，按品牌陈列可以突出商品品牌的效应，便于消费者认牌选购。

（二）纵向陈列与横向陈列

1. 纵向陈列

纵向陈列是将同类商品从上到下地陈列在一个或一组货架内，消费者一次性就能轻而易举地看清所有同类商品的陈列。

纵向陈列的优点是：消费者只需站立，目光上下移动就可以看清全部商品，省时省力；可使各种商品分享到货架上段、中段和下段的销售利益，获得同样的促销效果。缺点是同种商品横向空间比较小，不利于消费者目光在某一商品上的滞留。

2. 横向陈列

横向陈列是将同类商品按水平方向陈列。横向陈列会引导消费者走向货架深处，但要看清全部商品需要往返走动；横向陈列还会使货架上、下两端的商品销售效果受到一定影响。

一般认为，纵向陈列比横向陈列的效果好。

（三）廉价陈列与高档陈列

1. 廉价陈列

廉价陈列是将商品大量堆放或落地陈列。花车陈列属于廉价陈列，它给消费者一种商品大众化的感觉，让消费者任意挑选，能够刺激消费者的购买欲望。

2. 高档陈列

高档陈列即用豪华的货架和灯光处理等方法制造高档感觉的陈列方式。如首饰、腕表的陈列方法。

任务二　商品陈列方法

课堂讨论

有利于商品销售的商品陈列方法有哪些？

知识准备

商场商品陈列方法很多，常见的陈列方法主要有：磁石点陈列法、主题陈列法、黄金段位陈列法、盘式陈列法、岛式陈列法、端头陈列法、突出陈列法、悬挂式陈列法、比较陈列法、量感陈列法等。

一、磁石点陈列法

所谓磁石，是指超市或商场中最能吸引顾客注意力的地方。磁石点，就是顾客注意的点。超市或商场运用磁石点理论的目的，就是在卖场中最能吸引顾客注意力的地方配置合适的商品以促进销售，并希望这种配置能引导顾客逛完整个卖场，最大限度地提高顾客的购买率。

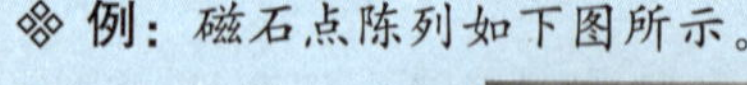

❖ **例：**磁石点陈列如下图所示。

磁石点陈列

所谓顾客动线，是顾客进入商场的行走路线。商场商品陈列围绕顾客动线布局，可以起到引导顾客购物、延长顾客滞留时间、方便顾客选购、扩大商品销售的作用。

商场顾客动线的布局，应以能使顾客最大限度且不重复地走完卖场为基本原则。因此卖场设计一般是以环形设计为好。如图 7－1 所示是一个超市卖场设计的平面图。

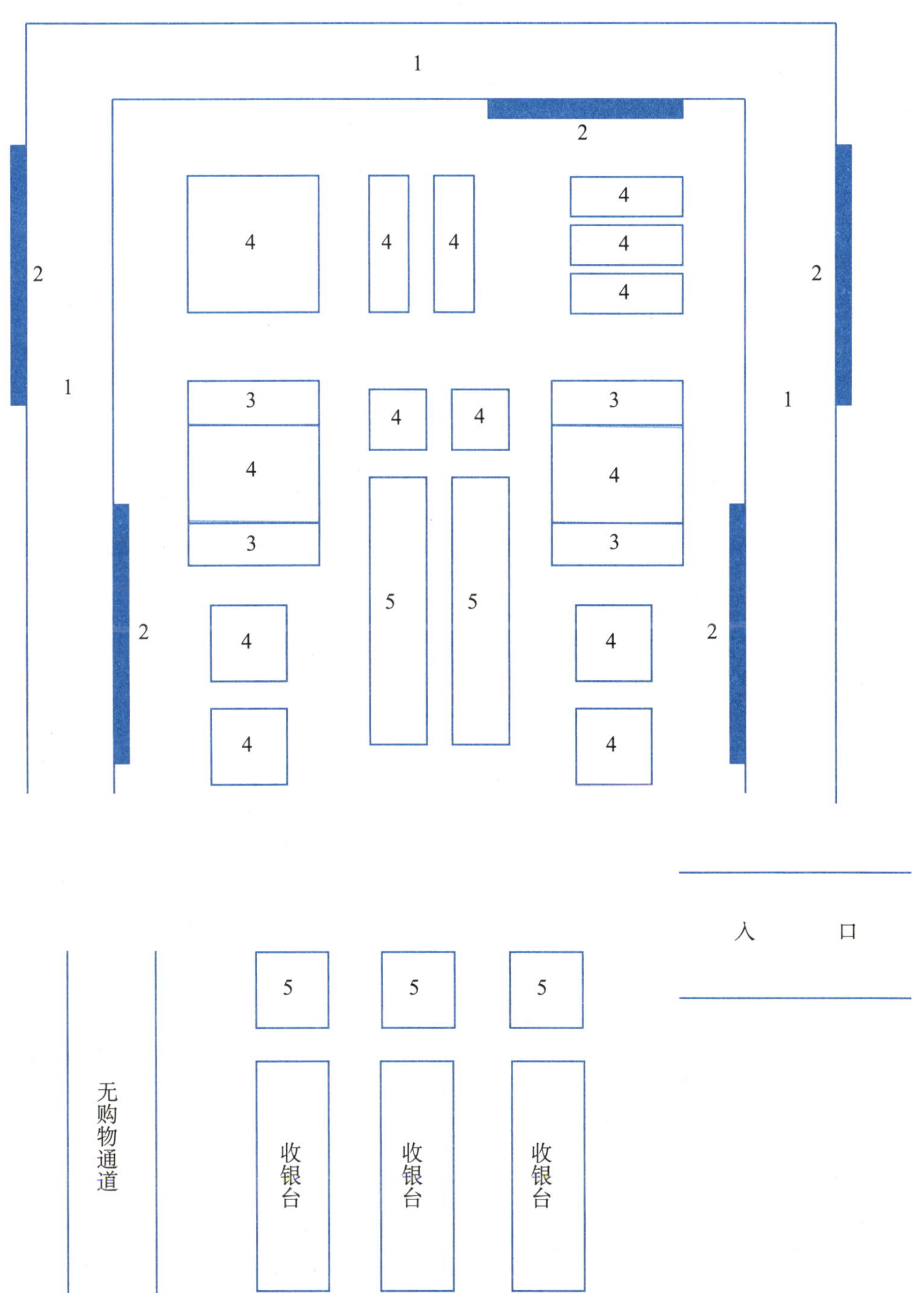

1：第一磁石点；2：第二磁石点；3：第三磁石点；4：第四磁石点；5：第五磁石点

图 7－1　某超市卖场设计平面图

商场的卖场一般是一个矩形，最有号召力的商品应该放在这个矩形的周边，即商场的三条边线。商场内必须处处有卖点，以增加消费者在场内滞留的时间。具有卖点的商品一般是购买频率高、新颖时髦、季节性强的商品，或是商场主推商品、高利润商品、特价商品或清仓换季商品等。超市或商场的磁石点一般有 5 种，不同的磁石点应该配置相应的商品，如表 7－1 所示。

表 7－1　超市或商场不同的磁石点的商品配置

磁石点	店铺位置	配置要点	配置商品
第一磁石点	位于卖场中主要通道两侧，是顾客必经之地和商品销售最主要的位置。	由于特殊的位置优势，不必刻意装饰即可达到很好的销售效果。	主力商品、购买频率高的商品、采购力强的商品。
第二磁石点	穿插在第一磁石点的中间。	承担引导顾客走到卖场各个角落的任务，需要加强照明度及陈列装饰。	流行商品，色泽鲜艳、容易抓住人们的眼球的商品，季节性强的商品。
第三磁石点	位于卖场中央陈列货架两头。	是卖场中顾客接触频率最高的位置，盈利机会大，应该重点配置，商品摆放三面朝外。	特价商品、高利润商品、厂家促销商品。
第四磁石点	位于卖场中副通道的两侧。	以单项商品来吸引顾客，需要突出体现陈列方式和促销方式。	热销商品、有意大量陈列的商品、广告宣传商品。
第五磁石点	位于收银处前的中间卖场，是非固定卖场。	能够吸引一定程度的顾客集中于此，烘托卖场气氛，展销主体商品，需要不断地变化。	用于大型展销、特卖活动或者假日促销。

（一）第一磁石点：主力商品

第一磁石点位于主通路的两侧，是顾客的必经之地，也是商品销售的最主要的地方。此处应配置的商品为能吸引顾客至卖场内部的商品，包括消费量大和购买频率高的商品，将其配置于第一磁石的目的是增加销售量。

（二）第二磁石点：展示观感强的商品

第二磁石点位于主通道的顶端，穿插在第一磁石点的中间。第二磁石点的陈设，负有诱导顾客走进卖场各个角落的任务，在此应配置的商品有最新的商品、季节性商品、明亮华丽的商品等特征鲜明的商品。

（三）第三磁石点：端架商品

第三磁石点的位置突出，适宜陈列刺激性强的商品。通常情况下可配置特价商品、高利润的商品、季节性商品、购买频率高的商品、促销商品等。

（四）第四磁石点：单项商品

第四磁石点指卖场副通道的两侧，这是个在长长的陈列线中能引起顾客注意的位置。这个位置可配置的商品有热门商品、特意大量陈列的商品和广告宣传商品，以引起顾客的注意，减轻顾客在购物过程中的厌烦心理。

（五）第五磁石点：卖场堆头

第五磁石点位于收银结算区前面的中间卖场，为非固定卖场，可用于节假日促销活动，目的是烘托卖场气氛，吸引顾客光顾卖场。

磁石点理论基于顾客的消费心理，经过实践证明比较有效，对超市商品陈列有较强的指导意义。

二、主题陈列法

主题陈列法也称专题陈列法，即结合某一事件或节日，集中陈列有关的系列商品，以渲染气氛，营造一个特定的环境，以利于某类商品的销售，如图 7－2 所示。

图 7－2　主题陈列

主题陈列往往需要借助商店的展示橱窗或卖场内的特别展示区，应采用各种艺术手段、宣传手段、陈列器具，配以适当的灯光、色彩或音响效果等，来展示某一主题商品。

主题的选择有很多，如各种节日、庆典活动、重大事件等，都可以融入商品陈列中，营造一种特殊的气氛，吸引消费者注意。例如“六一”儿童节来临之际，可将各种儿童用品集中陈列在一个陈列台上，再加上鲜花等装饰品，渲染出一种活泼、热烈的氛围。

三、黄金段位陈列法

黄金段位，即货架上销售最理想的段位，是反映卖场销售业绩的关键段位。目前超市普遍使用的陈列货架高度是 165～180cm，在这种规格的货架上，最佳的陈列段位是处在上段和中段之间的段位。以高度为 165cm 的货架为例，将商品陈列划分为 4 个段位。

（一）上段

上段即货架的最上层，高度在120～160cm，该段适合陈列一些推荐商品，或有意培养的商品，该商品到一定时间可移至下一层，即黄金段位。

（二）黄金段位

黄金段位的高度一般在85～120cm，它是货架的第二层，是人眼最易看到、手最易拿取商品的陈列位置，所以是最佳陈列位置。此位置一般用来陈列高利润商品、自有品牌商品、独家代理或经销的商品。如图7-3所示。

图7-3 黄金段位陈列

（三）中段

中段即货架的第三层，其高度为50～85cm，此位置一般用来陈列一些低利润商品，或为了保证品种齐全性的商品，以及一些原来陈列在货架上段和黄金段位上而现在已进入衰退期的商品。

（四）下段

下段是货架的最下层，高度一般在离地10～50cm。这个位置通常陈列一些体积较大、重量较重、易碎、毛利较低，但周转相对较快的商品，以及一些消费者认定品牌的商品或消费弹性低的商品。

四、盘式陈列法

盘式陈列法，是将包装纸箱上部1/3的部分剪去，将纸箱底部作为盘，然后以盘为单位堆积码放的陈列方法。这种陈列方法不仅可以加快商品陈列的速度，而且在一定程度上提示顾客可以整箱购买。有些盘式陈列只在最上面一层作盘式陈列，下面的商品不打开包装，以便于消费者整箱购买。盘式陈列可以设置在货架区，也可设置在进出口处。这种陈列方法常用来陈列饮料、啤酒等商品，如图7-4所示。

五、岛式陈列法

在超市卖场的入口处和中部往往不设置货架，而配置以特殊陈列用的展台，这种陈列

图 7－4　盘式陈列

方法就称为岛式陈列法。常见的岛式陈列用具有直径较大的网状货筐、货柜或平台，可以从四面看到陈列的商品，因此陈列的效果非常好，如图 7－5 所示。

图 7－5　岛式陈列

由于岛式陈列的位置一般在店铺的入口处或中部，所以它的高度不宜过高，否则就会影响消费者的视线。岛式陈列的商品应该是颜色鲜艳、包装精美的特价品、新产品，以充分发挥岛式陈列吸引消费者视线的作用。

六、端头陈列法

卖场中央陈列架的两头称为端头，货架端头是顾客流量最大、往返频率最高的地方，也是卖场里最能吸引顾客注意力的地方，因此端头是陈列商品的黄金地段。端头一般用来陈列要推荐给顾客的新商品、利润高的商品、特价品、新产品或知名品牌产品。端头陈列的商品，组合商品比单件商品更有吸引力，因此端头陈列应以组合式、关联性强的商品为主，如图 7－6 所示。

图 7-6 端头陈列

七、突出陈列法

突出陈列法也称为突出延伸陈列法，是指在卖场的中央陈列架的前面突出来一部分陈列特殊商品的方法。如在中央陈列架的前面做一个突出的台，并在其上面堆积商品；或将中央陈列架下层的搁板做成一个突出的板，然后将商品堆积在此板上。这种陈列方法有意强化所陈列商品的地位，可以大大提高陈列商品的销售量，如图 7-7 所示。

图 7-7 突出陈列

八、悬挂式陈列法

悬挂式陈列法是指将扁平形、细长形等无立体感的商品悬挂起来的一种陈列方法。悬挂式陈列能使顾客从不同的角度来欣赏商品，具有化平淡为神奇的促销作用。如图 7-8 所示。

目前超市经营的许多商品包装上都带有挂孔，可用于悬挂式陈列。如有孔型包装的炊具、餐具、儿童玩具、日用小商品等。

图 7-8　悬挂式陈列

九、比较陈列法

比较陈列法是指将同一品牌的产品，按不同规格、不同数量进行分类，然后陈列在一起，让顾客通过规格和价格方面的比较来选择购买的一种陈列方法。比较陈列法让消费者在同一种商品的不同规格之间进行比较，根据需要或喜好去选择，或求廉、或求方便，从而达到促销的目的。

十、量感陈列法

量感是指商品陈列的数量的多寡。商品陈列不只强调商品的数量，而且更注重陈列的技巧，从而使顾客在视觉上感到商品很多。例如：所要陈列的商品原本是 50 件，那么量感陈列要让顾客感觉商品有不止 50 件。量感陈列一方面是指“实际很多”，另一方面则是指“看起来很多”。量感陈列法一般适用于食品杂货，使顾客产生商品丰富、价格低廉、易挑选的印象，如图 7-9 所示。

图 7-9　量感陈列

量感陈列法的具体手法有很多，如店内吊篮、店内岛、壁面敞开、铺面、平台、售货车及整箱大量陈列等。其中整箱大量陈列是大中型超市常用的陈列方法，即在卖场辟出一个空间或拆除端架，将单一商品或两三个种类的商品实施量感陈列。

量感陈列法比较适宜在下列情况下使用：低价促销、季节性促销、节假日促销、新产品促销、媒体大力宣传、顾客大量购买等。

任务三　商品陈列技术、技巧及艺术

课堂讨论

商品陈列有哪些技术和技巧？

知识准备

掌握商品陈列技术、技巧和艺术。

一、商品陈列技术

商品陈列能否达到应有的效果，与商品陈列的技术有很大关系。有资料显示，80%顾客的购买决定是在到达商店之后做出的。所以，越来越多的商家更加注重对商品陈列的分析，以提高商品的销售业绩。商品的陈列技术主要有关联商品陈列、季节性商品陈列、相邻商品陈列等几种。

（一）关联商品陈列

关联商品陈列，是指将种类不同但效用方面有较强互补性的商品组合在一起的陈列方法。

实例链接：相关产品，顺便搭车也无妨

有关联的商品放在一起陈列，能引起消费者连带购买行为，有助于增加商品销售的机会。如香皂与香皂盒放在一起，皮鞋与鞋油放在一起，果酱与面包放在一起等。顾客在购买了 A 商品后，往往会购买旁边相关的 B 商品或 C 商品。

进行关联陈列时要注意以下几点：

（1）陈列的商品必须是互补商品，确保顾客产生连带购买行为。

（2）关联商品应陈列在同一通道、同一方向、同一侧的不同组别的货架上，而不应陈列在同一通道两侧的货架上，其目的是使顾客在购买了 A 商品后，顺便也购买陈列在旁边的 B 商品或 C 商品。

（二）季节性商品陈列

季节性商品陈列应在季前做好应季商品销售准备。首先应了解往年同一季节商品销售状况、今年的流行趋势、顾客的潜在需要等，根据季节的变化调整陈列商品的项目。

1. 春季商品陈列

在春季消费季节到来之前，商店应走在季节变换的前面，及时将冬季商品撤换掉，将适合春季销售的商品摆上柜台，给人们一种已经进入早春的感觉。

春季商品陈列以暖色调为主，如黄色、淡绿色、粉红色等，透出一股春天般充满朝气的气息。

2. 夏季商品陈列

在夏季到来之前，就应将夏季商品备好，提早在4—5月陈列出来。夏季气候炎热，陈列商品的背景应以蓝、紫、白等冷色调为主。夏季商品陈列要有一种清新、凉爽的感觉，最好将商品挂起来。夏季是饮料消费的高峰期，要特别注意布置冷饮类商品的陈列。夏季商品陈列应避免商品大量堆积，陈列的空间尽量开阔、舒展，陈列的位置可以适当向外延展。

3. 秋季商品陈列

秋季商品应该在8月份开始陈列，夏季的时装以及夏凉用品都应撤下，摆上适合秋季消费的商品，陈列与售货位置应从室外移向室内。秋季天高气爽，是收获的季节，商品陈列应以秋天的色调、景物作为主色调，衬托出金秋收获的气息。

4. 冬季商品陈列

冬季气候寒冷，商店布置要使顾客感到温暖，背景以黄、橙、红等暖色调为主，突出应季商品销售，创造出一种温暖和谐的气氛。

（三）相邻商品陈列

在零售业的商品经营中，一般来讲，同一区域经营同类或近似种类的商品，不同区域经营不同种类的商品。相邻商品如何陈列更有利于经营呢？从商品陈列品类管理角度来看，应处理好以下几个问题。

1. 不同种商品能否放在一起经营

以消费者的需要为依据划分商品类别，是现代经营思想的体现。对于一件商品，重要的不是经营者认为它属于哪一类，而是消费者认为它属于哪一类。商业经营者要从消费者的角度来给商品归类。例如，黄酒，在南方，人们把它当作酒，在北方，则多数人把它当作调料，黄酒究竟应该摆在哪儿经营，应由当地消费者对商品类属的认知来决定。

2. 同种商品是否必须放在一起经营

商品陈列的空间设计，必须考虑消费者的购物便利性。如某消费者要购买电视机，他可能首先考虑的是规格，然后才是品牌或价格。商品陈列时，如果能把同规格不同品牌的电视机陈列在一起，可能会更方便消费者对商品的对比选择。因此，相邻商品陈列的搭配，应该优先考虑消费者对商品选择评价的优先顺序。

3. 品牌的重要性与所属品类的关系

有的消费者特别重视品牌，对消费知名品牌情有独钟，其他属性则次之；有的消费者则更关心商品的实用性和性价比，品牌则退居其次。经营不同档次商品的商场应重视不同品牌的影响力，合理搭配相邻商品组合。

知识链接：观察消费者的购买习惯

二、商品陈列技巧

在企业经营的实践中，人们总结出了许多商品陈列的技巧，根据人们获取信息的方式设计的商品陈列技巧主要有以下几种。

（一）根据人的注意特征陈列商品

一般来说，顾客进入商场后，眼睛会不由自主地首先看向左侧，然后转向右侧。这是因为多数人看东西是从左向右的，即印象性地看左边的东西，安定性地看右边的东西。利用这种人体生理习惯，将引人注目的物品摆放在商场通道的左侧，以此吸引顾客的目光，充分发挥商场左侧方位的作用，促进商品销售。

（二）根据人的记忆特征陈列商品

人更容易记住相对不变的事物，而容易忘却变化不定的事物。根据人的这一记忆规律，陈列商品时，在一定时间内保持商品位置相对固定，这样，有利于方便顾客选购，提高顾客购物效率。但商品陈列长时间固定不变，也容易使顾客失去对其他商品的注意，使得顾客购物变得单调。所以，在商品陈列一段时间后，应适当调整货架上陈列商品的位置。

（三）售货与交款之间拉开距离

一些大型商场往往采取柜台售货，收款台统一交款的方法；超市则是顾客自选商品，收银处统一结算。这样不仅方便购物与结算，而且还含有更深层的意义。如人们进入商场后购买的商品总是比原来计划的要多，这是商场功能结构布局设计的缘故。许多商场都设有长长的购物通道，避免顾客走捷径到收款处和出口，这样就会延长顾客在商场内逗留的时间，再配以刺激性较强的商品陈列，商场自然也就可以多销售商品了。

三、商品陈列艺术

超市或商场的商品陈列，除了应用一定的技术方法外，适宜的艺术表现手法会使陈列商品增辉添色，吸引顾客的注意，唤起顾客的购买欲望。超市或商场的商品陈列的艺术表现形式多种多样，主要有以下几大类。

（一）表现陈列目的的艺术

1. 表现“廉价”的陈列艺术

利用活动推车、活动平台做堆积陈列，可以充分表现“廉价”的营销效果。

2. 表现“高级”的陈列艺术

利用格调高的陈列道具，配合适当的色彩效果，可以表现“高级”的诉求。

3. 表现“丰富”的陈列艺术

在卖场商品数量不足时可以用空盒子做“表面功夫”，设法使商品陈列看起来很多，或者活用 POP 广告，表现出热闹的丰富感。

4. 表现“稳重”的陈列艺术

把销售的商品摆放得整齐规范、井然有序，会体现出一种稳重的气息。如超市把水果堆积成各种造型。

5. 表现“快乐”的陈列艺术

这种表现利用色彩、动态等表现手法效果最佳。如商品鲜艳色彩的配置、利用可活动的 POP 广告等。

（二）陈列背景色彩的艺术

商场的背景色彩不仅影响购物者的心理，而且也会影响商品的表现力。设计陈列商品背景色彩时，应注意以下几个问题。

1. 不要太醒目

背景的色彩若比主角商品醒目，商品就会变得很不显眼。所以陈列商品背景的色彩明亮度和鲜艳度都要比商品低。

2. 不使用互补色

背景的颜色与商品的色彩成互补色时，二者的色彩各有“主张”而形成强烈的刺激，因此一般不要使用互补色。

3. 选择同色系

为了明确地显示商品的色彩，背景使用与商品同一色系且明度较低的色彩较为适宜。

4. 选择冷色调

在商品色彩多样的情况下，一般应选择明亮度、鲜艳度低的冷色为背景，如乳白、浅灰等颜色。

（三）陈列装饰及配色手法

1. 明度顺序与色相（色调）顺序配色

若某商品群只有白、灰、黑等无色彩时，依照白、灰、黑的明度顺序排列为好；有色彩的商品，依照色相环的顺序从红色开始排列看起来较具美感。

2. 同色配色

同色配色不依色相环的顺序陈列，而是仅以某一种颜色为中心，汇集同色系的商品进行配色陈列。这种配色陈列方法，会对喜欢该颜色的顾客产生相当大的吸引力，但是如果仅用相同颜色会显得太单调。如果选择其中一两项商品的对照色来陈列，便会产生变化的效果。

3. 类色配色

用色相环上相近的颜色配色。同色配色因色相一致而缺乏变化感，类色配色会对同色配色的色彩效果有所改善。但因色相相似，仍然缺乏色彩的表现效果。

4. 类似色配色

用色相环上隔 1 格的颜色配色。如“红、黄”“青、紫”等类似色的组合，这是一种比较均衡的配色。如果在类似色中间插入类色，如“红、橙、黄”等，会使人感觉到色彩的过渡性变化。

5. 异色配色

用色相环上隔 2 格的颜色配色。这种配色能使人感到自然，是容易接受的色彩组合。如“红、黄绿、蓝”或“橙、绿、紫蓝”等组合。

6. 互补色配色

用色相环上相对位置上的颜色配色。互补色能给人一种对比强烈而明快的感觉。如

“红、绿”“橙、蓝”“黄、紫”等。

7. 无色彩和有色彩的配色

这种色彩组合最好是以明度为中心来进行配色。因此，明度差距越大，越能产生强烈对比的感受。

8. 象征季节的色彩配色

一年四季中，人们对色彩的感觉不同，色彩给人以联想，色彩能反映时令的变化，色彩能引领人们进入不同的季节。四个季节的色彩类型如下：春季型，以黄色为主色调，比属于同一基色的秋季型更淡浅明亮；夏季型，以蓝色为主色调，比属于同一基色的冬季型更清浅柔和；秋季型，以红色为主色调，比属于同一基色的春季型更浓深；冬季型，以黑色为主色调，比属于同一基色的夏季型更明晰冷硬。四季色彩的表现如表 7－2 所示。

表 7－2　四季色彩的表现

季节	颜色	联想	色彩效果
春	黄绿、粉红、淡黄	花草、嫩叶	晦暗的冬天过去了，明媚的春天到来了，最好用明亮、柔和的色彩。
夏	蓝、水蓝、绿	海洋、天空、草原	对比强烈的配色比较符合夏季，可以用调和明度、彩度皆高的色彩，以冷色系为主。
秋	黄、米黄	丰收、枯草、土地	用有稳重感、丰富感的色彩较好。
冬	红、白、灰	枯枝、白雪	冬季寒冷，用暖色较好。

项目小结

本项目从认识商品陈列开始，通过对商品陈列意义的认识、商品陈列原则的把握，以及商品陈列类型的描述，逐步展开商品陈列知识的学习，系统介绍了有关商品陈列的技术、方法和技巧。

商品陈列，是指运用一定技术方法和技巧，借助一定的设备或道具，将商品进行合理的摆放、展示，以达到方便顾客购买、提高销售量目的的一项经营管理活动。

商品陈列的意义主要体现在，良好的商品陈列可以有效地提升经营企业的整体形象，提高企业的经营管理水平，为消费者创造一个优良的购物环境，促进商品销售。

商品陈列时所遵循的基本原则主要有分类明确原则、陈列醒目原则、显而易见原则、易于取放原则、丰满陈列原则、关联陈列原则等。

商品陈列有并列陈列与单独陈列、纵向陈列与横向陈列、廉价陈列与高档陈列等基本类型。

商场常见的商品陈列方法主要有：磁石点陈列法、主题陈列法、黄金段位陈列法、盘式陈列法、岛式陈列法、端头陈列法、突出陈列法、悬挂式陈列法、比较陈列法、量感陈列法等。

商品陈列技巧主要有根据人的注意特征陈列商品、根据人的记忆特征陈列商品等。

练习与实战演练

一、基础训练

（一）判断题

1. 商品陈列就是商店销售商品时将商品堆放在一起。（　　）
2. 关联陈列指的是具有关联关系的一组商品搭配在一起陈列。（　　）
3. 超市或商场里的磁石点指的是顾客注意的点。（　　）
4. 第三磁石点位于超市中央陈列货架两头位置。（　　）
5. 在廉价商品经营中，用堆积陈列法比整齐陈列法的经营效果要好。（　　）

（二）单项选择题

1. 廉价陈列指的是（　　）。
A. 对廉价商品的陈列　　B. 对处理商品的陈列
C. 促销陈列　　D. 费用最少的陈列
2. 高档陈列指的是（　　）。
A. 高档商品陈列　　B. 名牌商品的陈列　　C. 豪华的陈列方式　　D. 高成本的陈列
3. 第一磁石点位于（　　）。
A. 主通道的内侧　　B. 主通道的外侧
C. 主通道的两侧　　D. 靠近收银台的位置
4. 商品陈列磁石点理论认为，商场或超市的陈列磁石点有（　　）。
A. 3 个　　B. 4 个　　C. 5 个　　D. 6 个
5. 关联商品陈列中的关联商品指的是（　　）。
A. 替代商品　　B. 互补商品　　C. 同种商品　　D. 互斥商品
6. 对比强烈的配色比较适合于（　　）。
A. 春季商品陈列　　B. 夏季商品陈列　　C. 秋季商品陈列　　D. 冬季商品陈列

（三）多项选择题

1. 商品陈列的作用主要体现在（　　）。
A. 展示商品　　B. 刺激销售、方便购买
C. 提高店面感官效果　　D. 美化购物环境
2. 下列选项中属于商品陈列类型的是（　　）。
A. 复合陈列　　B. 单项陈列　　C. 纵向陈列　　D. 横向陈列
3. 第三磁石点是指（　　）。
A. 第三个最好的卖点
B. 位于超市中央陈列货架两头的位置
C. 环绕卖场周围的边线位置
D. 适宜配置特价商品、高利润商品、厂家促销商品
4. 下列选项中属于商品陈列技巧的是（　　）。
A. 根据人的注意特征陈列商品　　B. 根据人的记忆特征陈列商品
C. 根据人的想象陈列商品　　D. 根据人的行为习惯陈列商品

二、拓展训练

任务：到超市、商场进行实地考察，观察各类商品陈列的技术、方法和技巧。

要求：对不同商业企业商品陈列方法进行对比分析，找出其中存在的问题与不足。

目的：认识商品陈列与搞好企业经营管理的关系。

训练方式：小组集体走访调查。

商品运输

项目目标

知识目标

1. 认识商品运输概念、特点和功能。

2. 认识商品运输的多种方式。

3. 了解特种货物运输。

能力目标

掌握商品运输的方式，能够组织商品的合理运输。

情感目标

本项目从认识商品运输开始，引导学生进入学习商品运输情境，激发学生对多种商品运输方式的学习兴趣。

思维导图

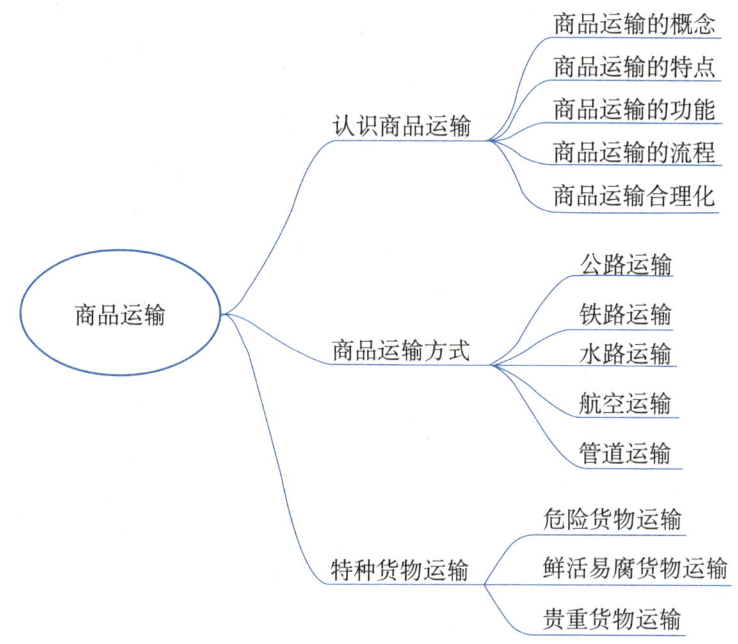

项目引例

《中华人民共和国国民经济和社会发展第十三个五年规划纲要》里提及在“十三五”期间，我国将坚持网络化布局、智能化管理、一体化服务、绿色化发展，建设国内国际通道联通、区域城乡覆盖广泛、枢纽节点功能完善、运输服务一体高效的综合交通运输体系。

根据“十三五”规划，我国将从四个方面完善现代综合交通运输体系：

第一，构建内通外联的运输通道网络：构建横贯东西、纵贯南北、内畅外通的综合运输大通道，加强进出疆、出入藏通道建设，构建西北、西南、东北对外交通走廊和海上丝绸之路走廊。打造高品质的快速网络，加快推进高速铁路成网，完善国家高速公路网络，适度建设地方高速公路，增强枢纽机场和干支线机场功能。完善广覆盖的基础网络，加快中西部铁路建设，推进普通国省道提质改造和瓶颈路段建设，提升沿海和内河水运设施专业化水平，加强农村公路、通用机场建设，推进油气管道区域互联。提升邮政网络服务水平，加强快递基础设施建设。

第二，建设现代高效的城际城市交通。在城镇化地区大力发展城际铁路、市域（郊）铁路，鼓励利用既有铁路开行城际列车，形成多层次轨道交通骨干网络，高效衔接大中小城市和城镇。实行公共交通优先，加快发展城市轨道交通、快速公交等大容量公共交通，鼓励绿色出行。促进网络预约等定制交通发展。强化中心城区与对外干线公路快速联系，畅通城市内外交通。加强城市停车设施建设，加强邮政、快递网络终端建设。

第三，打造一体衔接的综合交通枢纽。优化枢纽空间布局，建设北京、上海、广州等国际性综合交通枢纽，提升全国性、区域性和地区性综合交通枢纽水平，加强中西部重要枢纽建设，推进沿边重要口岸枢纽建设，提升枢纽内外辐射能力。完善枢纽综合服务功能，优化中转设施和集疏运网络，强化客运零距离换乘和货运无缝化衔接，实现不同运输方式协调高效，发挥综合优势，提升交通物流整体效率。

第四，推动运输服务低碳智能安全发展。推进交通运输低碳发展，节约集约利用资源，加强标准化、现代化运输装备和节能环保运输工具推广应用。加快智能交通发展，推广先进信息技术和智能技术装备应用，加强联程联运系统、智能管理系统、公共信息系统建设，加快发展多式联运。强化交通运输、邮政安全管理，提升安全保障、应急处置和救援能力，推进出租汽车行业改革、铁路市场化改革，加快推进空域管理体制改革。

为实现完善现代综合交通运输体系的目标，“十三五”期间，我国将实施高速铁路、高速公路、“四沿”通道、民用机场、港航设施、城市群交通、城市交通、农村交通、交通枢纽、智能交通等交通建设十大重点工程。其中，港航设施工程包括：优化提升环渤海、长三角、珠三角港口群，加快长江、珠江-西江、淮河、闽江等内河高等级航道建设，大力推进上海、天津、大连、厦门等国际航运中心建设，有序推进沿海港口集装箱、原油、液化天然气等专业化泊位建设，稳步推进海南凤凰岛等国际邮轮码头建设，提高港口智能化水平等。

资料来源：王卫洁，范玉凤．物流运输管理实务．北京：中国人民大学出版社，2018.

请思考：

完善我国现代综合交通运输体系有什么重要意义？

➡引例分析

发展和完善现代综合交通运输体系，可增强有效运输生产力，缓解交通运输紧张状况，是适应把握引领经济发展新常态，推进供给侧结构性改革，推动国家重大战略实施，支撑全面建成小康社会的客观要求。

任务一　认识商品运输

课堂讨论

1. 商品运输是指什么？
2. 商品运输有什么功能？

知识准备

认识商品运输的基本含义、特点和功能。

一、商品运输的概念

商品运输是通过运力实现商品在空间位置上的实际转移的过程。商品运输最终所要解决的是商品如何从产地顺利到达销地的问题。

商品运输本质是一个或长或短的空间距离问题。例如，煤炭、钢铁等商品在某一地区生产，在全国消费。商品的消费必须通过运输解决，运输是商品流通的保障。

二、商品运输的特点

（1）商品运输是在产品的流通领域内进行的，是生产过程在流通领域的继续。

（2）商品运输不能改变劳动对象的性质和形状，不能生产出任何独立物质形态的产品。

（3）商品运输使投入流通领域的产品发生位置转移，从而将生产和消费联结起来，使产品的价值和使用价值得以实现。

（4）在商品运输费用中，没有原料费用，固定资产的折旧和工资是运输的主要费用。运输的流动资金则主要是燃料和辅助材料，没有原材料和成品。

三、商品运输的功能

（一）商品转移

物质产品的生产是以满足社会的各种需求为目的的。商品运输是以最少的费用，将恰当的商品，在恰当的时间运输到适合的地方。

（二）商品临时储存

将商品进行临时储存也是运输的职能之一，即利用运输工具暂时储存商品。

四、商品运输的流程

一个完整的运输流程大致可以分为六个步骤，即制定运输方案、货物委托承运、装车作业、在途跟踪管理、卸车作业和验收交接，如表 8-1 所示。

表 8-1　商品运输的流程

步骤	内容
制定运输方案	是整个运输过程的第一个环节，在运输作业之前，根据实际运输需要，做出有关运输方式、运输工具、运输路线、时间、成本预算、承运人或人员配备和运输投保等多种方案选择。
货物委托承运	交由专业运输公司运输货物，要根据确定的运输方案办理货物的委托承运手续，包括货物的组配、制单、办理托运手续等环节。
装车作业	是将运输的货物搬运到运输工具的作业。
在途跟踪管理	了解货运情况，保证货物安全到达。
卸车作业	货运从发运地到收货地后，需要根据到货通知联系业务部门，将货物从运输工具上卸下来。
验收交接	向到达站、港递交接运手续、提货凭证；到达站、港接收、点验货物，支付费用。

五、商品运输合理化

（一）商品运输合理化的含义

实例链接：
沃尔玛的物流

商品运输合理化是指从物流系统的总体目标出发，按照货物流通规律，运用系统理论和系统工程原理和方法，选择合理的运输路线和运输工具，以最短的路径、最少的环节、最快的速度和最少的劳动消耗，组织好货物的运输与配送，以获取最大的经济效益。

（二）商品运输合理化的意义

（1）商品运输合理化有利于加速社会再生产的进程，促进国民经济持续、稳定、协调地发展。

按照市场经济的基本要求，合理组织商品运输，可以使物质产品迅速地从生产地向消费地转移，加速资金的周转，促进社会再生产过程的顺利进行，保持国民经济稳定、健康地发展。

（2）商品运输合理化能节约运输费用，降低物流成本。

运输费用是构成物流费用的主要部分。物流过程的合理运输，就是通过运输方式、运输工具和运输路线的选择，进行运输方案的优化，实现运输合理化。运输合理化必然会缩短运输里程，提高运输工具的利用效率，从而达到节约运输费用、降低物流成本的目的。

（3）商品运输合理化缩短了运输时间，加快了物流速度。

运输时间的长短决定着物流速度的快慢，货物运输时间是决定物流速度的重要因素。合理组织运输活动，可使运输货物的在途时间尽可能缩短，实现到货及时，因而可以降低库存商品的数量，实现加快物流速度的目标。

（4）商品运输合理化可以节约运力，缓解运力紧张状况，还能节约能源。

商品运输合理化克服了许多不合理的运输现象，从而节约运力，提高货物通过能力，起到合理利用运输能力的作用。同时，商品运输合理化能降低运输中的能源消耗，提高能源利用率。这些对于缓解我国目前运输和能源紧张状况具有重要作用。

（三）商品运输合理化的主要形式

1. 提高运输工具的装载量

提高运输工具的装载量可以充分利用运输工具的额定能力，减少运输工具空载或不满载行驶的时间，减少浪费，从而使运输合理化。

2. 直达、直线运输

直达运输指把货物从产地直接运达到货单位，中间不需要经过各级企业仓库的运输。直线运输指在组织货物运输过程中，按照商品的合理流向，选择最短的路线的运输。直达运输和直线运输一般交织在一起，在减少环节的同时缩短运输里程，收到较好的经济效果。

3. “四就直拨”运输

“四就直拨”运输是商品运输中“就厂直拨、就车站（码头）直拨、就仓库直拨、就船过载”的简称。

（1）就厂直拨。

指工厂的产品（货物）不经过批发企业的仓库，由工厂直接拨给销售（使用）单位或运往外地。

（2）就车站（码头）直拨。

有两种情况：一是指外地买走的商品，直接从车站或码头拨到要货单位。二是指外地运来的货物，在允许占用车站（码头）货位的时间内，在车站（码头）进行分拨。

（3）就仓库直拨。

就仓库直拨指大中型批发企业购进的商品，直接从仓库到零售商店，不再经过小型批发企业的仓库。

（4）就船过载。

指货物由甲船过载到乙船，不再经过批发企业的仓库环节。

任务二 商品运输方式

课堂讨论

1. 你所了解的商品运输方式有哪些？
2. 你认为公路运输有哪些优点？

知识准备

认识公路、铁路、水路、航空、管道运输的概念、特点和分类。

一、公路运输

公路运输是现代运输的主要方式之一，同时也是构成陆上运输的两个基本运输方式之一，它在整个运输领域占有重要地位，是在区域内部实现全方位联系的纽带，是保证区域经济、实现内外循环的基本手段。

（一）公路运输的概念

公路运输有广义和狭义之分。从广义上说，公路运输指商品借助一定的运载工具，沿着公路进行有目的的移动过程。从狭义上说，公路运输指汽车运输。

公路运输是一个独立的运输体系，也是车站、港口和机场货物集散的重要手段。没有公路运输的衔接，铁路、水路、航空和管道运输就不能正常进行。

（二）公路运输的特点

公路运输以汽车为主要运输工具，承载近距离、小批量运输，机动灵活，适应性强。

1. 机动灵活，适用性强

公路运输网一般比铁路网、水路网密度更大、分布更广。公路运输可以“无处不到，无所不在”。在时间上可以随时调度，装运各环节衔接，伸缩性较大。受地形、气候限制较小。

2. 实现"门对门"运输

"门对门"即上门取货、送货上门，实行全程连线运输。汽车体积小，可以深入偏远地区，把货物从始发地运送到目的地，方便快捷。

3. 中短途运输速度快

公路运输中途一般不需要中转换装，可以直接送货到目的地，在中短途运输中速度较快。公路运输的经济半径一般在 200km 以内。据统计，在中短途运输中，公路运输平均速度比铁路快 4～6 倍，比水运快 10 倍左右。

4. 运输量小，单位运输成本高

长距离公路运输消耗燃料多，加上人力成本等，造成长距离公路运输成本居高不下，单位运输成本在各类运输方式中位列航空运输之后。

5. 安全程度低，环境污染重

由于路况与驾驶人等因素，容易造成交通事故，对人身、货物及汽车都会造成损失；同时汽车尾气和噪声也会造成环境污染。

（三）公路运输的分类

公路运输分类方法有很多，如按货物运营方式划分、按货物种类划分等，如表 8-2 所示。

表 8-2　公路运输的分类

划分方式	分类	内容
运营方式	整车运输	托运的货物 3t 以上或不足 3t，但其性质、体积、形状需要一辆 3t 以上汽车装运的货物运输。
	零担运输	托运货物不足整车的货物运输。
	集装箱运输	以集装箱为载体，将货物集合组装成集装单元的货物运输。
	包车运输	按托运人要求，经双方协议，将车辆包给托运人安排使用，按时间或里程计算费用。
	联合运输	一批货物需要两种以上运输工具运输，一次托运、一次收费、一票到底、全程负责。
货物种类	普通货物运输	普通货物的运输。
	特种货物运输	包括危险货物、超限货物、鲜活易腐货物和贵重货物的运输。
有无保险	保险运输	托运人向保险公司投保，保险公司负责赔付的货物运输。
	保价运输	承运人与托运人共同确定的以托运人申明的货物价值为基础的特殊运输方式。凡按保价运输的货物，托运人除缴纳运输费用外，还按规定缴纳一定保价费。按保价运输的货物和不按保价运输的货物可作为同一批进行运输。
运送速度	一般货物运输	普通速度的运输。
	快件专递	运输时间从货物受理当日 15:00 起算，运距在 300km 以内的，24 小时运达；运距在 1 000km 以内的，48 小时运达；运距在 2 000km以内的，72 小时运达。
	特快专递	托运人约定时间内运达。

（四）公路运输流程

公路运输流程如图 8－1 所示。

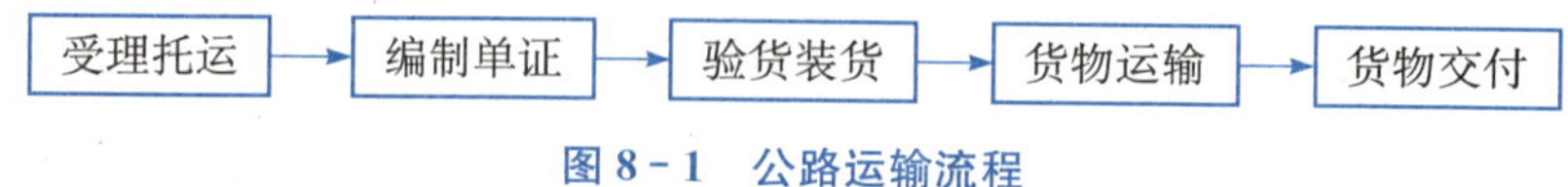

图 8－1　公路运输流程

（五）托运货物分类

公路货物运输由承运人受理托运人的托运请求开始，承运人根据托运人的要求，如所发货物的类型和数量、货物到达目的地和时间、运输价格和付款方式等，以及自身的实际情况，确定是否受理托运请求。

1. 普通货物

普通货物是指在运输、配送、保管及装卸过程中，不需采用特殊方式进行防护的货物，如沙、石头、钢材等。

普通货物分三等。例如，沙、石等属于一等货物，粮食、文体用品属于二等货物，果蔬属于三等货物。国家运输管理部门给出一等普通货物在等级公路上的运输基准运价，二、三等货物将在此基础上分别加成 15%和 30%。

2. 特种货物

特种货物是指在运输、保管及装卸过程中有特殊要求的货物，在运输过程中必须采取相应措施或工艺，以确保货物安全。

特种货物分为长重货物、危险货物、贵重货物和鲜活易腐货物。

3. 禁运货物

未经相关部门特别批准，禁止使用公路运输的货物称为禁运货物。包括以下几类：

（1）易燃易爆物品。如油漆、汽油、柴油、煤油、酒精（固体或液体）、机油、香水等易燃物品，干燥的白磷等自燃物质，以及活性炭等遇水释放易燃气体的物质。

（2）具有腐蚀性、毒性、强酸碱性和放射性的各种危险品。例如蓄电池、火柴、火药、爆竹、酸类、农药等化工产品。

（3）各种烈性毒药、麻醉药物和精神药物等。例如吗啡、大麻等。

（4）国家法令禁止流通或寄运的物品。例如文物、武器等。

（5）动植物及其标本、象牙、药物、医学样品等。

（6）其他禁运物品。包括：难以辨认成分的白色粉末，私人信函，未加消磁防护包装的磁铁、磁钢等含强磁制品等。

二、铁路运输

（一）铁路运输的概念

铁路运输是指利用铁路列车运送货物的运输方式，是目前我国货物运输的主要方式之一。

铁路运输是我国国民经济的动脉，与水路干线运输、汽车短途运输衔接就形成了以铁路运输为主要方式的运输网络。

（二）铁路运输的特点

铁路运输主要承担长距离、大批量的货运。铁路运输的货物具有低价值和高密度的特点，其经济里程一般在 200km 以上。

1. 运量大

铁路适合长距离大宗货物的运输。铁路可运送上万吨货物，远比公路运输和航空运输的运量大。

2. 单位耗能小，运输成本较低

铁路线路结构使运行阻力减小，铁路运输的能耗比公路运输和航空运输低很多。在各种运输方式中，铁路运输的成本仅比水路运输稍高。

3. 连续性强

铁路在运营过程中受地理和气候条件限制较小，几乎可以 24 小时不间断持续运营。

4. 运输速度快，安全性强

铁路运输速度较快，一般速度在 100km/h 以上，远高于水路运输。

实例链接：
中欧班列

（三）铁路运输的分类

按铁路运输货物的数量、性质、形状等可以将铁路运输分为整车货物运输、零担货物运输、集装箱货物运输，如表 8－3 所示。

表 8－3　铁路运输分类

分类	内容
整车货物运输	一批货物的重量、体积或形状需要以一辆以上货车运输的，应按整车方式办理托运，铁路货物运输中，整车货物占比很大。
零担货物运输	一批货物的重量、体积或形状不够整车运输条件时可按零担托运。铁路部门规定，按零担托运的货物，一件体积最小不得小于 0.02 立方米，一张运单托运的货物不得超过 300 件。
集装箱货物运输	将货物装入集装箱，再装载到货车上进行运输的方式。集装箱适用于精密、贵重、易损货物运输。

（四）铁路运输的相关设施

铁路运输相关设施包括铁路机车、铁路车辆、车站及铁路线路。下面简要介绍一下前两种。

1. 铁路机车

铁路机车用于牵引列车，其本身不载运乘客或货物。铁路机车按用途分为速度较快的客运机车、牵引力较大的货运机车和机动灵活的调节机车；按牵引力不同分为蒸汽机车、内燃机车和电力机车。

2. 铁路车辆

铁路车辆是装运货物的工具，它没有动力装置，需要把车辆连挂在一起由机车牵引，才能完成运输任务。常用铁路车辆有棚车、罐车、敞车等。

（1）棚车。

棚车（见图 8－2）是铁路货车中的通用车辆，用于运送怕日晒、雨淋、雪侵的货物，包括各种粮食、日用工业品及贵重仪器设备等。

（2）罐车。

罐车（见图 8－3）是车体呈罐形的运输车辆，用来装运各种液体、液化气体和粉末状货物等，这些货物包括汽油、原油、各种粘油、植物油、液氨、酒精、水、各种酸碱类液体、水泥、氧化铝粉等。

（3）敞车。

敞车（见图 8－4）是有端壁、侧壁、地板而无车顶，向上敞开的运输车辆，主要供运送煤炭、矿石、矿建物资、木材、钢材等大宗货物用，也可用来运送重量不大的机械设备。若在所装运的货物上蒙盖防水帆布或其他遮篷物后，可代替棚车承运怕雨淋的货物。因此敞车具有较强的通用性。

图 8－2　棚车

图 8－3　罐车

图 8－4　敞车

三、水路运输

水路运输是目前各主要运输方式中产生最早、历史最长的运输方式。

（一）水路运输的概念

水路运输又称船舶运输，是利用船舶等运载工具在水上进行运输的一种运输方式，简称水运。水路运输按船舶航行的路线可以分为利用海洋的海上运输和利用河川、湖泊等内陆水域的运输，即内河运输。

（二）水路运输的特点

1. 运载量大

水路运输工具的单位装载量是其他运输方式不可比的。例如，我国海运原油船舶载重已达到 10 万吨级，煤炭运输船舶达到 6 万吨级。

2. 投资小，成本低

水路运输成本明显低于航空、公路、铁路运输，因此适宜运输单价价值低产品，如矿石、木材、农产品等。

3. 续航能力强，环境污染小

与其他运输方式相比，同等距离、等量产品运输中，水路运输所消耗的能源最少。

4. 运输速度慢

与其他运输方式比较，水路运输周期较长。

5. 受气候、季节、港口条件影响较大

遇到恶劣天气，航期不能保证，包装破损等情况时有发生。

（三）水路运输的分类

水路运输分类有多种，主要分类标准有贸易种类、航行区域和船舶运营组织形式三种，如表 8－4 所示。

表 8－4　水路运输的分类

分类依据	分类	内容
贸易种类	外贸运输	本国同其他国家和地区之间的贸易运输
	内贸运输	本国各地区之间的贸易运输
航行区域	远洋运输	国际运输，以外贸运输居多
	沿海运输	几个邻海域区间或本海域内部的运输，以内贸运输为主
	内河运输	一条河流或几条河流运输，一般为国内运输
	湖泊运输	一个湖区内的运输，大多属于国内运输
船舶运营组织形式	班轮运输	选配适合具体运营条件的船舶，在规定航线上定期停靠若干固定港口的运输
	租船运输	船舶运行没有固定航线，按运输任务或租船合同组织的运输

四、航空运输

（一）航空运输的概念

航空运输指利用飞机作为运载工具进行货物运输的一种方式。航空运输在我国运输业中主要承担长距离的运输任务。航空运输快速、安全，但运输成本较高。航空运输主要运输的商品有两类：一是运输时间受限的商品，如花卉、海鲜等保鲜商品；二是价值高的商品，如贵金属、珠宝、手表、相机、艺术品等贵重货物。

（二）航空运输的特点

1. 安全可靠，速度快

航空公司可以提供可靠的运输服务，且速度远快于其他运输方式，使其在长途短时运输上有突出优势。

2. 有助于提高企业对市场的反应能力

航空运输的快捷服务可使企业根据市场信息迅速做出反应，推出适销对路的商品，占领市场。

3. 货物损耗少

航空运输飞机平稳，货物不会受到太大的外力影响，因而被运送货物只需简单包装即可。航空运输安全准确，货物损耗少。

4. 不受地形限制，机动性强

空运很少受陆地地形限制，且受航线条件限制的程度比公路运输、铁路运输和水路运输小很多。

5. 运费高，运载能力有限

航空运输费用高于其他运输方式，运载能力受飞机尺寸和载重能力的限制。

实例链接：长沙的国际航线

五、管道运输

（一）管道运输的概念

管道运输是使用管道输送货物的一种运输方式。管道运输的货物主要是油品、天然气、煤浆及其他矿浆。管道运输与其他运输方式的区别在于管道设备是静止的。

（二）管道运输的特点

1. 运量大

一条输油管线可以源源不断地完成输送任务。根据管径的大小不同，每年的运输量可达数百万吨到几千万吨，甚至超过亿吨。

2. 占地少

运输管道通常埋于地下，占用的土地很少。运输系统的建设实践证明，运输管道埋藏于地下的部分占管道总长度的95%以上，因而对于土地的永久性占用很少，分别仅为公路的3%、铁路的10%左右。在交通运输规划系统中，优先考虑管道运输方案，对于节约土地资源意义重大。

3. 建设周期短，费用低

国内外交通运输系统建设的大量实践证明，管道运输系统的建设周期与相同运量的铁路建设周期相比，一般来说要短1/3以上。我国建设大庆至秦皇岛全长1 152km的输油管道，仅用了23个月的时间，而若要建设一条同样运输量的铁路，至少需要3年时间。特别是在地质地貌条件和气候条件相对较差的情况下，大规模修建铁路难度更大、周期更长。统计资料表明，管道建设费用比铁路低60%左右。

4. 安全可靠

由于石油、天然气易燃、易爆、易挥发、易泄漏，采用管道运输方式既安全，又能大大减少损耗，同时由泄漏导致的对空气、水和土壤污染也可大大减少。也就是说，管道运输能较好地满足运输工程的绿色化要求。此外，由于管道基本埋藏于地下，其运输过程受气候条件影响小，可以确保运输系统长期稳定地运行。

5. 耗能少，成本低，效益好

管道运输是一种连续工程，运输系统不存在空载行程，因而系统的运输效率高。理论分析和实践经验已证明，管道口径越大，运输距离越远，运输量越大，运输成本就越低。

6. 灵活性差

管道运输不如其他运输方式灵活，除承运的货物比较单一外，也不容随便扩展管线，难以实现“门到门”的运输服务。一般来说，管道运输常常要与铁路运输或公路运输、水路运输配合才能完成全程输送。同时，为了进行连续输送，还需要在各中间站建立储存库和加压站，以保证管道运输的畅通。

7. 专用性强，专营性强

运输对象受到限制，承运的货物比较单一。只适合运输诸如石油、天然气、化学品、碎煤浆等气体和液体货物。管道运输属于专用运输，其生产与运销合为一体，不提供给其他发货人使用。

对于上面介绍的五种基本运输方式，企业应该结合自己的经营特点、商品性能和市场需求综合考虑，选择合理的运输方式。各种运输方式的运营特点如表 8-5 所示。

表 8-5 各种运输方式的运营特点

运输方式	运输速度	可用性	可靠性	运输能力	使用频率	成本费用
铁路	一般	良	一般	良	稍差	良
公路	良	优	良	一般	良	稍差
水路	稍差	稍差	差	优	差	一般
航空	优	一般	稍差	稍差	一般	差
管道	差	差	优	差	优	优

任务三 特种货物运输

课堂讨论

1. 特种货物是指什么？
2. 特种货物应选择何种运输方式？

知识准备

特种货物包括危险货物、鲜活易腐货物和贵重货物。对于专业要求高、操作难度大的特种货物，如何采用运输服务，克服各种不利因素的影响，保证货物安全送达目的地，是运输中经常遇到的问题。

一、危险货物运输

（一）危险货物的概念

知识链接：空运中隐含危险品的物质

危险货物是指具有燃烧、爆炸、腐蚀、毒害、放射、污染等性质，在运输、装卸和储存过程中容易造成人身伤亡和财产毁损而需要特别防护的货物。

危险货物一旦发生事故，将给人身、财产及水域、陆域和大气环境等造成严重损害。

（二）危险货物的分类

危险货物的分类如表 8-6 所示。

表 8-6　危险货物的分类

类别	分类	内容	举例	标志
爆炸品	爆炸性物质	通过自身化学反应发生爆炸的固体或液体物质	硝酸铵、重氮甲烷	爆炸品 1
	烟火物质	通过产生热、光、声、气体或所有这一切的结合发生非爆炸性化学反应的一种或几种物质的混合物	烟火制品	
	爆炸性物品	含有一种或多种爆炸性物质的物品	雷管	
气体	易燃气体		氢气、一氧化碳、甲烷	有毒气体 2
	非易燃 无毒性气体	在压力不低于 280kPa 的条件下运输，或以冷冻液体状态运输的具有窒息性的气体，会稀释或取代通常空气中氧气的气体，氧化性气体。	氧气、氮气、二氧化碳	
	有毒性气体	引起人体正常功能损伤的气体	一氧化氮、二氧化硫	
易燃液体	一般易燃液体	在常温下以液体状态存在，遇火容易引起燃烧，闪点在 60℃ 以下	汽油、乙醚、乙醛	易燃气体 2
	液态退敏 爆炸品	溶解或悬浮在其他液态物种中形成一种均匀的液体混合物，以抑制其爆炸性质的爆炸性物质	油漆、清漆	
易燃固体、易自燃物、遇水易燃物			红磷、油布、镁粉	易燃固体
氧化物质和有机过氧化物			高锰酸钾、甲酸	氧化剂 5.1
有毒物质		吞咽、吸入或皮肤接触时易造成死亡、严重损害或损害人体健康的物质		感染性物品 6
感染性物质		已知或一般有理由相信含有病原体的物质		
放射性物质		放射性比较活跃和总活度超过《国际海运危险货物规则》规定的任何含有放射性核素的物质	铀	三级放射性物品 III 7

续表

类别	分类	内容	举例	标志
腐蚀品		化学反应严重伤害所接触的生物组织，或从其包件中撒漏亦能导致对其他货物或交通工具损害的物质	硝酸、硫酸、氧化钠	

（三）危险货物运输应注意的问题

实例链接：张石高速保定段“5·23”重大危险化学品运输车辆燃爆事故

1. 公路危险货物运输

公路危险货物运输中要注意以下几点：

（1）危险货物托运人应当委托具有公路危险货物运输资质的企业承运，并严格按照国家有关规定包装货物，向承运人说明危险货物的品名、数量、危害、应急措施等情况。

（2）不得使用罐式专用车辆或运输有毒、腐蚀、放射性危险货物的专用车辆运输普通货物。其他专用车辆可以从事食品、生活用品、药品和医疗器具以外的普通货物运输活动，但应对专用车辆进行消除危险处理，确保不对普通货物造成污染和损害。

（3）专用车辆应该按照国家《道路运输危险车辆标志》的要求悬挂标志，并根据所运危险货物的性质配备必需的应急处理器材和安全防护设施设备。

（4）危险货物不得与普通货物混装。

（5）公路危险货物的运输企业应采取必要措施防止危险货物脱离、撒漏、丢失以及燃烧、爆炸、辐射、泄漏等。

（6）在公路危险货物运输中，除驾驶人员外，专用车辆上还需另外配备押运人员，对运输全过程进行监控。

（7）在危险货物保管和储运过程中，应根据其性质和保管要求分区存放，防止混杂和破损。

2. 铁路危险货物运输

危险货物的运输包装和内包装应按“铁路危险货物品名表”及“危险货物包装表”的规定确定包装方法，同时还需符合下列要求：

（1）包装材料的材质、规格和包装结构应与所装危险货物的性质和重量相适应，包装容器与所装货物不得发生危险反应或削弱包装强度。

（2）盛装液体危险货物的容器应至少留有5%的空隙。

（3）液体危险货物要做到液密封口，对可产生有害蒸气、易潮解或遇酸雾可能发生危险反应的应做到气密封口。对必须装有通气孔的容器，其设计和安装应能防止货物流出和杂质、水分的进入，且排出的气体不致造成危险或污染。

（4）包装应坚固完好，能抗御运输和储存装卸过程中的正常冲击、震动和挤压，并便于装卸和搬运。

（5）包装表面应清洁，不得黏附所装物质和其他有害物质。

3. 水路危险货物运输

根据危险货物的性质和水路运输的特点，危险货物的包装应满足以下基本要求：

（1）包装的规格、形式和单件重量应便于装卸或运输。

（2）包装材料应具有一定的强度，能经受住运输中的一般风险。

（3）包装方法应与拟装货物的性质相适应，包装内的衬垫材料和吸收材料应与拟装货物性质相容，并能防止货物移动和外漏。

（4）包装应干燥、清洁、无污染，并能经受住运输过程中温度与湿度的变化。

（5）用容器盛装液体货物时必须留有足够的膨胀余位，防止在运输中因温度变化而造成容器变形或货物渗漏。

4. 航空危险货物运输

根据危险货物的性质和航空运输的特点，危险货物的包装应满足以下基本要求：

（1）航空运输的危险货物应该使用优质包装容器，该包装容器应当构造严密，能够防止在正常的运输条件下由于温度、湿度或压力的变化，或由于振动而引起渗漏。

（2）包装容器应当与内装物品相适应，直接与危险物品接触的包装容器不能与该危险物品发生化学反应或其他反应。

（3）包装容器应当符合国家航运技术细则中的有关材料和构造的规格的要求。

（4）对于盛装液体的包装容器，应当承受技术规定所列明的压力而不渗漏。

（5）内包装应当进行固定或衬垫，控制其在外包装容器的移动，以防止在正常航空条件下发生破损或渗漏。垫衬和吸附材料不得与内装物发生危险反应。

（6）包装容器应当在检查后证明其未受腐蚀或其他损坏时，方可再次使用。当包装容器再次使用时，应当采取一切必要措施防止随后装入的物品受到污染。

（7）包装件外部不得黏附构成危害数量的危险物质。①

二、鲜活易腐货物运输

（一）鲜活易腐货物的概念

鲜活易腐货物是指在运输过程中需要采取一定措施以防止其死亡和腐烂变质的货物。

公路运输的鲜活易腐货物主要有鲜鱼虾、鲜肉、水果、蔬菜、牲畜、鲜花、秧苗等；铁路运输的鲜活易腐货物主要有肉及肉制品、鱼及鱼制品、奶及奶制品、蛋及蛋制品、油脂、水果和蔬菜等。

（二）鲜活易腐货物运输的特点

1. 季节性强，运量波动大

鲜活货物大都是季节性生产的产品，例如水果集中在夏季，水产品集中在春秋汛期，南菜北运集中在冬春两季。这就造成鲜活货物运量波动较大，运输计划难以固定。

2. 品类多，运距长，组织工作复杂

我国出产鲜活货物有几千种，性质各不相同，加之南北气温差异大，车辆途经不同地区时需要变换运输条件，一次运输过程中可能间有冷藏、保温和加温三种方法，比普通货

---

① 节选自《民用航空危险品运输管理规定》。

物的运输组织工作复杂得多。

3. 运输时间要求紧迫

鲜活货物的特点是新鲜，其能否保持鲜活的性质与运输时间的长短密切相关。例如用铁路运输鲜活货物时，即使使用特殊车辆、采用特殊措施，但运输时间过长还是会影响鲜活货物的质量。

4. 易受外界条件的影响

鲜活货物受客观环境影响很大，对外界温度、湿度、卫生条件等都有一定的要求。为此，人们采取各种保藏方法来延长鲜活货物的保存期限，冷藏是迄今为止最普遍、最有效的方法。

（三）鲜活易腐货物运输的要求

1. 运输过程中保持一定的温度和湿度

运输过程中的温度和湿度对鲜活货物的质量有很大影响。例如冻肉运输要求加冰冷藏，车内保持一定的温度和湿度。

2. 要求配备相应的运输服务设备

为安全运输，要求有关站场配备为易腐货物运输服务的制冰设备和加冰、加盐设备；为活体动物服务的加水、供料设备等。

3. 要有良好的卫生条件

运输鲜活货物的全过程必须具有良好的卫生环境，以避免或减少鲜活货物的腐坏、变质等。

4. 组织快速运输

随着运输时间的增长，鲜活货物腐烂变质的可能性会增加，因此要求对鲜活货物组织快速运输。

（四）鲜活易腐货物运输应注意的问题

1. 公路鲜活易腐货物运输

鲜活易腐货物的特殊性要求其运输要及时，充分发挥公路短途运输速度快、可直达的特点，协调好仓库、配载、运输等各环节，保证货物质量。

运输时要检查货物重量、包装和温度。应根据货物的种类、运输季节、运输距离等确定相应的运输服务方法，及时组织适宜车辆予以运输。

2. 铁路鲜活易腐货物运输

（1）鲜活易腐货物的承运。

对货物质量、包装等进行检查，承运时注意鲜活易腐货物的运到期限和容许运送期限。对于畜禽产品和鲜活植物，应取得动植物检验检疫证后才能承运。

（2）鲜活易腐货物的装车。

装运鲜活易腐货物时，根据货物种类、数量、状态、外界温度和运输距离等选择适宜的车辆，装车后认真对车辆进行技术检查和货运检查。使用冷藏车装车前应进行预冷。

（3）鲜活易腐货物的运输。

运输鲜活易腐货物过程中，装车、取送等作业应该紧密配合，实行快速作业。为保证冷藏车快速运行，应对冷藏车的运行实行监督控制，以便提高冷藏车的运用效率。

鲜活易腐货物卸车时，应对货物状态和温度情况、卸车时间等进行记录，以备查。遇到变质情况，应会同收货人检查变质程度。

3. 航空鲜活易腐货物运输

（1）鲜活易腐货物包装要适合，并且包装内不得带有水等液态物质，以确保在运输途中不因包装破损或有液体溢出污损飞机设备和其他货物。

（2）怕压物品，外包装应坚固抗压；需通风的物品，包装应有通气孔。

（3）鲜活易腐物品托运时通常贴特有标签。

（4）尽可能采取直达航班，优先发运。

（5）客运班机不得装载有不良气味的鲜活易腐物品。

（6）应尽可能安排货物在工作日到达中转或目的站。

三、贵重货物运输

（一）贵重货物的分类

凡交运的一批货物中，含有下列物品中的一种或多种的，称为贵重货物：

（1）黄金（包括提炼、未提炼的金锭）、混合金、金币以及各种形状的黄金制品；白金（即铂）类稀有贵重金属和各种形状的合金制品。

（2）合法的有价票据。

（3）钻石珠宝及珍贵饰品。

（4）珍贵文物。

（二）贵重货物的运输包装要求

（1）贵重货物的包装必须完整牢固，适合运输，不能有开口、破裂、短缺等现象。

（2）贵重货物的包装材料和方法应符合国家或运输行业规定的包装标准。

（3）箱内要放有垫衬物，使物品不相互移动和相互碰撞。

（4）贵重货物外包装必须要有铅封或火漆封志且应当完好；严禁使用贴签，只能使用挂签；不可有任何对内装物做出提示的标记。

（三）贵重货物运输的一般规定

（1）贵重货物对重量的要求比一般货物要苛刻，需要精确的磅秤称重，实际毛重以0.1千克为单位。

（2）贵重货物不得使用地面运输。

（3）贵重货物不得与其他货物混装在同一个集装箱内。

（4）贵重货物散货舱运输时，在条件许可下，应单独装舱；优先使用直达航班。

（5）贵重货物的装载情况应在载重表单和载重电文中申明。

（6）运输贵重货物应尽量缩短货物在始发站、中转站和目的站机场的时间，避开周末或节假日交运。

项目小结

本项目介绍了商品运输的概念、功能、运输方式及特种货物运输的内容。

公路运输的概念有广义和狭义之分。公路运输具有机动灵活、适应性强，可以实现“门对门”的运输，中短途运输速度快，同时也有运载量受限、单位运输成本高、安全程度较低的不足。

铁路运输是我国货物运输的主要方式之一，与公路运输相比，其运量大，单位运输成本较低。铁路运输按组织形式可以分为整车运输、零担运输和集装箱运输三种。

水路运输是主要以水域为运输活动范围的一种货运方式，承载能力大、投资小、成本低，受自然环境影响较大。根据贸易种类、航行区域和船舶运营组织形式等不同标准可将水路运输分为不同种类。

航空运输与其他运输方式相比，具有运输安全、速度快、货物损耗少、受地形限制小、机动性强等特点。

管道运输的货物主要是油品、天然气、煤浆及其他矿浆，具有运量大、占地少、建设周期短、连续性强等特点。

特种货物主要包括危险货物、鲜活易腐货物和贵重货物。对于专业要求高、操作难度大的特种货物运输，如何采用运输服务，克服各种不利因素的影响，保证货物安全送达目的地，是运输中经常遇到的问题。

练习与实战演练

一、基础训练

（一）判断题

1. 凡是具有燃烧、爆炸、腐蚀、毒害和放射性质的，在运输过程中能引起人身伤亡、使人民财产受到损毁的货物，均为危险物品。（　　）

2. 由于汽车体积较小，中途一般不需要换装，除了可沿分布较广的路网运行外，还可离开路网深入工厂企业、农村田间、城市居民住宅等地，即可以把旅客和货物从始发地门口直接运送到目的地门口。（　　）

3. 公路运输的特点是运输量较小，成本高，运行持续性差，掌握车辆驾驶技术容易，在长途运输中运送速度较快。（　　）

4. 危险货物可以办理途中装卸。（　　）

5. 按保价运输的货物和不按保价运输的货物可作为同一批进行运输。（　　）

（二）单选题

1. 灵活性强，常用来承运近距离、小批量货运的运输方式是（　　）。

A. 水路运输　　B. 铁路运输　　C. 公路运输　　D. 管道运输

2. 相对于其他运输方式，公路运输的最大特点是（　　）。

A. 速度快　　B. 成本低　　C. 货损率低　　D. 门到门服务

3. 一批货物需要两种以上运输工具是（　　），一次托运、一次收费、一票到底、全程负责。

A. 联合运输　　B. 保价运输　　C. 特种运输　　D. 整车运输

4. 将山西大同的 1 万吨煤炭运往北京，选择（　　）方式比较合适。

A. 公路运输　　B. 铁路运输　　C. 航空运输　　D. 水路运输

5. 铁路运输区别于其他运输方式最显著的特点是(　　)。

A. 运输能力大　　B. 安全可靠

C. 准确性和连续性强　　D. 速度比较快

（三）多选题

1. 公路运输按运营方式划分为(　　)。

A. 整车运输　　B. 零担运输　　C. 包车运输　　D. 联合运输

2. 水路运输分类按航行区域划分为(　　)。

A. 外贸运输　　B. 远洋运输　　C. 内河运输　　D. 湖泊运输

3. 管道运输的优点是(　　)。

A. 灵活性差，固定投资大　　B. 使用频率高

C. 灵活性强　　D. 专营性强

4. 下列属于危险货物图标的是(　　)。

A.

B.

C.

D.

二、拓展训练

经历了改革重组的中国航运巨头——中国远洋海运集团有限公司，不仅在 2017 年交出了一份亮眼的“成绩单”，更是全速向着“一带一路”建设等国际化之路远航。2016 年 2 月，在国际航运市场持续低迷的背景下，中国两大航运巨头——中国远洋和中国海运选择以重组的方式成立新的中国远洋海运集团有限公司（以下简称“中远海运”）。这场重组被称为“国内资本市场有史以来最为复杂的交易”，涉及资产交易 74 项、交易金额 600 亿元，却在不到一年的时间里，就完成了主要业务板块的整合和新集团的组建。高效的改革重组为这个航运巨头注入了新的活力。截至 2017 年年底，中远海运经营船队综合运力 8 635 万载重吨/1 123 艘，排名世界第一。除了集团总运力规模世界第一之外，在运力上，中远海运还拥有 3 个“世界第一”，即干散货、油轮和杂货特种船队运力排名世界第一。2017 年，中远海运实现利润总额 190 亿元，同比增长 18.2%；实现净利润 150 亿元，同比增长 276.4%，连续两年超额完成国资委考核指标目标。连续亏损多年的航运主业在市场低迷的情况下实现了扭亏为盈。

中远海运聚焦“一带一路”沿线，提速全球航线网络布局和港口布局。至 2017 年年底，中远海运在“一带一路”沿线已完成投资约 170 亿元，其中码头项目股权及配套固定资产投资约 145 亿元。在境外共投资 18 个码头，其中，“一带一路”沿线码头 15 个。

请思考：

重组后的中远海运采取了哪些业务策略应对全球航运市场持续低迷的压力，实现扭亏为盈？

商品价格管理

项目目标

知识目标

1. 了解商品价格的概念、特点和基本理论。
2. 理解商品价格的影响因素。
3. 掌握商品价格策略。

能力目标

1. 能分析商品价格策略。
2. 能独立完成新商品价格的制定。

情感目标

满足学生对商品价格的求知欲，培养学生对商品价格影响因素的学习兴趣，通过开展模拟商品价格制定活动，使学生掌握商品价格策略方法。

思维导读

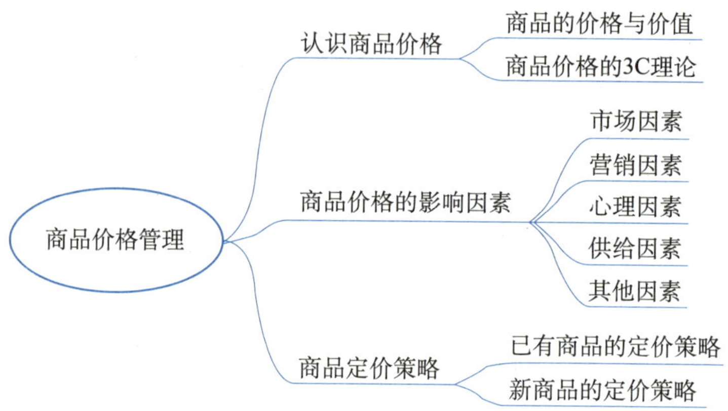

项目引例

格兰仕价格策略的成功运用

信奉“价格竞争是最高层次的竞争”理念的格兰仕在短短六年时间内，通过“三大战役”，成功运用价格策略，在市场中确立了霸主地位。

1996 年 8 月，格兰仕集团在全国范围内打响微波炉的价格战，降价幅度平均达 40%，带动我国微波炉市场从 1995 年的不过百万台增至 200 多万台，并以全年产销量 65 万台的规模，占据全国 34.7%的市场份额，确立了市场领先地位。

1997 年，格兰仕趁着洋品牌尚未在中国站稳脚跟，国内企业尚未形成气候之际，在春节后发起了微波炉市场的第二大战役——“阵地巩固战”。这次格兰仕采取买一送一的促销活动，发动新一轮的让利攻势。规定凡购买格兰仕任何一款微波炉者均赠送一个高档电饭煲。5 月底，格兰仕进一步“火上加油”，突然宣布在全国许多大中城市实施“买一赠三”，甚至“买一赠四”的促销大行动。伴随着东南亚爆发的金融危机，韩国企业受到重创，再度给格兰仕创造了一个绝好的市场契机。10 月，格兰仕凭借其规模优势所创造的成本优势，再度将 12 个品种的微波炉降价 40%，在国内微波炉市场全面实施薄利多销的“组合大促销”策略，以抑制进口品牌的广告促销攻势。如购买微波炉除获得高档电饭煲、电风扇等赠品外，还有“98 世界杯”顶级球星签名的足球和名牌空调大抽奖。这种被同行业称为“毁灭性”的市场营销策略，再度在全国市场引起巨大震动。品牌消费的高度集中使得格兰仕的产销规模迅速扩大，到 1998 年 3 月市场份额已达到 58.69%，史无前例地刷新了行业纪录。

在取得市场的绝对优势后，格兰仕并没有因此停滞不前，反而乘胜追击，加大市场冲击力度，发动了微波炉市场的第三大战役——“品牌歼灭战”。格兰仕依靠规模优势所创造的成本优势连续几次大降价，获得了微波炉的霸主地位，同时也加速了微波炉这一产业的价格下降。通过降价，格兰仕成功地为这个行业竖起了一道价格门槛，促使不少竞争对手退出了竞争，也使很多想进入的企业望而却步。

目前，格兰仕垄断了国内60%、全球35%的市场份额，成为中国乃至全世界的“微波炉大王”。格兰仕用11年的时间完成了从一家乡镇羽绒制品厂到全球最大的微波炉生产商的转变。

资料来源：河南科技学院经济与管理学院．格兰仕微波炉的价格策略．(2013-01-08)[2019-11-01]. http://jjyglxy.hist.edu.cn/info/1118/1548.htm.

请思考：

格兰仕的价格策略有什么成功之处？

➡引例分析

格兰仕在关键时期运用价格调整，一次又一次成功地占据了市场。价格受很多因素的影响，有企业内部因素，也有外部环境因素。及时发现内外部因素的变化，进行有效的价格调整，才能让企业在竞争中立于不败之地。

任务一　认识商品价格

课堂讨论

1. 商品的价格指的是什么？
2. 商品的价格是由什么决定的？

知识准备

商品的价格是消费者对商品最直观的认识，同时也是商品本身价值最直接的体现。

一、商品的价格与价值

（一）商品价格

从狭义上讲，价格是指某种商品或服务的货币数量。从广义上讲，价格是消费者为了获得或使用某种商品或者服务而需要支付的货币金额。价格对应的可以是有形的商品，即看得见、摸得着，可直观展现的实际物品，如电脑、书本、桌椅等；也可以是无形的商品，即没有具体形态但可供使用的服务。

❖ **例：**电脑里的软件升级、手机里的App、家政市场上提供的清洁劳动等，都是可以为消费者提供服务或拥有体验过程的无形商品。

有形商品：电脑、书本、桌椅

无形商品：电脑软件、家政服务

长期以来，价格都是在消费者进行购买决策时需要考虑的一个重要因素，也是商品管理中最重要的部分。因为价格是商品管理中灵活性很高的一个因素，价格管理如果出现问题，会对企业和消费者造成双重影响，所以许多管理者对价格管理的研究十分关注。

实例链接：车险新规：2019年车险改革

（二）商品价值

价值指的是凝结在商品中的无差别的人类劳动（包括体力劳动和脑力劳动）。价值是商品的本质属性，是从商品产生时就自带的特有属性。无差别人类劳动可以理解为劳动者无论通过什么形式或者渠道进行劳动或工作，统一视为人类劳动。体力劳动可以理解为是工人进行的辛苦工作，也可以是服务人员进行的辛苦工作等。脑力劳动可以理解为是技术研发人员经过试验和实践得出的研究成果，也可以是服务人员创造或设计获得的智慧结晶等。

❖ **例：** 两块蛋糕的价格是10元，消费者需要该种食物，并且认为蛋糕的食材内容和食品质量符合这个价格，进而决定购买。消费者食用蛋糕获得饱腹感的过程，就是蛋糕最基本的使用价值。品尝蛋糕时，蛋糕为消费者提供的香气和美味，以及消费者食用时的愉悦心情，是蛋糕为消费者带来的心理价值。

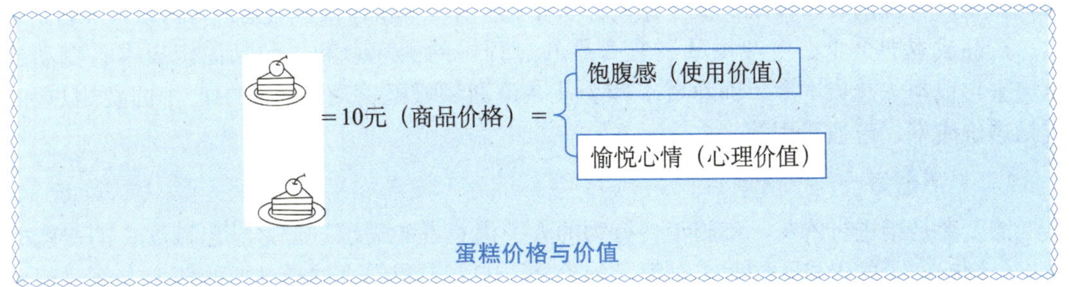

蛋糕价格与价值

商品的价格与其使用价值和心理价值不一定呈正相关，尤其是在一些特殊商品上，甚至有相反的体现。

❖ 例：一款奢侈品牌皮包，价格是 20 000 元，其使用价值，即耐用性和质量，可能和普通品牌价格为 200 元的皮包差别不明显。但是奢侈品牌皮包的品牌影响让消费者在使用皮包时感受到社会地位的提升，享受尊贵顾客级别的购物服务，这些心理价值远远高于普通品牌皮包。

心脏病病人使用的速效治疗药丸，每颗价格仅在 1 元左右，但是药丸在危急情况下缓解病人危险病症的使用价值，以及拯救病人生命和给病人家庭带来的益处，远远高于这 1 元。

所以，商品的价格大部分可以体现该商品的使用价值和心理价值，但也有很多特殊情况，不能一概而论。

二、商品价格的 3C 理论

3C 理论是一种分析影响商品价格主要因素的理论模型，它包括：成本（cost）、消费者（customer）、竞争者（competitor）。这三个因素既可以是独立的，有时又是相互关联的。了解并掌握 3C 理论的具体模型，有助于分析商品价格的基本构成要素和影响方面，在进行商品价格的确定和调整时，可以有针对性地达到目标。商品价格区间如图 9－1 所示。

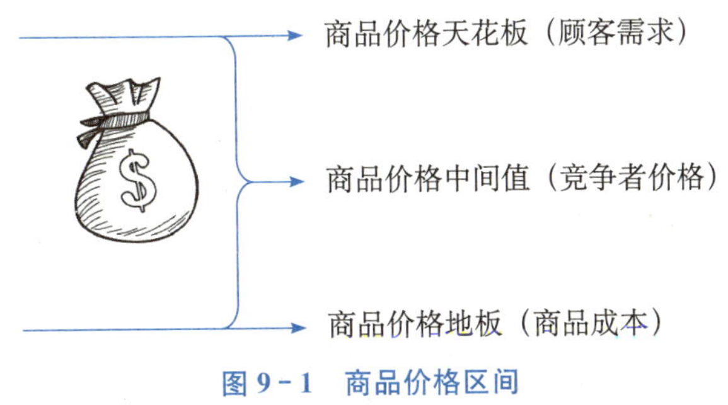

图 9－1　商品价格区间

（一）成本

成本是指在生产生活中所使用的生产要素价格，即生产费用。商品的生产要素包括但不限于原材料、劳动力、机械设备、物流、科技软件等。成本是商品价值的重要组成部分，是生产要素的货币体现。成本是商品价格的下限。商品的成本包括产品成本和商业成本。产品成本即企业在生产领域制造商品的过程中的消耗总和，包括固定成本、变动成本、平均成本、总成本等。商业成本即企业在流通领域经营商品过程中产生的费用总和，包括进价成本、流通费用等。

（二）消费者

消费者是指进行购买、实施消费行为的人。消费者的需求、偏好、忠诚度、消费能力等均会影响商品的价格，同时也被商品的价格影响着。我们通过最主要的两个方面对消费者进行分析：需求和忠诚度。

1. 需求

需求是生产和消费的源头。有需求就会有生产，有生产出的商品，就会刺激消费者做出消费决策和行为。分析需求的不同层次，了解不同层次消费者的需求目标，才能有效地为商品合理定价。

（1）马斯洛需要层次理论。

消费者产生商品消费行为，大多源于需求。人类的需要，是一种缺乏的状态，包括但不限于对食物、外饰、安全、情感归属、自我实现等个人及社会的需要。美国著名社会心理学家亚伯拉罕·马斯洛提出的“马斯洛需要层次理论”，完整清晰地阐述了人在不同阶段的需求。该理论从下至上的需求层次如图 9-2 所示，只有满足基本需求，才会逐步往上追求高级需求。

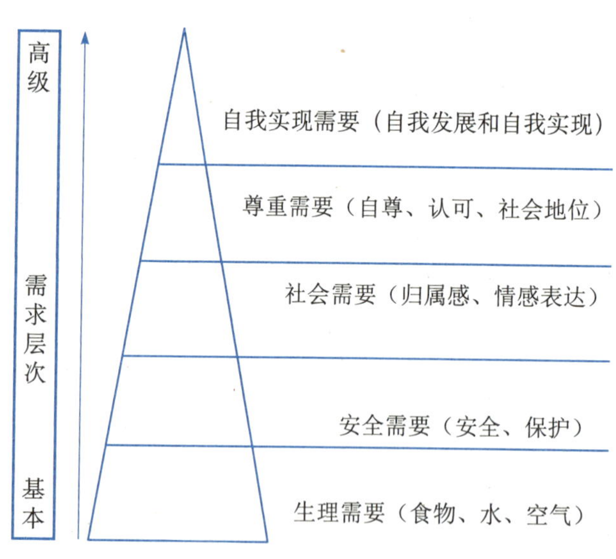

图 9-2　马斯洛需要层次理论

第一层是生理需要，即人类最基本的也是最低标准的生理生存需求。生存所必需的食物、水、空气是每个人的生理需求基础，一旦缺失，很可能对人类自身的生存造成影响。

> ※ 例：在国际上，一些极其贫困的地区缺少粮食和水，不能保障人类存活的最基本需求，就无法再谈及其他更高层次的需要。所以说，这层生理需要是最底层的需要。

第二层安全需要，是在第一层生理需要得到保障的基础上建立的。安全需要是指人类生存得到保障后，期望达到生活安全和被保护的层面。

❖ 例：在国际上，一些不贫困但饱受战乱折磨的地区，以及一些自然灾害频发的地区，或者疾病蔓延的地区，就是安全需要难以达到满足。人类在满足生理需要后，期望生活在平稳安全的环境中，这就是人类的安全需要。

第三层社会需要，是在第二层安全需要达到满足后的延伸。社会需要是指人类在吃饱穿暖、健康安全的基础上，希望能在情感上有所表达和慰藉。简单地讲，是人类在群体生活中，希望实现亲情、友情、爱情的一种精神需求，是在社会交际中获得归属感的过程。

❖ 例：在日常生活中，子女期望得到父母的爱护和关注，夫妻希望得到彼此的信任和理解，朋友之间希望得到支持和帮助，这些都是人类的社会需要。

第四层是尊重需要，是较高层次的人类需要。尊重需要是指道德和精神层面人们的一些心理需求，在满足感情交流后，希望能在个人能力和社会地位上获得认可。

❖ 例：在学校学习过程中，在和同学相处融洽的基础上，加入学生会，锻炼领导能力，组织并带领同学们完成活动，获得同学们的钦佩，这是尊重需要；在公司工作中，在和同事和谐共事的基础上，担任管理职务，领导团队完成项目，获得公司的赏识和认可，这也是尊重需要。

第五层是自我实现需要，这是最高层次的人类需求，是一个人成长发展的终身目标。自我实现需求是指在人生中，努力挖掘自身最大的潜能，不断提升自己的能力，升华自己的过程。这个层次的需要是较难实现的，是为数不多的群体可以企及的需要顶端。

（2）需求价格弹性。

需求价格弹性，即需求对价格变化的反应。如果价格变动后，需求的变化小，就是需求缺乏弹性；如果价格变化后，需求发生了明显改变，则说明需求富有弹性。通常来讲，生活必需品的需求价格弹性小，而非生活必需品的需求价格弹性大。

❖ 例：大米、食用盐、饮用水等，即使涨价，消费者的需求也不会有太大变动。黄金、珠宝饰品等大幅度涨价会让消费者购买行为减少。

2. 忠诚度

消费者的忠诚度是指他们对某商品的持续认可度，且在同等竞争商品情况下，依然愿意购买该种商品的程度。消费者的忠诚度与价格之间也是相互关联的。根据消费者的潜在的盈利和预计的忠诚度，将消费者分为四种类型（见图 9－3）。

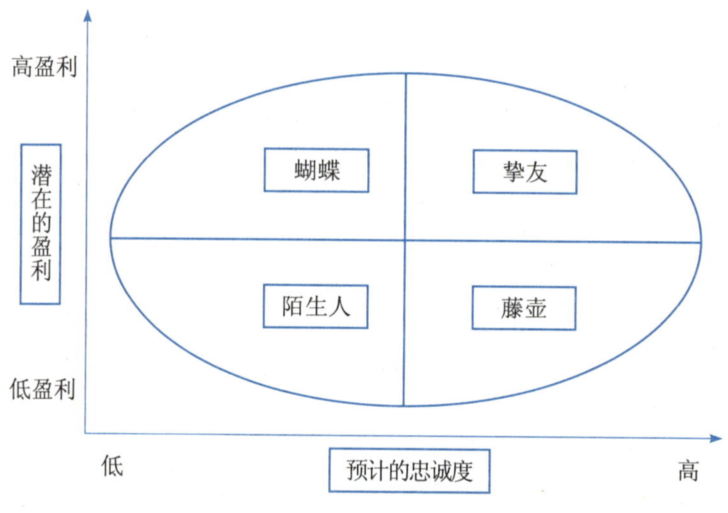

图 9-3 消费者类型

（1）“陌生人”代表低盈利和低忠诚度的消费者。他们大多是无规律少次数消费，且购买的范围利润单薄。对于这部分消费者，价格管理上不必耗费太大精力进行培养和维护。

（2）“蝴蝶”代表高盈利但低忠诚度的消费者。他们购买的范围利润较高，但购买的次数少或无规律。这部分消费者就像美丽的蝴蝶，虽然高盈利十分吸引人，但是只是短暂停留，随时会飞走。对于这部分消费者，价格上可以通过适当的促销手段吸引他们，来达到短期但很高的盈利目的。

实例链接：
“88VIP”项目

（3）“挚友”代表高盈利且高忠诚度的消费者，是很好的伙伴。对于这部分消费者，价格管理方面可以持续培养他们，以期望他们在自己得到长期实惠的同时，也能影响到更多新的消费者。

（4）“藤壶”代表高忠诚度但低盈利的消费者。他们大多是购买频繁或有规律，但购买范围利润较低。这部分消费者就像吸附在船身上的藤壶，长期陪伴，但若数量巨大也会拖累船身。对于这部分消费者，因为其忠诚度较高，价格管理方面可以尝试提高价格或减少服务成本，或许能带来较高盈利。

（三）竞争者

商品市场是丰富多元的，同类相似的商品应有尽有，这就出现了很多竞争者。竞争者之间的竞争关系，对商品的价格也有着直接影响。商品的价格上限和下限之间的波动区间取决于竞争状态。一方竞争者的商品价格一旦发生稍大变化，会牵连整个商品市场的价格。竞争者之间常常处于博弈状态，短期的价格战可能会让利于消费者，并让经营者尝到薄利多销的甜头，但持久的价格战反而会让消费者麻木，让经营者承担赔本风险，苦不堪言。所以在进行商品价格管理时，既要考虑自身商品，又要参考竞争者商品，适当做出价格调整。

任务二　商品价格的影响因素

课堂讨论

1. 影响商品价格的因素有哪些？
2. 消费者的心理和行为会反向影响商品价格吗？

知识准备

商品的价格主要由其成本、消费者需求和竞争者情况决定，但也受其他因素影响。在多元变化的市场中，这些因素是不可忽视的。

一、市场因素

商品的价格受市场因素的影响。不同的商品进入不同类型的市场，会因市场大环境的独特性，形成独特的价格。我们把市场分为两大类：完全竞争市场和不完全竞争市场。

（一）完全竞争市场

完全竞争市场是指市场上只有竞争因素，而一点垄断因素都没有的市场。市场上的价格完全由供给关系决定，不受买卖双方的影响。在这种竞争市场中，价格管理的作用不能产生明显效果，商家只能通过减少成本来获得更大收益。但这种完全竞争市场只是理想化的，在实际生活中很难找到完全意义上的完全竞争市场，只有无限接近的完全竞争市场。

❖ **例：**农产品市场里有很多家售卖水果蔬菜的商家，进行公平竞争。农产品市场具有以下两大特点：

（1）在商家数量上，完全竞争市场里商家数量有无数个，只要有居民居住的地方就会有农产品市场。因为竞争者众多，为了吸引更多消费者，商家都对价格管理十分重视，所以商品价格不会过高，每个商家只能被动接受市场竞争导致的价格结果。

（2）在商品差异上，这类市场的产品之间没有任何差别，属于同质的商品，每一家所生产售卖的农产品都是一样的。因为商品差异性小，为了更大程度获得消费者青睐，商家会积极提供优质商品，所以商品品质较有保障，物美价廉者获得更多销售量。

（二）不完全竞争市场

在实际生活中，不完全竞争市场占大多数。不完全竞争市场具体包括垄断竞争市场、寡头垄断市场、完全垄断市场。

1. 垄断竞争市场

垄断竞争市场中垄断和竞争因素并存，但其中竞争因素占比会更多一些。这类市场在实际生活中十分广泛。

❖ 例：牙膏市场中有为消费者所熟知的几个品牌，每个品牌的牙膏都有不同香型和功效。这一市场类型具有以下特点：

（1）在商家数量上，垄断竞争市场中同类商家的数量有很多，牙膏品牌非常多。这类市场的竞争手段属于非价格竞争，利用价格以外的因素，如广告、明星代言等形式实现竞争。

（2）在商品差异上，这一市场类型所生产的商品有一定的差异，每个商家生产的牙膏成分、香型、功效均有所不同。牙膏的香型有花香型、果香型等；功效有美白、降火、消肿、护龈等。因为商品间会有差异，但是差异性不会有天壤之别，所以会围绕成分及成本进行定价。

2. 寡头垄断市场

寡头垄断市场是垄断和竞争因素并存，垄断因素更多一些的市场类型。这类市场比较典型。

❖ 例：通信行业，为人们生活提供网络、电话信号、远程信息输送等服务。这一市场类型具有以下特点：

（1）在商家数量上，这类市场只有几个商家。在我国通信行业中，覆盖面最广的只有移动、联通、电信三家。值得注意的是，新的商家加入该行业比较困难。势均力敌的少数商家已经控制了这一行业的市场，其他商家难以介入并与之竞争。在价格管理方面，由于商家数量较少，所以其中一个商家的价格有变化，就会影响其他商家的价格也随之发生改变，整个行业甚至会受此影响，即行业影响较为明显。

（2）在产品差异上，商品的有差异性和无差异性同时存在，且两者较易区别。在通信行业中，无差异性是指联通、移动、电信三家提供的商品属同质商品，在消费者看来是一样的，比如这三家都售卖手机卡以及提供网络安装服务；有差异性是指这三家提供的商品具体情况有差别，比如手机卡的套餐、网络安装办理的方法等方面均有所不同。

3. 完全垄断市场

完全垄断市场是指市场上由唯一的商家垄断整个行业，并且没有其他商家与之相竞争。这类市场比较典型的是国家掌控的行业。

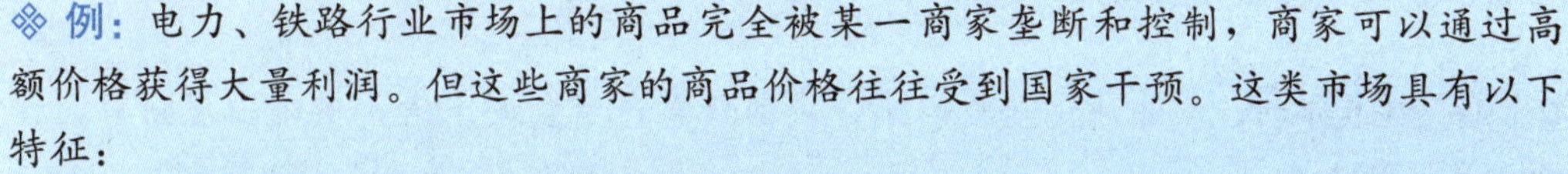

❈ 例：电力、铁路行业市场上的商品完全被某一商家垄断和控制，商家可以通过高额价格获得大量利润。但这些商家的商品价格往往受到国家干预。这类市场具有以下特征：

（1）在商家数量上，只有唯一的商家垄断整个行业。整个行业的商品出自同一个商家，没有其他商家可以进入这个行业，也不会对这个完全垄断的商家产生威胁或竞争。在这种情况下，完全垄断市场采用的竞争手段为价格歧视，即针对不同的消费者提供同样的商品或服务而采用不同的价格。例如商业电价和居民电价就有所差别，商业电价会高于居民电价。虽然居民和商家同样享有电这种产品，但电价不同就体现为一种价格歧视。

（2）在商品差异上，由于整个市场上只有一个商家生产该商品，所以在市场上没有与其相竞争的商品。这种情况下，商家的价格管理也不能肆意妄为，反而因为消费群体十分庞大，要对价格慎重决策。

二、营销因素

随着网络科技的发展和通信设备的升级，人们每天生活在数字网络的环境下，营销手段和渠道日渐丰富，“网红”商品也应运而生。许多有形商品或无形商品，通过营销处理变成“网红”后，价格也出现了神奇的变化。由此可以看出，营销做得成功，会在一定程度上影响商品的价格。

❈ 例：某餐厅的菜式是各种各样的方便面，但是商家的营销手段十分奇特，通过装潢装饰，使整个店面变成受年轻女性喜爱的粉红色，吸引消费者进店拍照，成为“网红”打卡餐厅，店内方便面的价格也水涨船高。

三、心理因素

商品的价格某种程度上受消费者心理因素的影响。消费者的心理，即对某商品的预估价值和价格，以及受外部环境影响下商品的价格接受区间。所以，价格管理者可以通过对市场和目标消费者的前期调查研究，估测消费者的心理商品价格区间。

❈ 例：中秋节日临近，节日气氛浓厚，中秋月饼礼盒会受欢迎，占比多数的消费者能接受的价格在 80～150 元，这个区间就是受消费者心理影响的价格区间。

四、供给因素

商品的价格不仅仅受需求的影响，一定程度上也受供给方面的影响。供给因素指的是生产环节或商家环节，提供给市场和消费者的商品数量与规模。那么供给因素是如何影响商品价格的呢？如果供给量缩小，需求量不变，供不应求，就会导致商品的价格上涨；如果供给量增加，需求量不变，供过于求，产量过剩，就会导致商品的价格下滑；如果供给量与需求量同方向正相关变化，商品价格不会有太大影响，将持续稳定在某个区间范围。

❈ 例：2019 年初，受非洲猪瘟疫影响，我国猪肉产量急剧下滑，供给出现缺口，猪肉价格持续走高。

五、其他因素

商品的价格除了受市场、营销手段、消费者心理和供给因素影响外，还可能会受其他因素的影响。

首先，市场中的中间商行为会对商品带来一些影响。许多地区和许多商品没有统一一致的价格规定，中间商为了谋取更高利润，会对价格进行调整。

其次，政府的政策也会对某些特殊商品的价格产生影响。出于财政税收、环境保护、地区性经济保护等需要，政府会运用价格手段对某些行业或某些商品进行干预。

最后，社会舆论也是影响商品价格的因素。社会舆论的导向性，以及对买卖双方的心理产生的压力，都会使价格受到影响。

任务三　商品定价策略

课堂讨论

1. 商品的价格是如何确定的？
2. 在日常生活中，商品的价格是影响你决策消费的最重要因素吗？

知识准备

商品定价是复杂又灵活的。定价既要考虑商家的成本付出，又要考虑消费者的接受程度，二者相互牵制，形成了商品最后的价格。在定价时应采取一些策略，使价格适应市场的同时，能被商家和消费者同时都接受。

一、已有商品的定价策略

（一）促销定价策略

促销定价是指商家通过促销的手段，进行短期的商品降价吸引消费者购买，通过走量的方法，以期获得薄利多销的效果。促销定价大多用在节日庆祝、清理库存、季节性商品售卖等情况。

（二）差别定价策略

差别定价又称为价格歧视，是指对于不同的市场群体，为同一种商品制定不同的价

格。具体情况如下。

1. 消费者的差别定价

针对消费者身份、年龄等的具体差别，制定不同的定价。

实例链接：上海迪士尼乐园的票务结构

> ❖ 例：我国许多旅游景点对于70岁以上的老年人实行免票制度，对于学生身份（需携带本科以下有效学生证）实行门票半价制度。

2. 商品的差别定价

针对商品的使用地域、时间等具体差别，制定不同的定价。

知识连接：机票价格制定策略

> ❖ 例：居民用水价格低于商业用水价格；用电高峰时间段的电费高于用电低谷时间段的电费。

3. 特殊个体的差别定价

针对特殊个体的需求差别，让特殊个体付出其最高价格。通过个体的特殊需求，对差别商品做差别定价。

> ❖ 例：手机号多数是随机进行发放，让消费者选择的余地较少。但是特别便于记忆和寓意吉利的手机号码，通信公司会额外保留，卖给愿意出高价买“靓号”的消费者。

（三）零数定价策略

零数定价又叫作尾数定价，是指商家有意把商品的价格定在低于整数的数值上，以期通过数字让消费者产生价格低的错觉。这种定价方法抓住了消费者对低价的敏感需求，迎合了消费者的求廉心理。同时，零数定价法精确的数额，会给消费者带来一种严谨的感觉，让消费者对商家产生信任。

> ❖ 例：消费者看到一双拖鞋的定价为9.99元，会认为不到10元，只是个位数，十分划算，且价格的数值精确到分，觉得商家精益求精。

（四）组合定价策略

组合定价是指通过把不同商品组合在一起，集合定价，获取最大销售利益的定价方法。组合定价策略在日常生活中十分常见。

> ❖ 例：快餐店里的套餐价格，会比各种食品单个售卖的总和要便宜；健身房年卡的价格，会比不买年卡但每天都去健身房的价格总和要便宜。

组合定价策略鼓励消费者形成长期或单次大量的消费，刺激消费者求廉的心理，培养消费者的忠诚度。

（五）消费者定价策略

消费者定价，是一种特殊的定价策略，最有代表性的就是拍卖。在这种定价策略中，消费者根据个人喜好和商品的未来价值，自愿主动地定价，并且蕴含着信息经济学、激励理论、博弈论等学问。这个价格只有下限，没有上限，即商品最后确定的出售价格，是消费者自愿报出愿意承担的最高数额。

消费者定价通常实现的方式是拍卖和逆向拍卖。拍卖，就是在供小于求、一物难求、卖方主动的情况下，通过消费者竞标的方式，获得最高成交价的一种消费者定价策略。

❖ **例：** 荷兰式拍卖（先从一个最高价开始不断往下喊价）、维克瑞拍卖（最高出价者赢得交易，以次高价格付款）。

逆向拍卖，是存在一位买方和许多潜在卖方的拍卖形式。对于买方欲购买的商品，潜在卖方持续喊出价格，直到不再有卖方喊出更低价为止。这种拍卖方式适用于易失性物品的拍卖，例如机票、球赛门票等有时效性又怕卖不出去的商品。

（六）文化风俗定价策略

很多国家和地区的消费者，受当地文化、风俗习惯或者流行观念的影响，特别喜欢讨口彩，对某些数字有特殊的敏感或者偏爱。

❖ **例：** 中国人偏爱数字“6”“8”“9”，分别寓意“顺”“发”“久”。

在定价时，价格管理者会在考虑成本的基础上，把价格定在这些吉利数字上，给消费者带来购买商品就有好运的心理暗示。

二、新商品的定价策略

商品在进入市场初期，因为不能完全确定消费者对新商品的偏好程度、适应效果及价格接受程度，所以会通过渗透定价法和撇脂定价法这两种专门为新品定价的方法，进行慎重定价。对于新商品的定价策略，应择优确定，以达到将商品顺利推进市场、被消费者接纳、占有份额以及取得良好的经济效益的目的。

（一）渗透定价法

1. 渗透定价法的概念

渗透定价法是指新商品以低廉的价格进入市场，用低价吸引消费者，将新商品渗透到市场内，短期迅速获得极高的市场销售量和商品占有率。等到该商品渗透到消费者生活中和市场竞争中时，再慢慢进行适当加价。由于新商品通过渗透定价的方式，价格极低，一方面，在一定程度上阻止了新竞争对手的进入；另一方面，也对现有市场上的其他商品产生了冲击。

2. 渗透定价法的适用条件

（1）这个商品市场的容量必须足够大，使得新商品进入市场后可以替代市面上已有的同类商品，逐步冲击替代而非直接垄断。

（2）针对的消费者群体，必须是对商品的价格敏感，而不是对商品的品牌敏感。对价格敏感的消费群体才能最快被低廉新商品吸引，新商品也更易被接纳。

（3）商家具备大规模批量生产能力，从而能够提高生产效率，降低新商品成本，确保低廉价格不致亏损。

（4）渗透定价法多适用于低档易耗的新商品或生活必需品，且使用该定价策略时，能真的吓退现存及潜在的竞争对手，避免引发价格战。

3. 渗透定价法的优点

首先，低价可以使产品尽快为市场所接受，并借助大批量销售来降低成本，获得长期稳定的市场地位；其次，微利阻止了竞争者的进入，增强了自身的市场竞争力。

4. 渗透定价法的缺点

首先，渗透定价法为新商品制定低廉定价，商家只能获取极低的利润，投资回报的周期会变长，这就要求商家要有足够的实力支撑这个过程。

其次，频繁使用渗透定价法推出新商品，会让消费者产生该商家的商品低档甚至质量不佳的印象，商家很难树立形象和品牌。

（二）撇脂定价法

1. 撇脂定价法的概念

撇脂定价法是指商家推出新商品时，利用一部分消费者的求新心理，为新商品定一个高价，先从部分消费者那里取得一部分高额利润。等该新商品获得一定市场和利润后，再把价格降下来，像撇取牛奶表面的脂肪层那样撇掉一部分价格，以适应更多消费者的需求水平，这就是新商品的撇脂定价法。撇脂定价法又常被称为高价法，是一种与渗透定价法截然相反的定价策略。

2. 撇脂定价法的适用条件

（1）采用撇脂定价法的商家要将自己定位在高端行列，保持高端形象。同时，新商品的质量或设计也要与其高价格相匹配。

（2）针对的消费群体，必须是对商品的品牌敏感，而不是对商品的价格敏感。对品牌敏感的消费群体，才能很忠诚地被该品牌的新商品吸引，也更愿意付出稍高价钱去尝试新奇的最前沿的新商品。

（3）撇脂定价法更适用于高级、先进、潮流的新商品。因为该类新商品前期消耗了大量的研发、设计等开发投入，最符合人们的新需求，也需要用稍高定价来在短期内收回投资和费用。

（4）专利品可以用撇脂定价法。因为专利商品蕴含着研发技术和开发费用，且商品不易被模仿，同类竞争品也相对较少。

3. 撇脂定价法的优点

首先，可以实现短期利润最大化，迅速为商家收回研发成本和开发费用，同时也为价格的下调留出空间；其次，稍高的价格会让消费者认为新商品是高端商品，有助于商家树立企业形象和品牌效应，也能激起部分中层消费者的购买欲；最后，可以用高价来控制市场的成长速度，使当时的生产能力足以应付需求，减缓供求矛盾。

4. 撇脂定价法的缺点

首先，商品的高价会吸引竞争对手的加入。新品高价也能占有市场，就会传递给其他商家一个信号，即这个市场十分好赚钱，高的价格也有消费者愿意埋单，这就导致竞争对手的增加。其次，新商品带着高价进入市场，如果消费者不接纳，出现销量不佳，研发费用和开发成本的回流缓慢。最后，给新商品高于同类商品的定价，会从源头损失掉一部分中低层消费者，市场占有份额也会受到影响。

项目小结

本项目由商品价格与价值的概念引出二者关系，通过 3C 理论分析了商品价格及影响商品价格的内外部因素，并对商品的定价策略进行了阐述。

商品的价格是消费者为了获得或使用某种商品或者服务而需要支付的货币金额。价格对应的可以是有形的商品，也可以是无形的商品。价值指的是凝结在商品中的无差别的人类劳动。3C 理论是一种分析影响商品价格主要因素的理论模型，包括：成本、消费者、竞争者。商品的价格受市场因素、营销因素、心理因素、供给因素及其他因素影响。对于已有商品和新商品，商家应具体分析并采取对应的定价策略。

练习与实战演练

一、基础训练

（一）判断题

1. 商品的价格就是商品的价值。（　　）
2. 有形的物品才能成为商品进行标价销售。（　　）
3. 成本是商品价格的上限。（　　）
4. 生活必需品的需求价格缺乏弹性（　　）
5. 商品的价格上限和下限之间的波动区间取决于商品的竞争状态。（　　）
6. 渗透定价法是指快过期的陈旧商品以低廉的价格吸引消费者。（　　）

（二）单项选择题

1. 商品价格的 3C 理论不包括（　　）。

A. 成本　　B. 利润　　C. 消费者　　D. 竞争者

2. 马斯洛需要层次理论的第三层需要是（　　）。

A. 安全需要　　B. 尊重需要　　C. 社会需要　　D. 自我实现需要

3. 以下哪种商品的需求价格富有弹性？（　　）

A. 大米　　B. 饮用水　　C. 珠宝　　D. 食用盐

4. 旅游景点门票，成年人全价门票，儿童半价门票，这种定价方式属于（　　）。

A. 促销定价　　B. 优惠定价　　C. 差别定价　　D. 组合定价

5. 我国新年期间，商家经常把年货礼盒定价为“66 元”“88 元”等，这种定价方式属于（　　）。

A. 封建迷信定价　　B. 消费者定价　　C. 文化风俗定价　　D. 谐音定价

6. 商品的成本不包括（　　）。

A. 竞争对手价格　　B. 原材料　　C. 劳动力　　D. 科技软件

二、拓展训练

任务：针对商品定价的影响因素，利用所学的商品价格 3C 理论知识，设计一款新商品上市定价的方案并具体实施。

要求：团队协作，3～5 人为一个团队，模拟商家推出新商品的定价过程，分析该商品的价格影响因素，选择一种商品定价策略，为商品设计一系列定价方案，方案要求考虑到节假日来临、竞争者冲击、消费者反应。最后将结果在班级进行展示和汇报。

考核要求：

1. 团队成员协作，分工明确；
2. 模拟定价商品的选择，制定商品上市的定价策略；
3. 分析该商品价格受哪些内外部因素影响；
4. 语言表达逻辑性强，表述清晰、准确，方案真实可行。

商品销售管理

项目目标

知识目标

1. 了解商品销售的基本知识。
2. 理解市场、消费者与商品的关系。
3. 掌握商品促销与网络营销。

能力目标

1. 能分析消费者的心理与行为。
2. 能独立完成商品销售的策划。

情感目标

满足学生对商品销售的求知欲，培养学生对商品不同渠道销售的学习兴趣，通过开展模拟商品销售策划活动，使学生掌握商品销售策略方法。

思维导读

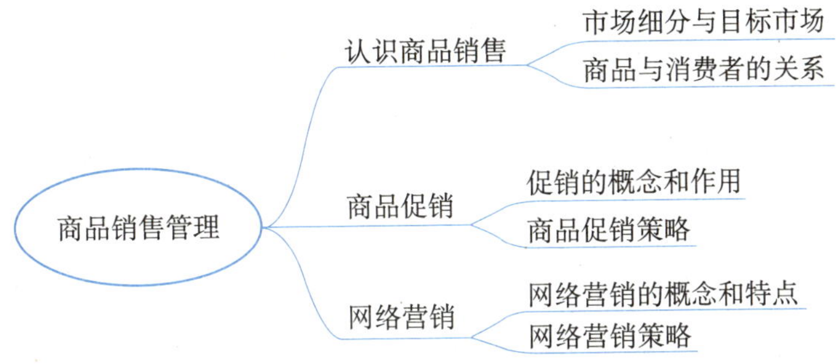

项目引例

雷利自行车衰落的原因

英国雷利自行车公司是成立于1887年的世界老字号自行车生产商。雷利自行车公司自成立以来，由于生产的自行车质量好而饮誉世界。往日的人们若能拥有一辆雷利自行车，就如获至宝，引以为豪。雷利自行车即使使用六七十年，仍十分灵巧。有这样一个事例，某位顾客在1927年以9英镑买下一辆雷利自行车，直到1986年还在骑，仍舍不得把它以古董的高价卖出去。雷利自行车成为高质量的代名词，它行销世界各地，在欧美更是抢手货。

然而，随着时间的推移，市场需求在悄悄地变化，而此时的雷利公司仍固守原来的经营理念，没有什么创新。自行车是作为一种方便、灵活的交通工具流行起来的，但到了二十世纪六七十年代，比自行车更理想的交通工具——汽车在一些经济发达国家开始普及，自行车与汽车相比，就显得速度慢、活动区域小。所以消费者纷纷选购汽车作为自己的交通工具，自行车消费陷入低潮，雷利自行车也难逃此运。

同时，在新技术的冲击下，发达国家里自行车主要消费者——青少年的消费偏好也发生了很大变化。以往，16岁以下青少年购买雷利自行车，约占英国自行车消费量的70%。而现在，青少年感兴趣的已是电子游戏机了，即使将自行车免费赠送给青少年，也未必受欢迎。青少年消费偏好的这一变化，给雷利自行车带来了很大的打击。

面对变化了的市场，许多精明的企业家，或进行多角化经营，分散经营风险；或根据市场的新情况研制、开发新产品，增强企业的生存能力与发展能力。在自行车行业，一些富有开拓精神的企业，很快设计生产出新型的自行车，使它集游玩、体育锻炼、比赛于一体，这样一来，自行车又很快成为盈利丰厚的“黄金商品”。如美国的青少年，迷上这种多功能自行车的比比皆是，购买一辆新车200～300美元，一顶头盔约50美元，各种配套用品约250美元，更换零件平均约100美元，这种连带消费，使那些应变能力强、率先开发出新式自行车的厂商财源滚滚。

然而，雷利公司却一直坚持“坚固实用”的生产经营理念。直到1977年，实在难以维持下去，才投资筹建成自行车比赛队，想让雷利自行车在体育用品市场上大显身手。1980年，雷利自行车终于成为自行车大赛的冠军车，雷利自行车因此名声大振，当年在法国销售达4万辆。雷利公司尝到甜头后，便集中力量发展作为体育运动器械的自行车，想借此重振雄风。谁料天公不作美，1986年夏天，欧洲各国一直是阴雨绵绵、寒冷潮湿的气候，使自行车运动无法进行，购买自行车的人锐减，造成雷利自行车积压严重，公司周转资金严重不足。

亚洲一些国家和地区的自行车企业的崛起和低价销售，也使雷利自行车不得不退出利润丰厚的美国等市场，从而加快了它衰落的步伐。雷利自行车原来有30%是出口外销的。其出口目标主要是欧美国家，特别是美国市场。但20世纪80年代以后，亚洲一些国家、地区的厂商以低廉的价格和灵活多样的行销方式，相继夺走了雷利自行车在欧美的市场份额。例如，一度风行美国的花式自行车，每年都可销售几百万辆。这本来是雷利自行车公司的传统市场，但在中国台湾厂商与美国行销商的默契合作下，生意就被抢走了。中国台湾的自行车厂商将自行车直接以出厂价供给美国的经销商，美国经销商再将这些自行车打上自己的商标出售。这种自行车售价低且质量可靠，很快在市场上打开了销路。到1986年，这种自行车在美国的销售量达580万辆。

雷利自行车公司不仅失去了欧美的自行车市场，而且也失去了第三世界国家的自行车市场。以往，尼日利亚年平均进口雷利自行车达数万辆。1986年以后，英国与尼日利亚两国关系日渐恶化，尼日利亚政府对英国设置贸易壁垒，从而使雷利自行车无法进入这一市场。祸不单行，两伊战争爆发，昔日雷利自行车的另一大买主——伊朗出于战争需要，几乎全部停止了雷利自行车的进口。此外，往日的财政困难、产品积压、人员过剩等一系列问题日趋严重，使得雷利自行车出口日趋困难。

请思考：

雷利自行车衰落的原因是什么？

➡引例分析

了解商品销售的基本知识和销售策略，可以根据具体的市场环境和消费者情况，进行针对性的有效商品销售。雷利自行车公司没有根据细分市场的变化和消费者偏好的改变对商品销售做出及时的调整，没有做好准备迎接时代的变化，导致了衰落的结果。

任务一　认识商品销售

课堂讨论

1. 商品的销售具体指的是什么？
2. 如何通过市场细分和目标市场来进行商品销售？
3. 品牌与服务对商品的销售有什么影响？

知识准备

商品在市场中与消费者接触，所以市场和消费者的情况影响着商品的销售。学习销售的基本知识，可以帮助学生更好地理解商品的销售渠道和方法。

一、市场细分与目标市场

想要进行有效的商品销售，了解市场和消费者是最基础的准备。“知己知彼，百战不殆”，只有仔细划分市场，明确锁定目标消费者，才能高效地进行商品销售。

（一）市场细分

1. 市场细分的概念

市场细分的概念是美国市场营销学家温德尔·史密斯在1956年提出来的。市场细分是指根据市场需求的多样性和消费者行为的差异性，把整体市场划分为若干个具有某种相似特征的消费群。

2. 市场细分的条件

从专业销售的角度看，无论是消费者市场还是商品市场，市场细分都具有重要的意义。科技快速发展，竞争日趋激烈，人才不断流动，居民收入及教育水平提高，都会对细分市场产生影响，导致细分市场的边界模糊，因此有必要对现有的细分市场进行评价。有效的市场细分必须具备以下条件：

（1）差异性。

差异性是指细分的市场需求差异明显，足以成为细分的依据。差异性即指不同的方面，当市场需求出现不同的情况，就可以归类，把市场按差异进行细分。

（2）可进入性。

可进入性是指商家对细分市场能有效进入，并能占有一定的市场份额。如果商家发现，市场细分的结果里已有很多竞争者，自己无力与之抗衡，又无机可乘；或者虽然有销售机会，但商家因自身条件不足而无法进入该市场，那么对市场的细分就失去了意义。

（3）效益性。

效益性是指细分市场的容量能否保证商家获得足够的盈利。若市场容量有限，可开发规模较小，获利少，开发细分市场的意义不大；若容量空间足够，可开发规模庞大，细分市场对商家的效益也会很大，值得进行市场细分并进行销售。

（4）稳定性。

有效的市场细分所划出的子市场还必须考虑其相对稳定的时间。如果市场变化太快，变动幅度又很大，商家还未来得及实施其销售方案，目标市场已发生翻天覆地的变化，这样的细分市场是无效的，不能选为目标市场。

3. 市场细分的标准

凡是影响消费者需求的因素，都可以作为市场细分的标准。一般概括为四大类：地理细分、人口细分、心理细分和行为细分（见表10-1）。

表 10-1 市场细分标准及细分因素

细分标准	具体因素
地理细分	地区、气候、城市规模、人口密度
人口细分	年龄、性别、家庭规模、收入、职业、文化程度
心理细分	生活方式、个性需求、社会阶层
行为细分	使用情况、使用频率、品牌忠诚度

(1) 地理细分。

地理细分是指按照消费者所处的地理位置和地理环境进行市场细分。地理因素是一个静态的因素，比较容易辨别和分析。通过地理区域，可以根据国家、地区、城乡、地形、气候、人口密度等因素进行划分和分析。例如，销售鞋子的商家，在我国的南方，要考虑鞋子的防潮问题；而在我国的北方，则可以通过宣传鞋子的耐寒性进行商品销售。

(2) 人口细分。

人口细分是指按照消费者的具体情况进行市场细分。人口细分有具体数据支撑，也比较容易辨别和分析。通过人口情况，可以准确地根据消费者的年龄、性别、收入、职业、文化程度、宗教信仰、家庭规模等方面进行划分和分析。例如，销售保健品的商家，可以开发和销售针对婴幼儿、青少年、中年和老年等年龄阶段的保健产品。

知识链接：奢侈品牌相继来争宠

(3) 心理细分。

心理细分是指按照消费者购买商品所要满足的心理需求进行市场划分。心理细分是较为困难的分析对象，它包括消费者的生活方式、个性需求、情感需求等复杂因素，需要在销售时进行耐心仔细的分析，才能更好地为商品销售做准备。

❖ 例：消费者买花可能出于庆祝节日、表达爱意、缅怀祭奠等情感需求，销售花卉的商家应根据不同的情况，选择不同的销售方式。

(4) 行为细分。

行为细分是指按照消费者品牌忠诚度、购买时机、使用频率、使用状况等因素进行市场细分。行为细分也是较为复杂的分析对象，需要研究消费者行为才能进行相应销售。

❖ 例：销售卫生用纸的商家，需要了解消费者对纸巾产品品牌是否有忠诚度、购买频率如何、倾向于选购实惠大包装还是便携小包装，才能有效进行销售活动。

(二) 目标市场

1. 目标市场的概念

目标市场是指在市场细分的基础上，商家决定要进入的细分市场。在市场销售活动中，商家必须选定目标市场，其原因有两个：一方面，对于商家来说，并非所有的细分市场都具有同等吸引力，只有那些和商家经营能力相吻合的细分市场对商家才有较强的吸引力。另一方面，由于能力、资源有限，商家的销售活动必然限定在一定范围内，无法满足市场内所有消费者的需要。目标市场确定就是商家根据主客观条件，具体确定商家生产什么、为谁生产、如何生产的问题，便于集中资源，有针对性地生产适销对路商品，满足目标市场的需求。

2. 目标市场的销售策略

（1）无差异市场销售策略。

1）含义。

无差异市场销售策略就是商家不考虑细分市场的差异性，在面对整个市场时只提供一种产品，采用单一的市场销售策略，对所有的消费者只提供一种产品。无差异市场销售策略对细分市场间的需求差异忽略不计，只注重需求的共性。

2）优缺点。

无差异市场销售策略的优点是可以降低成本。这是因为：由于品种少，商家可实行标准化、大批量生产，从而降低产品成本，提高产品质量；统一的广告宣传、单一的销售组合，降低了销售费用，节省了市场细分所需的调研费用、多种产品开发设计费用，使商家能以物美价廉的产品满足消费者的需要。

实例链接："一点点"奶茶的成功

无差异市场营销策略由于忽略了需求的差异性，缺点也十分明显。一是单一的销售组合想长期迎合所有消费者的需要是很难做到的；二是如果若干商家同时采取这种策略，就会加剧较大共性市场上的竞争，减少获利。

3）适用性。

无差异市场销售策略适用于同质商品，消费者挑选性不大，需求弹性较小的生活必需品和主要工业原料，如食用盐、粮食、煤炭等；或商品供不应求，卖方市场，市场竞争性不强的情况下，采用无差异市场销售策略往往是合理而有效的。

（2）差异性市场销售策略。

1）含义。

差异性市场销售策略是在市场细分的基础上，商家以两个以上乃至全部细分市场为目标市场，根据每个细分市场的不同需求，分别为之设计不同的产品，采取不同的市场销售方案，有针对性地满足不同细分市场消费者的需求。

2）优缺点。

差异性市场销售策略优点是可以提供小批量、多品种的商品，生产机动灵活，针对性强，使消费者需求更好地得到满足，由此扩大商品的销售。另外，由于商家是在多个细分市场上经营，在一定程度上可以减少经营风险。一旦商家在几个细分市场上获得成功，有助于商家树立品牌形象而带动其他子市场的发展，形成连带优势，最终提高商品的市场占有率。

差异性市场销售策略的不足之处主要体现在两个方面：一是营销总成本上升。由于目标市场多，会增加设计、制造、管理、仓储和促销等方面的费用开支。二是商家的资源配置不能有效集中，在商家内部甚至会出现争夺资源的现象，使商家难以形成具有优势的明星产品。

3）适用性。

差异化商品，多是消费者需求弹性大的商品，如家电、家具、名牌服装等。采用差异性市场销售策略必然受到商家资源和条件的限制，商家必须拥有较为雄厚的财力、较强的技术力量和素质较高的管理人员。

二、商品与消费者的关系

（一）消费者心理

消费心理是指消费者在寻找、选择、购买、使用、评估和处置与自身相关的产品和服务时所产生的心理活动。消费心理主要分为四种：从众心理、求异心理、攀比心理、求实心理。

1. 从众心理

从众心理，是指消费者会跟随多数人的消费方向而产生的消费行为。该种消费心理的特点是具有仿效性、盲目性。模仿他人的消费选择，盲目做出自身的消费行为，尤其是在选择众多或面临新商品时，消费者难以做出决策，往往发生从众心理。

❖ 例：在一家新开业餐厅，消费者不知道如何选择菜品，这时候往往会询问点菜的服务员哪些菜品最受欢迎，从而选择尝试该种菜品。

从众心理正确与否不能一概而论，应具体分析行为发生的具体情况，但盲目从众不可取。

从众心理与商品消费的关系：商家可以通过推销说服的方法，向消费者推荐销量最好的商品、大众普遍接受的商品、售后反馈效果好的商品等，利用消费者从众心理，进行商品销售。

2. 求异心理

求异心理，是指追求标新立异而产生的消费心理。这种消费心理多产生于对新鲜事物具有好奇心和尝试想法的消费者，希望与他人拥有不一样的商品体验。

❖ 例：破洞牛仔裤打破了传统审美，以其不完整的剪裁风格、不对称的破洞效果，吸引求异心理的消费者尝试和购买。

求异心理推动了创新的商品产生，展示了消费者的个性化特点。但如果为显示与众不同而过分标新立异，是不值得提倡的。

求异心理与商品消费的关系：商家可以通过消费者追求标新立异的求异心理，推出新奇的或者限量稀有的商品，刺激商品的销售，使购买的消费者拥有更为小众或者奇特的商品体验。

3. 攀比心理

攀比心理，更通俗地讲即“面子消费”，是指为了与其他人进行攀比而产生的消费心理。这种心理，多产生于虚荣心作祟，企图与他人比较，显示自身地位、财富等。例如，同样功能的商品，有些消费者在不顾及自身消费水平和使用需求的情况下，为了虚荣心和攀比心，选择购买超出自身能力承受范围的商品，以此来向他人炫耀。攀比心理在日常消费中往往不可取，会给消费者带来过重的经济负担和扭曲的价值观念。

攀比心理与商品消费的关系：商家可以利用攀比心理，着重宣传强调商品的高端高级档次，引导消费方向，以此进行商品销售。

4. 求实心理

求实心理，是指消费者在选择商品时更多地从实际使用和自身需求方面，进行理性判断和适当消费。这种消费心理讲求实惠，是一种理性的消费心理。

求实心理与商品消费的关系：对于有这种心理的消费群体，商家可以强调商品的质量、实用性和耐用性，以此吸引并引导消费者，进行商品的销售。

（二）消费者动机与行为

1. 消费者的购买动机与商品销售

每个消费者的购买行为都是由其购买动机引发的，而动机又是由人的需要产生的。消费者的购买动机，可以简单地理解为产生消费行为的原因及想达成的目的。

❖ **例：** 消费者购买健身器材，消费动机是增强体质；消费者购买艺术藏品，消费动机是提升格调。

由于受客观条件的限制，人的各种需要不可能同时全部获得满足。对于消费活动来讲，只有那些强烈的、占主导地位的消费需要，才能引发消费者的购买动机，促成现实的购买活动。在商品销售时，应抓住消费者的购买动机，有的放矢地选择商品销售策略。

2. 购买动机的功能

购买动机是消费者需求与购买行为的中间环节，具有承前启后的中介作用。概括来说，购买动机对购买行为有以下三种功能：

（1）始发功能。

购买动机能够驱使消费者产生行动。

（2）导向功能。

购买动机促使购买行动朝既定的方向和预定的目标行进，具有明确的指向性。

（3）强化功能。

行为的结果对动机有着巨大的影响，动机会因良好的行为结果而使行为重复出现，使行为得到加强；动机也会因不好的行为结果，使行为受到削弱，减少以至不再出现。这两种作用都是强化作用，前者叫正强化，后者叫负强化。正强化能够肯定行为、鼓励行为、加强行为；负强化则可以削弱行为、惩罚行为、否定行为。

3. 影响购买动机的因素

（1）人口。

1）人口的地理分布对购买动机的影响是比较明显的。不同地区，由于气候、自然环境、风俗习惯和经济发展水平的差异，消费者具有不同的需求，进而形成不同的购买动机。

❖ 例：我国南方较为潮湿，消费者购买的商品需要有防潮功能；而我国北方较为寒冷，消费者购买的商品需要有耐寒功能。

2）消费者年龄不同，对各种市场产品的需求也不同。在商品销售中，可根据消费者的年龄结构，把市场分为婴幼儿市场、儿童市场、青少年市场、中年市场、老年市场等。各市场的消费需求各有特征，如青少年市场对文教体育用品的需求较大，老年市场对保健药品的需求量较大等。

3）消费者性别的差异，也直接影响了消费者的消费需求。女性消费者为自身和家庭的购买需求较大，更青睐日常生活用品和修饰类商品；男性消费者则更倾向于考虑科技化、智能化商品。

（2）文化。

主要包括精神信仰、文化程度和审美水平。

1）精神信仰会影响消费者的商品选择和购买动机。

2）文化程度与消费者的职业、收入、社交、居住环境及消费习惯有着密切的关系。文化程度高的消费者对文教用品及精神生活方面的用品需求量较大，购买产品的理性程度也较高。

3）审美水平在消费活动中对消费者购买动机和行为的影响主要表现在人们对形式美、环境美、健康美等的追求上。实质上，消费者在市场里挑选、购买商品的过程，就是一次完整的审美活动。消费者个体的审美活动表面看起来纯属个体行为，但实质上都反映了一个时代、一个社会基本的审美观念和审美趋势。商品生产者和销售者应把消费者对商品的评价作为反馈信息，使商品的艺术功能与经营场所的整体效果结合起来，更好地满足消费者的审美需求，引发消费者的购买动机，促使其采取购买行为。

（3）消费群体。

消费群体包括消费者的家庭、周围的亲朋邻居，甚至是明星名人，这些都是影响购买动机的群体因素。

1）家庭对消费者行为有着决定性影响，是消费者最基本的相关群体。不同的家庭对购买行为的影响是不同的。但不论何种类型的家庭对消费者行为的影响都集中在购买决策上。消费者作为一名家庭成员，在购买决策过程中通常扮演的角色主要有：发动者、影响者、决策者、购买者、使用者。在这五种角色当中，最重要的是决策者。这五种角色对企业进行营销活动有着极大的作用。

2）亲戚朋友、同学、同事和邻居，这些间接性的群体观念、社会舆论，也会影响消费者的动机。

3）与消费者接触不太密切或根本无接触，但对消费者行为有一定影响的个人或组织，也是影响的原因之一。例如，现实生活中，有很多人都把影星、歌星、体育明星当作偶像来崇拜，这种情况在青少年中更甚。他们出于对明星的仰慕，经常去刻意模仿明星的行为，明星同款衣服的畅销就是很好的例子。

4. 购买动机的类型

商家掌握了消费者的主要购买动机，运用恰当的方法，就能推动商品的销售。消费者期望通过购买商品来满足的需求有很多种，但最终主导消费者进行购买行为的动机，主要可以分为以下几大类型：

（1）经济实惠型。

很多情况下，多数的消费者都想买到既实用又便宜的商品，即物美价廉的商品更受欢迎。尽管商场的商品琳琅满目，但消费者会对那些经久耐用、价格低廉的商品青睐有加，他们想使自己的有限的货币实现最大的价值。同等价格下，消费者更青睐于更结实耐用、容量更大、更具有科技性或更美观的商品。追求经济实惠，这就是这类消费者最基本的、最主要的购买动机。

❖ 例：购买动机为经济实惠型的消费者，在面对两款规格均为 500ml 的矿泉水时，会更倾向于购买价格较低的那款。

商家在面对该种购买动机的消费者时，应该通过观察和交流，确定消费者对经济实惠的重视程度，通过展示商品的高性价比和价格低廉的方法，进行商品的销售。

（2）健康保健型。

购买商品以维持身体健康是消费者又一重要的购买动机。例如，年老体弱或久病在身的消费者，这种愿望就会更加强烈。目前，市面上有许多商品可以用来提高消费者的健康水平，如保健品、健身器材、预防性药品和防寒产品等。健康绿色是现代人追求的生活方式，消费者在购买商品时也必然要考虑到健康和保健的因素。商家在面对该种购买动机的消费者时，应该通过询问，确定消费者是为自身还是家人购买健康保健类的商品，即确定商品的使用对象和期望达到的保健效果，为消费者进行耐心讲解，进行商品的销售。

（3）舒适和便利型。

很多消费者希望通过购买商品，达到舒适便捷的目的。因此，舒适和便利是形成购买动机的另一重要因素。舒适和便利型的购买动机，多体现在日常生活用品上。

一种商品对某位消费者来说用起来很舒服，对另一位消费者来说不一定如此。舒适是一种个人的使用感受，同一种商品如果换其他消费者使用，可能就会有另外的感觉。商家在面对该种购买动机的消费者时，应该让消费者多进行试用，让其感受到商品带来的舒适享受，从而进行商品的销售。

另外，追求方便也是一种强烈的购买动机，消费者希望买来的东西便于操作、稳定可靠、节省人力。很多家用电器和家具用品，就是基于这个动机而进行研发和销售的。商家在面对该种购买动机的消费者时，应该为消费者演示商品的操作，说明商品能为消费者带来的最大便利、节省的时间和人力，以此进行商品的销售。

❖ 例：消费者通过购买自动扫地机器人来完成房屋清洁工作，用机器代替人力，就是出于舒适和便利型动机。

（4）安全防护型。

有些情况下，消费者会在安全防护方面进行考量，希望在遇到可能的伤害时能够进行有效的防护，从而产生购买动机。不管是为了自身的安全，还是出于对别人进行防备的考虑，这种要求安全和防护的心理在购买商品时也是一个重要因素。顾客在了解商品信息时，一般都希望了解这种产品的安全可靠程度，如果感觉此商品是不安全的，就不会发生购买行为。尤其在考虑电器类商品时，消费者会关注是否漏电、是否防水等功能。

❖ **例：** 消费者在比较两款电水壶，会重点关注用电的安全注意事项，是否有防干烧功能、防婴幼儿烫伤的功能等，这就是出于安全防护型动机。

商家在面对该种购买动机的消费者时，可以详细解释商品的注意事项、安全防护科技等方面，以此进行商品的销售。

（5）喜好型。

喜好是一种有感情色彩参与而形成的购买动机。越来越多的消费者购买商品是为了满足对另一些人感情上的需要。

❖ **例：** 决定为全家购买一套户外登山野营装备，不单是以家庭娱乐的形式赠予全家的一种礼物，同时也体现对所有家庭成员的爱的感情需要。

亲朋好友生生日，为其精心挑选的生日礼物，表达了相互之间的感情，这就是消费者选择礼物的购买动机。

商家在面对该种购买动机的消费者时，应该倾听消费者的个人喜好及情感上的表达，帮助消费者诠释商品背后的情感价值，以此推动商品的销售。

（6）声誉和认可型。

商品的声誉能对消费者产生很大的影响，它能刺激消费者的购买欲望。

❖ **例：** 消费者购买一幅名画，是因为消费者认为通过收藏这幅画能够提高自己的身价，其他人不可能拥有具有同等收藏价值的油画。

认可是一种要求大家承认的愿望。有些消费者希望别人注意到自己，通过购买的商品彰显自己的社会地位、财富、形象等，以此获得别人的尊重或认可。流行服装、艺术珍品、家具摆设、珠宝饰物和奢侈品的销售都是为了满足消费者希望得到认可的心理。这些商品还能够帮助消费者获得成功的感觉和走在时尚前沿的心理。商家在面对该种购买动机的消费者时，可以通过语言的艺术和销售的策略，将商品所能带来的声誉和认可这种虚拟价值进行具体化，带动商品的销售。

（7）多样化和消遣型。

生活多样化和消遣也是一个人恢复体力和精神愉悦的手段，它为人们的生活增添乐趣。很多消费者都希望自己的日常生活丰富多彩，并愿意购买或享受能带来消遣的商品。

❖ **例：**为了消遣和娱乐，消费者会购买滑雪板、滑雪服、护目镜等装备，以便在冬日里度过愉快的滑雪时光；消费者会购买钢琴，参加有关钢琴知识的讲座，以使生活变得丰富多彩。

现在有许多种商品和服务可以满足顾客生活多样化与消遣的需要，包括旅行设备、运动器材、野营装备、照相机、娱乐活动等。商家在面对该种购买动机的消费者时，可以通过讲解商品的用途，描绘拥有商品后可以享受的美好生活，来刺激消费者的购买欲望，进行商品的销售。

2. 消费行为过程与商品销售阶段

消费者在购买商品时的心理活动过程是复杂的，在购买商品的不同阶段，消费者的购买心理随客观环境、服务状况的变化而改变。因此，可以通过观察了解消费者处于哪种心理变化阶段，采取有针对性的销售方法，推动商品的销售。一般来说，消费者在购买商品时的心理过程，可以分为以下八个阶段：

（1）注视商品阶段。

消费者需要购买商品时，总是根据购买目的有选择地去了解商品，或注意观看店内橱窗中所陈列的商品，或把注意力集中在自己中意的商品上反复观察。此时，可以给消费者足够的个人空间，让其进行初步选择，急于进行商品销售反而会打断消费者的注意力。

（2）产生兴趣阶段。

当消费者发现了某个目标商品的存在，并通过初步的观察了解后，会对它产生兴趣，并进一步对商品加以分析，以自己的主观感受对商品的各个因素，包括式样、色彩、价格、包装等，做出初步的评判。这个时候，可以进行适当的介绍，让消费者接触和试用商品，展开销售准备。

（3）功能联想阶段。

消费者对商品产生兴趣并获得初步印象以后，还会通过联想这种扩展性思维活动，把商品和自己的实际生活联系起来，深入认识目标商品能为自己带来的物质与心理效益。此时，可以通过加强宣传介绍，进行效果演示，抓住消费者心理，运用销售策略，促进销售顺利展开。

（4）渴望拥有阶段。

功能联想的发展与结果，使消费者从中得到启发，从而激起为满足需要而拥有目标商品的购买欲望。然而，消费者一般希望寻找到更符合理想的同类商品。因此即使有强烈的购买欲望，消费者并非都立即采取购买行动，而是继续对商品进行思索、比较与评价。这个时候，确定了消费者的动机，可以进行有的放矢说明，加强价格攻势或者提升商品价值，加大销售技巧运用。

（5）比较评价阶段。

当消费者对某种商品产生购买欲望后，通常还运用比较这种评判性思维方式，对可供选择的同类商品从各方面进行细致的鉴别。在这个阶段，消费者不仅把目标商品与陈列在柜台里的其他商品进行比较，还通过回忆把目标商品与曾经看过或使用过的同类商品进行比较，从而对商品做出评价。这个时候，应该将该商品的时尚外形和最新功能展示给消费者，突出商品的前沿性。

（6）确立信心阶段。

通过各种比较后，消费者确信目标商品符合自己的选择要求，因而对商品产生信任感。这时，商品的销售也临近了成功阶段，要保持良好的销售态度。

（7）采取行动阶段。

对商品的信任感，是消费者购买行为的主要激励力量。消费者对目标商品确立信心后往往就执行购买决定，这时商品的销售完成。

（8）购后体验阶段。

商品成交后，消费者总会有各种各样的心理感受。或认为购买的商品很适合自己的需要而产生满足感，或由于商家优质的销售服务而产生满足感。成功的商品销售，还会带给消费者深刻的印象，对潜在消费产生影响，为后续的其他销售活动提供良好的导向性。

任务二 商品促销

课堂讨论

促销有什么作用？

知识准备

通过利用销售手段，即促销的技巧和方法，刺激商品的销售。

一、促销的概念和作用

（一）促销的概念

促销是指商家通过各种有效的方式向目标市场传递有关商家及其商品（品牌）的信息，以启发、推动或创造目标市场对商家商品和服务的需求，并引起消费者购买欲望和购买行为的一系列综合性活动。因此，促销的实质是商家与目标市场之间的信息沟通，促销的目的是诱发购买行为。

（二）促销的作用

1. 缩短产品入市的进程

使用促销手段，旨在对消费者或经销商提供短程激励。尤其是新品上市，消费者没有关注，通过促销吸引消费者的注意力，在一段时间内调动消费者的购买热情，培养消费者的兴趣和使用偏好，使消费者尽快地了解新品。

2. 激励消费者初次购买，达到使用目的

消费者一般对陌生的未购买过的商品具有抗拒心理。由于尝试新商品的初次消费成本

是使用老产品的两倍（一旦对新商品不满意，还要花同样的价钱去购买老产品，这等于花了两份的价钱才得到了一个满意的商品，所以许多消费者在心理上认为买新商品的代价高），消费者就不愿冒风险对新商品进行尝试。但是，促销可以让消费者降低这种风险意识，通过促销降低初次消费成本，而使消费者去选择尝试购买新商品。

3. 激励消费者再次购买，建立消费习惯

当消费者试用了商品以后，如果是基本满意的，可能会产生重复购买的意愿。但这种消费意愿在初期是不强烈且不可靠的，消费者还没形成对商品的消费习惯和忠诚度。促销可以推动消费习惯的形成。商家可以通过一个完整的促销计划，使消费群基本固定下来。

4. 提高销售业绩

促销是一种竞争，它可以改变一些消费者的使用习惯及品牌忠诚度。因受利益驱动，商家和消费者都可能大量进货与购买。因此，在促销阶段，常常会提高销售量。

5. 带动相关产品市场

促销的第一目标是完成商品的销售。不仅如此，在相关联的商品之间，甲产品的促销过程也可以带动相关的乙产品的销售。

❖ **例：** 对乒乓球拍的促销，可以推动乒乓球的销售，因为乒乓球拍和乒乓球是相关产品。咖啡壶进行促销，当卖出更多的咖啡壶时，咖啡豆和速溶咖啡的销售量也会随之增加。

6. 节庆酬谢

促销可以在节庆期间增添节日气氛，在商家周年庆等活动中锦上添花。每当节假日到来的时候，或是商家有重大喜庆或开业庆典的时候，开展促销活动可以表达商家欢迎消费者的一种诚意。

二、商品促销策略

（一）折价促销

1. 折价促销的概念

折价促销是指通过使用折价券、商品特卖或者限时折价等方式，让消费者以低于商品标价的价格购买商品的一种促销方式。商家折价促销宣传示例如图 10－1 所示。

图 10－1　商家折价促销宣传海报

2. 折价促销的优点

（1）吸引消费者光顾。

打折进行促销，价格降低，可以让消费者得到直接的实惠，这种销售方式可以吸引消费者光顾。

（2）抵制竞争者即将入市的新商品。

大多数折价促销在销售点上都能强烈地吸引消费者注意，并能促进其购买的欲望，使本不打算购买的消费者趁打折之际购买商品，增加销售量。因为竞争者新品上市也多会选择搞活动吸引消费者，但是消费者更为青睐打折的销售活动，所以在一定程度上可以抵制竞争者新品的冲击。

（3）留住回头客，增强消费者对商品的忠诚度。

折价促销能够吸引已买过的消费者再次购买，可以培养和留住现有的消费群，因为消费者都希望以尽可能低的价格买到尽可能好的商品。商品折价就像回馈老顾客一样，比较能引起市场效应。

（4）帮助商家处理过季存货。

为了减少库存、加速资金回笼，为了能完成营销目标，商家也常会借助于折价做最后的冲刺。折价促销可以说是对消费者吸引力最大，也是最有效的销售手段。不过，这样做只能在短期内迅速增加产品销量，提高市场占有率，商家不能过于频繁和长期在同一种商品上使用。

3. 折价促销的缺点

（1）频繁折价促销影响商品形象。

商品如果经常进行折价销售，就会让消费者对折扣价格习以为常，认为商品本身就值这么多钱，原来定价过高，或认为经常打折的商品质量低于售价高的竞争品牌。折价影响了商品的品牌形象，若消费者习惯了某商品经常折价，其促销效果会适得其反。

（2）频繁折价促销影响商家经营。

经常性折价会使商品难以全价销售，频繁的折价销售，使消费者对价格变得更为敏感，让顾客产生“每件商品最终都会降价”的感觉，让消费者习惯折价，而不愿意以全价购买商品。因此，消费者会倾向于推迟购买他们原本会以全价购买的商品，直到他们可以获得价格折扣。这样，商家就会不得不向消费者妥协，损害自身利益，不利于扩大商品销售。

（3）频繁折价不利于建立消费者的忠诚度。

折价销售最能吸引的是那些对价格关注度高的消费者，一旦折价促销结束，他们会马上转移到其他折价促销的商家，纯粹靠打折吸引消费者，不是商家建立消费者忠诚度的正确策略。

（4）折价促销易引发价格战。

价格的调整是市场竞争中最简单、最有效的竞争手段，折价促销容易引起竞争对手的强烈反击，引起恶性价格竞争，破坏良好的市场环境。

4. 折价促销策略的适用范围

（1）品牌成熟度高的商品。

品牌的价值和效应十分宝贵，为消费者所熟知的品牌商品，更受大众欢迎，更会被消费者信任和选择。大品牌的商品进行折价促销，会让消费者真实地感受到商家的诚意，以及给消费者带来的实惠。

（2）消耗量大、购买频率高的商品。

消费者对这类商品有刚性需求，会经常购买，对价格最为敏感，折价销售能极大地刺激消费者购买，增加销售量。

（3）季节性强的商品。

商家为加速资金的回笼，避免过气过时的商品变成库存，希望通过折价销售吸引消费者购买，减少积压。

❖ 例：夏日当季流行的一款凉鞋，在夏季快结束时，应马上采取折价促销，刺激消费者购买。否则，积压的凉鞋会占用库存，在第二年可能变为过时式样，更难销售。

（4）接近保质期期限的商品。

这类商品及时进行折价销售，既给消费者带来实惠，又避免了商家的损失。

（5）技术或包装更换的商品。

折价销售可以在短时间内清空库存，进行品牌形象的转换。

❖ 例：某品牌手机，在发布 2020 年最新款手机时，会将 2019 年的旧款进行打折促销，为的是将陈旧技术商品清空库存。

5. 折价促销的形式

（1）限时折价促销。

商家在营业时间范围内，规定一个特定的促销时段，提高消费者参与热情。

❖ 例：超市会在一天营业即将结束时，对生鲜果蔬进行打折。

（2）折价券促销。

折价券是一种需要消费者在结款时出示的优惠打折凭证。商家通过发放纸质折价券或电子折价券两种形式，将促销变为部分消费者实际拥有凭证的一种销售手段。在结款时，消费者出示折价券，折价券使用后会被商家回收留存或扫码消耗，为消费者带来打折或代替货币的实惠。折价券示例见图 10－2。

图 10－2　折价券

（3）特卖活动。

商家举行特卖活动，商品价格下降幅度极大，以此吸引消费者，让利于消费者，使消费者体会到极大实惠。

（二）赠品促销

1. 赠品促销的概念

赠品促销是指消费者买某种商品时，额外免费获得赠品的一种销售方式。需要注意的是，实施赠品促销，要让消费者在购买时可立即获得赠品，使消费者体验到购买带来的乐趣和愉悦。同时，为消费者准备的赠品也必须是受消费者欢迎的、具有吸引力的物品，这样才能刺激消费者参与买赠活动。赠品促销示例见图 10-3。

图 10-3　赠品促销

实例链接：肯德基优惠促销活动

2. 如何选择赠品

赠品需带给消费者物质实惠和精神实惠。一方面，消费者通过拿到赠品，感觉购物物超所值，花一份钱，能买到至少两份物品，物质上得到满足；另一方面，赠品能带给消费者好的心情，消费者看到精美的赠品，会感到精神愉悦。所以，商家选择什么物品作为赠品，既能节省成本又能取悦消费者，是一门学问。下面是赠品选择的几个要点：

（1）赠品可以体现品牌，达到品牌宣传的目的。商家选择的赠品上，可以印刷商家的标志，或者商家的其他商品，突出品牌。

（2）赠品可以与销售商品具有相关性。消费者购买的商品，有些需要其他物品搭配使用，这时商家可以将成本较低的配套物品作为赠品，便于消费者使用，获得消费者好感。

实例链接：促销活动

> ◈ 例：办理电话卡套餐，赠话费或通话时长，是通信商家经常用的赠品促销手段。

（3）赠品与消费者是对应吸引的关系。很多商品具有明确的市场定位和目标群体，将既能符合商家形象又能适合目标群体喜好的物品作为赠品，消费者会十分欢迎。

（三）DM 促销

1. DM 促销的概念

DM 是英文 direct mail 的缩写，意为快讯商品广告，通常由 8 开或 16 开广告纸正反面彩色印刷而成，通常采取邮寄、定点派发、选择性派送到消费者住处等多种方式广为宣传，是超市最重要的促销方式之一。DM 除了邮寄以外，还可以借助于其他媒介，如传真、杂志、电视、电话、电子邮件及直销网络、柜台散发、专人送达、来函索取、随商品包装发出等。

2. DM 促销的特点与目的

DM 促销注重的是直接、快捷这两个特点，商家旨在将商品信息和销售活动以最快的速度和最有效的方式传递给消费者，以便销售的进行。DM 促销通过商家的宣传，以求达到以下目的：

（1）在 DM 促销活动的宣传和实施期间，吸引消费者，刺激消费，提高客流量和营业额；

（2）增加商家与消费者互动，提高商家知名度和活跃度；

（3）抵挡其他竞争者的行业竞争。

3. DM 促销的类型

（1）纸质 DM 广告。

纸质印刷类的 DM 广告，是传统意义上的促销方式，包括但不限于商业信函、宣传手册、宣传彩页等。这种 DM 广告，是一种实物的传递，可以直观地把商品销售信息递送到消费者手中，引导消费者做出消费行动。但是纸质的 DM 广告在印刷和发散方面的成本较高，且不环保。具体的纸质 DM 散发渠道有通过报刊夹页递送；雇用人员递送；消费者到店面自取；在潜在客户和客流量大的区域递送等。

实例链接：为什么麦当劳爱发优惠券

DM 促销示例见图 10－4。

图 10－4　商家 DM 宣传单

（2）电子 DM 广告。

随着科技的发展和通信技术的提高，越来越多的 DM 广告通过新兴电子化的形式传递给消费者，包括但不限于手机短信、电子邮件、App 通知、公众号推送等。这种 DM 广告提高了传播速度，扩大了宣传范围，节约了发放成本，同时绿色环保，不浪费纸资源。但是会出现信息的积压，也容易被消费者忽略。

任务三　网络营销

课堂讨论

1. 常见的商品营销网络渠道有哪些？
2. 网络营销是如何影响商品销售的？

知识准备

随着5G时代的到来，科技和网络影响着消费者接触商品的方式和习惯。通过学习和分析网络营销的运用，掌握商品销售方式的创新和发展。

一、网络营销的概念和特点

网络渠道商品销售已经深入消费者的生活，除电子商务平台外，社交媒体中也有商品销售的痕迹。

（一）网络营销的概念

网络营销是商家整体销售战略的一个组成部分，是借助互联网特性开展的商品销售活动。网络营销贯穿于商家开展网上经营的整个过程，是商家围绕网络用户和消费者需求开展的一系列经营活动的总称。网络营销活动包括网上信息发布、网上市场调查、网络消费者行为分析、网络营销战略制定、网上产品和服务策略制定、网上产品价格策略制定、网络营销渠道选择、网络促销、网络营销管理与控制等环节。

（二）网络营销的特点

网络营销基于互联网环境，采取了许多传统营销方式中没有的技术手段，例如搜索微博营销、App营销、软文营销等。网络营销的特点在于，首先，可以通过互联网24小时在全世界范围发布商品销售信息，不受时差和地域限制，只要消费者打开网络，就可以收集到信息。其次，网络营销更具个性化，消费者可以根据自身偏好，进行某种商品的销售信息搜索，自主选择性强。最后，网络营销成本低，经济性高，为商家和消费者双方带来实惠。

二、网络营销策略

（一）软文营销

“软文”是与“硬性广告”相对的。软文通过富有感情地描述故事或心得，将某种商品分享推广给阅读者。这些阅读者，很有可能就是商品的潜在消费者。软文撰写者会巧妙地将商品引入文章中，引导阅读者的情绪和关注点。当阅读者读完文章后，会有拥有商品的欲望，并会在文章结尾或评论里看到商品的销售信息。这就是软文的营销力量。常见的软文营销多采用论坛发文、公众号推送等形式。

（二）社交媒体营销

社交媒体，指的是互联网上基于用户关系的内容生产与交换平台。人们通过在社交媒体上撰写、分享、评论、沟通等形式发布信息，交流观点。

社交媒体对消费者具有很大的影响。消费者使用社交媒体时，通过广告宣传等渠道了解商品，并对之产生兴趣，进而引发讨论和搜索，最后促成购买行为。这就是社交媒体营销的全过程。

微博、微信等是商家最喜欢的社交媒体平台，在这里投入广告或者发布使用体验分享，可以提升商品的知名度和关注度，促进商品销售。

❋ 例：在新浪微博中，商品明星代言和用户体验时常出现，通过图片、文字、视频等形式展示商品。微博还通过抽奖、转评热度等形式，吸引消费者关注。

在腾讯微信中，商家通过朋友圈广告植入形式进入消费者视线，也可以通过微店链接的形式，简便消费者的购买过程，增加销售量。

（三）App 营销

App 是英文 application 的缩写，原为“应用”的意思，这里是指通过网络和手机进行下载操作，安装在智能手机上的第三方应用程序。App 覆盖人们日常生活的方方面面，范围广，功能强大。可以在 App 中插入广告，或者 App 本身就是一个商品销售平台，这两种方式就是 App 参与商品销售的主要形式。

❋ 例：淘宝和京东 App，是具有代表性的商品销售 App。点开 App，消费者可以浏览、搜索、比较、讨论商品的信息情况，选中的商品可以在 App 里直接进行下单购买，足不出户就可等待商品送货上门的服务。

项目小结

本项目由对商品销售的基础概念，引出商品与消费者二者的关系，并详细说明市场细分和目标市场。对实体门店和网络渠道的商品营销策略分别进行举例和阐述，分析了各自的作用和效果。

市场细分是指根据市场需求的多样性和消费者行为的差异性，把整体市场划分为若干个具有某种相似特征的消费群。有效的市场细分必须具备差异性、可进入性、效益性和稳定性这四大条件。市场细分的标准有地理细分、人口细分、心理细分和行为细分。目标市场是指在市场细分的基础上，商家决定要进入的细分市场。在市场销售活动中，商家必须选定目标市场。目标市场的销售策略分为无差异市场销售策略和差异性市场销售策略。消费心理是指消费者在寻找、选择、购买、使用、评估和处置与自身相关的产品和服务时所产生的心理活动。消费心理主要分为四种：从众心理、求异心理、攀比心理、求实心理。实体门店利用促销技巧和方法，刺激商品的销售。网络营销成为促进商品销售的创新方式和有效手段。

练习与实战演练

一、基础训练

（一）判断题

1. 同质、消费者挑选性不大、需求弹性较小的商品多为生活必需品和主要工业原料。（　　）

2. 在商品供不应求、卖方市场、市场竞争性不强的情况下，应采用无差异市场销售策略。（　　）

3. 采用差异性市场销售策略时，在市场细分的基础上，商家至少要有一个目标市场。（　　）

4. 促销的实质是扩大影响，促销的目的是诱发购买行为。（　　）

5. 频繁打折促销可以树立商家的良好形象。（　　）

（二）单项选择题

1. 有效的市场细分条件不包括（　　）。

A. 差异性　　B. 同质性　　C. 稳定性　　D. 效益性

2. 无差异市场销售策略的优点是（　　）。

A. 迎合消费者需求　　B. 减少分店或子公司　　C. 节省研发费用　　D. 降低成本

3. 消费心理不包括（　　）心理。

A. 从众　　B. 求同　　C. 求实　　D. 求异

4. 消费者想购买洗衣机来清洗衣物，节省人力，这是出于什么样的购买动机？（　　）

A. 舒适和便利型　　B. 健康保健型　　C. 经济实惠型　　D. 安全防护型

5. 折价促销不适合（　　）商品。

A. 临期换季　　B. 新上市　　C. 购买频率高　　D. 知名度低

6. 下列哪个选项不属于 DM 广告促销？（　　）

A. 手机彩信　　B. 电子邮件　　C. 店内海报　　D. 宣传彩页

二、拓展训练

阅读以下案例，结合所学知识，分析并讨论以下问题：

1. 网络营销的特点是什么？

2. App 如何促进商品销售？

3. 互联网对商品销售有哪些影响？

2019 年“双十一”各大电商平台销售情况

基于迅速引流聚客的需求，2009 年“双十一”购物节应运而生，主打品牌促销。十年时间，“双十一”交易规模迅速扩张，2009 年和 2018 年全网销售额分别为 0.5 亿元和

3 143 亿元，9 年 CAGR（复合增长率）高达 164.3%，“双十一”也已经从阿里的品牌大促演变为全网狂欢。

2019 年“双十一”全网成交额为 4 101 亿元，同比增长 30.1%。具体看各平台，2019 年天猫“双十一”全天成交额 2 684 亿元，同比增长 25.71%；京东 2019 年“双十一”全球好物节（11 月 1 日到 11 月 11 日）累计下单金额 2 044 亿元，同比增长 27.90%；苏宁“双十一”当天全渠道订单量增长 76%，苏宁金融移动支付笔数同比增长 139%。

根据菜鸟网络的数据，“双十一”产生物流订单 12.92 亿单，同比上涨 24%，增速符合预期。根据国家邮政局的监测数据，“双十一”全天各邮政、快递企业共处理 5.35 亿个快件，是二季度以来日常处理量的 3 倍，同比增长 28.6%。从物流效率来看，2019 年“双十一”发出一亿个包裹用时 8 小时，比 2018 年缩短 59 分钟，比 2013 年缩短 40 个小时。

在全网消费占比中，“双十一”当日，天猫销售额为 2 684 亿元，占比 65.5%，排名第一，地位无法撼动。京东“双十一”当日销售额为 705 亿元，占比 17.2%，位列第二，份额较 2018 年的 17.3%基本持平。拼多多作为最晚加入电商大战却强势崛起的平台，销售额为 250 亿元，占比为 6.1%，较 2018 年的 3.0%提升一倍以上。唯品会错开“双十一”高峰，提前开战，“双十一”期间销售额为 106.6 亿元，占比 2.6%（见下图）。

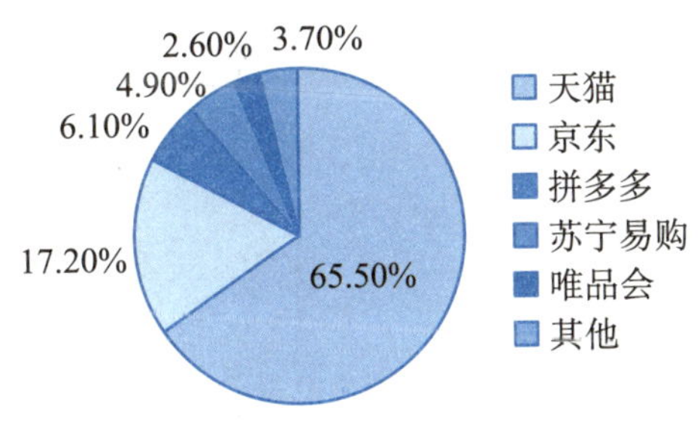

2019 年“双十一”各平台交易额占比

2019 年“双十一”销售 TOP5 的品类依次是手机数码、家用电器、个护美妆、服装、鞋包，与 2018 年相比热销品类结构变化不大。可以通过热销品类看出，目前消费者对于数码产品的喜爱度依旧很高，消费重心向家庭偏移，同时女性依旧是消费群体的主力军。

在城市消费排行中，上海依旧占领第一位，北京紧随其后，杭州排名第三，从第四到第十分别是广州、深圳、成都、武汉、重庆、南京、苏州。根据阿里巴巴官方数据，2019 年的订单创建峰值创下新纪录，达到 54.4 万笔/秒，是 2009 年第一次天猫“双十一”的 1 360 倍。此外，阿里的核心系统已完全在阿里云公共云上运营；中国唯一自研的飞天云操作系统，成功扛住全球最大规模的流量洪峰。

2019 年“双十一”京东启动“三大战略、九大布局”，即着重 5G、生活服务、大秒杀、全民互动、海囤全球、PLUS 会员、新品、预售、京喜九大领域，供应链整合创新，并重点惠及下沉新兴市场，推出“百亿补贴，千亿优惠”、12 亿件低价好物和 2 亿件反向定制 C2M 产品。“京喜”是京东拓展低线市场用户的重要触手之一，前身是 2018 年推出的“京东拼购”。2019 年京东“11·11 好物节”首日全天，低线市场整体下单用户数同比增长 104%，下单的新用户中 72%来自低线市场。

拼多多2019年“双十一”的主题为“无套路不怕比，无定金不用等”，即直接用现金补贴爆款畅销品类，加大在手机、家电、数码、美妆等领域的补贴力度，每天推出10个精品产品“秒杀团”，与中国人保合作推出正品险，为“百亿补贴”所购买的商品提供正品保障。截至11日0时16分钟，拼多多平台汽车销量突破1 000台，消费者主要来自三、四、五线城市；来自贫困地区的农产品销售增速超过220%，这些产品主要由一、二线城市消费者购买；11月1日—11日，拼多多售出新款iPhone手机超过40万台。

苏宁推出“1小时场景生活圈”，并打造“1千米30分钟达闪电配送+苏宁全业态1小时内触达到”的服务产品，有超13 000家门店参与，覆盖2.3亿人。新增Super会员超过百万，移动支付笔数同比增长139%。

蘑菇街2019年“直播狂欢节”开播1小时23分钟，已突破2018年“双十一”全天的直播成交总额，以“11·11不用淘，主播帮你挑”为主题，以主播带货的方式，通过官方频道、明星推荐、红人清单、综艺直播等渠道向用户推荐商品。

资料来源：中国产业信息网．2019年双十一市场销售额、成交额、物流订单及各大电商平台销售情况分析．(2019-11-14)[2019-11-30]. http://www.chyxx.com/industry/201911/805087.html.

参考文献

[1] 郑艳，鲍玉鑫．商品学实用教程．北京：中国人民大学出版社，2011.

[2] 汪永太，李萍．商品学概论．4版．大连：东北财经大学出版社，2012.

[3] 程莉，郑越．品类管理实战．北京：电子工业出版社，2008.

[4] 中国连锁经营协会．品类管理理论与实战．北京：中国商业出版社，2009.

[5] 彭纯宪．商品及品类管理．北京：机械工业出版社，2011.

[6] 沈荣耀．品类管理实务．大连：东北财经大学出版社，2011.

[7] 沈荣耀，徐为明．连锁企业商品管理．上海：立信会计出版社，2012.

[8] 胡学庆，徐为民．连锁企业商品采购管理．上海：立信会计出版社，2007.

[9] 张琼．连锁采购管理实务．大连：东北财经大学出版社，2010.

[10] 蔡中焕，鲁杰．连锁企业商品采购管理．北京：科学出版社，2008.

[11] 翟建华．价格理论与实务．4版．大连：东北财经大学出版社，2012.

[12] 后东升，周伟．零售店商品陈列技巧．深圳：海天出版社，2007.

[13] 李博，余世民．市场营销基础与实务．成都：西南财经大学出版社，2016.

[14] 陈宏威，周鹏义，张策．市场营销基础与实务．北京：清华大学出版社，2012.

[15] 吴宪和，任毅沁．市场营销学．3版．大连：东北财经大学出版社，2014.

[16] 施玉梅．连锁经营管理原理与实务．北京：科学出版社，2012.

[17] 罗银舫，周敏，许海川．连锁经营管理原理．大连：东北财经大学出版社，2013.

[18] 朱华，吕慧．连锁促销实务．大连：东北财经大学出版社，2009.

[19] 杨叶飞，王吉方．连锁门店开发与设计．北京：机械工业出版社，2008.

[20] 陆影．连锁门店营运与管理实务．2版．大连：东北财经大学出版社，2012.

[21] 王飒．商品及品类管理．北京：中国人民大学出版社，2019.

[22] 刘清华．商品学基础．北京：中国人民大学出版社，2017.

[23] 张晓焱，梁冰．商品学概论．北京：航空工业出版社，2011.

[24] 王卫洁，范玉凤．物流运输管理实务．北京：中国人民大学出版社，2018.

[25] 李贞，章银武，杨卫兵．物流运输管理实务．北京：航空工业出版社，2010.

[26] 李江珉．仓储与配送管理．长沙：湖南师范大学出版社，2017.

[27] 万融．商品学概论．6版．北京：中国人民大学出版社，2016.

[28] 赵书和．成本与管理会计．11版．北京：机械工业出版社，2010.

[29] 菲利普·科特勒．市场营销原理与实践．16版．北京：中国人民大学出版社，2017.

[30] 秦仲篪．市场营销策划．北京：清华大学出版社，2015.

[31] 蒲冰，柳娜．营销心理学．沈阳：东北大学出版社，2016.

[32] 野口吉昭．市场营销思维的30个技巧．上海：上海交通大学出版社，2015.

[33] 李向阳．成交的秘密．北京：中国画报出版社，2016.

[34] 杨海，霍文智，肖春悦．商场服务技术与销售艺术．4版．北京：中国人民大学出版社，2016.

[35] 李英，杨晓凌．连锁企业促销技巧．北京：北京大学出版社，2016.

[36] 谭鸿健，刘德华，董媛．网络营销．镇江：江苏大学出版社，2016.

[37] 李志敏．市场营销．长沙：湖南师范大学出版社，2013.

[38] 马德生．商品学基础．北京：高等教育出版社，2001.

[39] 申海波．商品学基础．成都：西南财经大学出版社，2013.

图书在版编目（CIP）数据

商品学：理论、实务、案例与实训 / 王飒主编．-- 北京：中国人民大学出版社，2020.7
21 世纪高职高专规划教材．市场营销系列
ISBN 978-7-300-28384-5

Ⅰ.①商… Ⅱ.①王… Ⅲ.①商品学－高等职业教育－教材 Ⅳ.①F76

中国版本图书馆 CIP 数据核字（2020）第 126505 号

21 世纪高职高专规划教材·市场营销系列
商品学：理论、实务、案例与实训
主　编　王　飒
副主编　沈丽莹　吕小双
参　编　陶晓鸥　房　森
Shangpinxue：Lilun、Shiwu、Anli yu Shixun

出版发行　中国人民大学出版社
社　　址　北京中关村大街 31 号　　　**邮政编码**　100080
电　　话　010－62511242（总编室）　　010－62511770（质管部）
　　　　　010－82501766（邮购部）　　010－62514148（门市部）
　　　　　010－62515195（发行公司）　　010－62515275（盗版举报）
网　　址　http://www.crup.com.cn
经　　销　新华书店
印　　刷　北京密兴印刷有限公司
规　　格　185 mm×260 mm　16 开本　　**版　　次**　2020 年 7 月第 1 版
印　　张　14.25　　　　　　　　　**印　　次**　2023 年 1 月第 2 次印刷
字　　数　330 000　　　　　　　　　**定　　价**　38.00 元